翔安非遗

香山文化丛书 | 第二辑

厦门市翔安区文化和旅游局 编

陈炳南 蔡伟璇 编

厦门大学出版社
XIAMEN UNIVERSITY PRESS
国家一级出版社
全国百佳图书出版单位

图书在版编目（CIP）数据

翔安非遗 / 陈炳南,蔡伟璇编. -- 厦门：厦门大
学出版社,2022.6
　（香山文化丛书. 第二辑）
　ISBN 978-7-5615-5501-9

　Ⅰ．①翔… Ⅱ．①陈… ②蔡… Ⅲ．①非物质文化遗产-介绍
-厦门 Ⅳ．①G127.574

中国版本图书馆CIP数据核字(2021)第028141号

出 版 人　郑文礼
责任编辑　王莺鹏
美术编辑　张雨秋
技术编辑　朱　楷

出版发行　厦门大学出版社
社　　址　厦门市软件园二期望海路 39 号
邮政编码　361008
总　　机　0592-2181111　0592-2181406(传真)
营销中心　0592-2184458　0592-2181365
网　　址　http://www.xmupress.com
邮　　箱　xmup@xmupress.com
印　　刷　厦门市竞成印刷有限公司

开本　720 mm×1 000 mm　1/16
印张　19.5
字数　230 千字
版次　2022 年 6 月第 1 版
印次　2022 年 6 月第 1 次印刷
定价　80.00 元

厦门大学出版社
微信二维码

厦门大学出版社
微博二维码

翔安非遗
香山文化丛书 第二辑

翔安非遗 编委会

丛书编委会

顾　　问：陈佳锻

策　　划：颜莉莉

总　主　编：郭　敏

副总主编：张世强　洪炳举　吴国强

执行主编：潘志坚

本书编委会

主　　编：陈炳南　蔡伟璇

编　　委：王志鲲　陈　艳　刘　婧　庄绵绵　蔡鹤影

　　　　　颜立水　蒋大营　洪神扶　李增为　许其裕

　　　　　陈建忠　蔡水妙　蒋承志　朱文传　苏文田

　　　　　邱奕清　王泗水　张辉乾　张天骄　张神保

　　　　　张再勇　朱振仲

版式设计：潘志坚

执行机构：　　　厦门市翔安区文化馆

　　翔安区地处福建省东南沿海，扼闽南金三角要冲，历史文化悠久，与海峡对岸有"五缘"之亲。

　　翔安虽是新区，却历史悠久，因"紫阳过化"而得"海滨邹鲁之乡，声名文物之邦"美誉，具有深厚的文化底蕴。翔安丰厚的历史文化资源是厦门文化发展的沃土，翔安的民间文学成为重要的文化遗产，是发展文化创意产业的重要资源。

　　翔安区委区政府十分重视文化创意产业，近几年来，为了推动文化遗产的保护与利用，彰显翔安的人文，文化部门以"以文促旅，以旅彰文"为发展目标，投入相当的人力物力，对境内的民俗文化、民间艺术、文物古迹进行发掘与整理，期望藉由丰富的文化遗产促动翔安与外界的交流发展，促进翔安历史文化的繁荣昌盛。

　　在翔安区委、区政府的重视与支持下，区文化部门编辑出版了"香山文化丛书"第一辑五册，获得良好的社会反响，受此鼓励，又采录编撰"香山文化丛书"第二辑，包含《翔安非遗》《翔安古厝》《翔安掌故二》《翔安地名》《翔安古志——马巷厅志》《翔安名人——林希元研究》等六册。

其中,《翔安非遗》集民间艺术、工艺、制作、工具、童玩、美食等非遗文化为一体,记录当地的非物质文化遗产,这些遗产既有闽南非物质文化遗产的共同特征,又有翔安独特的历史遗传,内容精萃,涉猎甚广,瑰丽传承,能留住乡愁。

《翔安古厝》则用十一个章节详述翔安古民居、宗庙、寺院等古建筑营造规模的形制与布局、技艺与特征,全书近二十万字,图片六百余幅,图文并茂。

《翔安掌故二》在《翔安掌故》一书的基础上,用《戏曲人生》《古风遗训》《豆棚闲间》《溯本追源》四个章节整理续录一百余则掌故、趣闻,风格独特,语含机锋,亦庄亦谐,散发泥土芳香。

《翔安地名》全书共分八章,虽然重心放在阐释地名由来,但有独特的编辑角度,着力探究其内涵,挖掘、传承、吸纳和弘扬传统文化,以丰厚文化内涵融史料性、知识性和故事性于一炉,增强趣味性与可读性,读者可从中明了翔安古代的历史、地理。

《翔安古志——马巷厅志》第一部分于乾隆四十一年由万友正编纂,清光绪十九年黄家鼎接着编纂第二部分。观览厅志,可知地理之变迁,经济之盛衰,政治之得失,文化之发展,鉴古察今,继往开来,惠及后昆。但由于修志的时间久远,现代人阅读已有较大障碍,方便大众阅读,丛书编辑委员会请专人本着求真务实的精神,以科学态度加以校注。

《翔安名人——林希元研究》文集,是对我区新店街道垵山社区山头村林希元这一明代理学名宦和廉直诤臣,福建历史文化名人的学术思想,对其执政为民,刚正不阿人生轨范研究成果的结晶。此书的出版对于深化林希元的学术研究,推进厦门地方文化建设,廉政建设,弘扬传统文化,促进两岸和海内外文化交流有积极意义。

"香山文化丛书"第二辑付梓,值得庆贺。这是文化强区之举,整理出的珍贵文化遗产可供后人学习与借鉴。

我们期待传统文化的传承更加有序,期盼民间艺术在翔安这块沃土上得到更良好的发展,祝愿"香山文化丛书"越出越好,思想性与艺术性结合得更加完美。

是为序!

中共厦门市翔安区委常委、宣传部部长

二〇二二年六月

《翔安非遗》一书即将出版，嘱我作序。

我倚坐窗前，展开沉甸甸的书稿，就像农民触摸金灿灿的谷子一般，喜悦无以形容，先睹为快，一口气读完。翔安非物质文化遗产是琳琅满目的文化走廊，此时展现眼前的画轴令人目不暇接，为之神往。

翔安区虽是厦门最年轻的行政区，却有一千七百多年的历史，因此，既年轻而又古老。从唐宋时的古窑址到宋代起就长盛不衰的香山文化，这里因紫阳过化而赢得"海滨邹鲁之乡，声名文物之邦"的美称，这里的山山水水、乡村街道蕴含着丰富的人文内涵，形成极富闽南特色又独具风采的非物质文化遗产。凡有井水可饮处，都可以听到富有地方特色的民间故事、歌谣、谚语，还可以欣赏到丰富多彩的民间艺术、工艺……这些瑰宝散落山村角落，它们最大的特点是口耳相传，诉诸视听而疏于记录和固化，常常转瞬即逝，难以再生。所以，非物质文化遗产虽然丰富却很脆弱。随着现代化进程的加速，非物质文化遗产受到冲击，面临挑战。不及时抢救，这些文化遗产将散失殆尽。为此，本书编委会不辞辛劳，走村串户，走进田间农舍，发掘收集民间非物质文化遗产，整理成书，使其"看得见山，看得见水，留得住乡愁"。

　　翔安是非物质文化遗产大区，如翔安农民画、马巷池王爷信俗、拍胸舞……本书分文学、艺术、工艺、信俗、童玩、制作、工具、美食八辑，收录进入市级以上非遗名录的文化遗产，涵盖语言、文学、音乐、舞蹈、游戏、神话、礼仪、习惯、手工艺等诸多门类，叙述熔真实性、趣味性、知识性、传奇性于一炉，图文并茂，精彩纷呈。

　　感谢编委会的同志们，他们以科学的态度，尊重历史的精神，不怕苦，不怕累，深入群众，多方收集、采访、调查、研究，披沙拣金而择其要。感谢热心文史研究的专家、学者们，他们为本书贡献了自己的力量，或不厌其烦地叙述故事，或提供珍贵的材料。正因为有他们无私的奉献和热心的支持，本书才能在短时间内努力臻善臻美。

　　是为序。

厦门市翔安区人民政府副区长　　　　

二〇二二年六月于翔安

第一章　民间文学

　　民间文学是广大民众(包括专业艺人或半专业艺人)的文学创作,多数为集体创作,集体传播,不记名。一般使用口头语言(主要是方言)来构思、表现和传播,多数场合中也用口头歌咏或讲述。民间文学作品为广大人民所熟悉,在民间传承,主要形式为故事、歌谣。

　　民间文学作品长期口头流传,结构、形式、主题等相对稳定,但在流传过程中,常因时间、地域、民族的不同,因传播者思想感情和听众情绪变化等不同而变化。在社会发生大变动时,传统作品往往会被重新加工,赋予新的感情。

　　这次我们收录了翔安地区流行的民间文学作品,包括故事,大部分故事已经收录在《翔安掌故》一、二辑里,有兴趣的读者可以结合该二书进行了解。本章主要内容为歌谣和谚语。

第一节　歌谣

　　翔安历史悠久,是经济、文化较为发达的区域,这里到处可见丰富的人文资源和深厚的文化积淀,向来有海滨邹鲁的美誉,留下大量脍炙人口的民歌民谣。

　　歌谣的形式活泼多样,内涵丰富多采,富有感染力,以独特视角较为全面地反映民众的生活状况和民风民俗。它是地区风物和民众生活的历史记录,承载民众生活和文化。中国自古以来就有"审乐知政"的传统,歌谣起到下情上达的作用。

　　本书收录的歌谣分民谣和童谣两大部分。这些歌谣在翔安广泛流传,经久不衰。长期以来,广大民间艺人和有识之士不辞辛劳地深入田间村落,搜集汇总散落于民间的歌谣,去粗存精地加以整理。本书择其要编入。

一、民谣

民谣是流传于民间的劳动大众的口头诗歌,是可以咏唱而有韵律的韵文,是历史文化的重要组成部分。这些民谣因人而起,缘事而发,反映了民众的生存状况和情感意愿,是民众生活与思想实践的直接反映,烙下时代的印记。

翔安的民谣,多由民众和老艺人口头传布,其内容有抒发劳动者的悲辛,有记述民俗礼仪,有叙述历史传说和爱情,还有侨乡的民谣……这些民谣带着浓郁的乡土气息,充满地方色彩,语言活泼生动,琅琅上口。

giná zǔn guā
行 船 歌

hunā xi zǔn rǐm gǎng suī gniá suá qiá páng
欢 喜 船 入 港,随 行 煞 车 帆,①

ná qniú lǎi xio sǎng gguà gūn gniá zǔn láng
拿 像 来 相 送,我 君 行 船 人。

jid wi gè jid wi vǒ xi tǎng zuè dui
一 位 过 一 位,无 时 啕 作 堆,

vàr jiù kuná gǎng zui gguà gūn zǔn gniá kui
目 睭 看 港 水,②我 君 船 行 开。

zǔn kui kuná vuě hiàn ji gni hé zǔn yān
船 开 看 烩 现,③只 见 火 船 烟,

duá hǎi zui liàn tni ná xniù ná liāo rián
大 海 水 连 天,那 想 那 了 然。

注:①车帆:起帆。②目睭:眼睛。③烩:不会。

十送郎君过番爿①
zàm sǎng lǐng gùn gè huān bin

yid sǎng lǐng gùn vǎng dniù lái，kin xniá suè sè vǒ lǎng zái，
一送郎君蚊帐内，轻声细说无人知，

cnái biàn mǎn biàn díng gǎo dǎi tàn，nǎ wù jni gin dò lái。
千遍万遍重交代，趁那有钱紧回来。

ryi sǎng lǐng gùn mín cǎng jing niù tuè pě，wéi hò gō qíng，
二送郎君眠床前，娘拿皮鞋互哥穿，

bàd lǎng mǎng gniǎ lǎn m̌ ying，zuān xim tàn jni giǎ gě díng。
别人物件咱不用，专心趁钱寄家庭。

snǎ sǎng lǐng gùn gǎo duǎ tniǎ，ā niù huān hù bǎng duǎ xniǎ。
三送郎君到大厅，阿娘吩咐放大声。

bàd lǎng vǒ gniǎ bàd lǎng tniǎ，lǎn dǎo vǒ gniǎ vǎng l-i qniǎ。
别人某子别人痛②，咱兜某子望汝晟③。

xi sǎng lǐng gùn gǎo mǎng gguà，xì vàr xiong duì qiù snǎ tuǎ，
四送郎君到门外，四目相对手相拖，

gùn l-i dunǎ xin vè cùd gguà，bǎng ggùn vǒ gniǎ xiù tuǎ vuǎ。
君汝单身要出外，放阮母子受拖磨。

ggǒ sǎng lǐng gùn gǎo duǎ lò，gùn l-i huě tǎo xniù gui bō，④
五送郎君到大路，君汝回头想规晡，

qin dǒng jìr sùn snǎ jiǎo gǒ，wěi liǎo ggua gùn qiù jiān dǒ。
亲堂叔孙相照顾，为了我君求前途。

làr sǎng lǐng gùn cùd dě hnǧ，ā niù lú kunǎ lú xim sng，
六送郎君出茶园，阿娘愈看愈心酸，

gùn l-i jìd gě k-i hiǎ hnǧ hò xi hò，rid huě gě mǎng。
君汝即次去或远，何时何日回家门。

qid sǎng lǐng gùn è mǎng gguě，qniǎ mǎng hū gùn hò xi huě？
七送郎君厦门街，请问夫君何时回？

ā niù àm diong gong bě wě，ni tǎo l-i k-i ni vè huě。
阿娘暗中讲白话，年头汝去年尾回。

八送郎君厦门港,目睭你红我也红,
一粒目屎斤外重,坠落土脚规大空。

九送郎君要落船,阿娘心肝乱纷纷,
千言万语要议论,无疑舣公喊开船。⑤

十送郎君去番爿,望君讨趁着认真,
十年八载返相认,故乡亲人才是亲。

注:①番爿:南洋。②某子:老婆、孩子。③晟:抚养。④规晡:老半天。
⑤舣公:撑船者。

新式结婚歌

一步双人上路去,今日结婚好日子;
是咱双双来同意,人民政府去登记。

二步双人上路头,人民政府真正势;①
新式结婚呣免哭,呣免黑巾来罩头。

三步双人路中央,阮要行路脚嵾酸;
呣免红轿四人扛,新式结婚免嫁妆。

四步双人上大厅,新式结婚好名声;
也免准备买物件,简单朴素就会成。

五 步 双 人 上 厅 堂，新 式 结 婚 喜 盈 门；

是 咱 双 人 来 打 算，幸 福 生 活 有 久 长。

六 步 双 人 喜 盈 盈，新 式 结 婚 真 光 荣；

腰 鼓 跳 舞 来 欢 迎，新 娘 新 郎 行 头 前。

注：①努：能干。

爸 母 主 婚 嫁 番 客

爸 母 主 婚 嫁 番 客，

番 客 无 来 娶，

一 年 一 年 大，

家 中 受 拖 磨，

兄 弟 一 大 拖，

轻 重 都 着 我，

无 时 嗵 快 活，①

夫 君 在 海 外，

姿 娘 伫 唐 山，

思 念 无 地 看，

暝 日 守 孤 单，

冬 天 北 风 寒，

暝 来 又 无 伴，

第一章 民间文学

翔安非遗

5

hē̌ xin tôr bùd bō bi gguá
会 神 托 佛 保 庇 我，②

bō bi gguá gǔn jin lái cuā
保 庇 我 君 紧 来 娶。

注：①嗵：能够。②会神：求神。

花 歌（车鼓对唱）
huè guā

　　　　　vô dan kui huê qiô vi vi
男：牡 丹 开 花 笑 眯 眯，①

niû l—i xni suì jin biāo dī
娘 汝 生 水 真 标 致，②

hǎi gǔn mǐ rid bnǐ xiù xi
害 君 暝 日 病 相 思，

xniû vè gǎng niû giàd lián li
想 要 共 娘 结 连 理。

　　　　　ggiòr lán hám ruì jnià dǐ xi
女：玉 兰 含 蕊 正 当 时，

xin gāo lǐng gǔn nǎng hunǎ hī
新 交 郎 君 人 欢 喜，

hǔn ggún qin hū lái zá xi
恨 阮 亲 夫 来 早 死，

hô ggún vǒ xim zuè zǎm jì
互 阮 无 心 做 针 指。③

　　　　　zui xiǎn kui huê hô bǎi dunà
男：水 仙 开 花 好 排 坛，

hniǎ vè lǐng láng snǎ dui kunǎ
兄 妹 二 人 相 对 看，

lǐng làng góng wê sǎng xim gunǎ
二 人 讲 话 同 心 肝，

kā hô qing sunǎ ling zui zunǎ
恰 好 青 山 冷 水 泉。④

　　　　　pǔ yòng kui huê ê giàd jì
女：芙 蓉 开 花 会 结 子，

gguǎn gáng hniǎ gō giàd bà ni
愿 共 兄 哥 结 百 年，

xiā láng hiāo xim lui pà xi
谁人侥心雷打死，⑤

tǎo snǎi hiāo xim lō bōng xi
头先侥心路旁尸。

liàn jì kui huě jiě diǎm áng
男:莲子开花一点红，

zuǎn vòng niǔ gniǎ snǎ tāng tniǎ
全望娘子相痛疼，

duǎ niǎm hniǎ gò cǔd gguá láng
带念兄哥出外人，

niǔ l-i snǎ hǎi xi m̌ tāng
娘汝相害是呣哃。

gim giǎd kui huě áng nín nín
女:金桔开花红奶奶，⑥

xiòng hò nǎ xi wǔ jin jing
相好那是有尽情，

ě xni ě xì diō zuě din
会生会死着做阵，

m̌ tāng bàng hò niú dān xin
呣哃放乎娘单身。

huāng cāng kui huě giǎd jniǎ giú
男:风葱开花结成球，

qiā zún nǎ pǎi diō vuǎ yiú
车船那坏着抹油，

kuná gni niǔ gniǎ bě gò yiù
看见娘子白甲幼，

qin qniǔ dir zuǎ bāo áng diú
亲像竹纸包红绸。

vôr mi kui huě wǔ jiě gi
女:木棉开花有一支，

gò gim sni xing jiǎ vún li
哥今生成者文理，

kǎ xi punǎ ān lǎi cùd xi
恰是潘安来出世，

hǎi ggún xiù xi zǎm ryǐ xi
害阮相思十二时。

男：
夜 香 开 花 透 暝 香，
yǎ hiōng kui huē tào mī pāng

牡 丹 含 蕊 割 吊 人，
vô dàn hàm ruì guá diào láng

娘 汝 迷 哥 着 紧 放，
niú l-i véi go diò gin bàng

爸 母 单 生 哥 一 人。
bê vò dàn xni go jiâ láng

女：
官 兰 花 开 叶 弯 弯，
gunā lán huē kui hiò wān wān

目 尾 恰 哥 长 交 关，
vàr vè gā go dǐg gāo guān

看 见 阿 哥 生 好 款，⑦
kunā gni ā go xni hǒ kuàn

乎 阮 心 肝 真 够 乱。
hô ggún xim gunā jin gāo luàn

男：
菜 豆 开 花 长 短 条，
cǎi dào kui huē dǐg dē diáo

杨 梅 开 花 半 暝 朝，⑧
qiù mǐng kui huē bunā mī diáo

神 魂 乎 娘 迷 了 了，
xǐn hún hô niú vèi láo láo

一 时 乌 暗 坐 舱 着。⑨
jiâ xi ǒ àm zě vuē diáo

女：
梅 花 开 透 岭 顶 香，
muǐ huē kui tào niá dìng pāng

阮 厝 也 有 时 大 人，⑩
ggún cù ā wù xǐ duā láng

阮 今 暗 暗 共 哥 讲，
ggùn gim àm àm gáng go gòng

起 脚 动 手 是 呣 通。
ki kà dàng qiù xǐ mg tāng

男：蟠桃开花仙山有，
　　番船过海半沉浮，
　　姆知娘子池埭厝，⑪
　　恰惨给娘迷着符。

女：黄茶开花在西天，
　　前年与哥还有缘，
　　今年兄哥互人骗，
　　姻缘未尽盒了然。

男：金凤开花叶下黄，
　　与娘相好像甜糖，
　　坏人使唆路来断，
　　咱今盒得睏同床。

女：桂花开花树顶香，
　　少年兄哥不是人，
　　一年侥千共侥万，
　　采了花心过别枞。

男：杨柳开花香天外，

月宫无土也无沙，

仙桃因何那会活，

娘汝要嫁着嫁我。

女：香杨开花成佛手，

二人今日食血酒，

水泼落地难得收，

生死重誓咱来咒。⑫

注：①笑眯眯：微微笑。②生水真标致：长得真漂亮。③做针指：做针线活。④泉：涌。⑤侥心：反悔。⑥红奶奶：红艳艳。⑦生好款：长得好样子。⑧半暝朝：半夜还开着。⑨坐艙朝：坐不住。⑩时大人：指长辈。⑪池堺厝：家住何处。⑫重誓：发誓诅咒。

十二碗菜

头碗出来是正燕，

正燕炒烧敢无烟，①

哥那要吃不免延，

即碗吃了结姻缘。

二碗出来咖喱鸡，

没物请哥太失陪，

ā gō vè jiā gǎ gǐ guè
阿 哥 要 吃 自 己 挟，
jiá wnǎ jiá liǎo giàd hū cuē
即 碗 吃 了 结 夫 妻。

snā wnǎ cùd lǎi xí mǒ gō
三 碗 出 来 是 蘑 菇，
jiá wnǎ mó gō nuǎ gō gō
即 碗 蘑 菇 烂 糊 糊，
cǎi guǎn zòng pò jin hò dǒ
菜 馆 总 谱 真 糊 涂，
jiá wnǎ hò gō znái ngiù bō
即 碗 互 哥 怎 么 嚼。②

xi wnǎ cùd lǎi xǐ pin buán
四 碗 出 来 是 拼 盘，
dā ng jiá dì xiō d-i gunǎ
中 央 一 碟 烧 猪 肝，
cui lǎi lè jiǎ vàr li kunǎ
喙 内 例 吃 目 例 看，③
kǐng gō m̌ miǎn xiòng xim gunǎ
劝 哥 不 免 伤 心 肝。

ggō wnǎ cùd lǎi dòng cài à
五 碗 出 来 冬 菜 鸭，
jiá wnǎ qì vi wǔ kǎ cá
即 碗 气 味 有 恰 差，
gō nǎ vè jiǎ jiǎ ě bá
哥 那 要 吃 吃 个 饱，
jiǎ vuě hò lǎng kunǎ ggō kǎ
者 脍 给 人 看 五 脚。④

lǎr wnǎ cùd lǎi xǐ ǒ ni
六 碗 出 来 是 芋 泥，
ǒ ni vǒ yán xiō bunǎ xǐ
芋 泥 无 烟 烧 半 死，
gō nǎ vè jiǎ diò suè ryi
哥 那 要 吃 着 细 利，⑤
m̌ tāng hò yi xiō diò ji
嗨 嗵 互 伊 烧 着 舌。

七碗出来猪肚尖，
即碗煮了拄好咸，
菜馆总谱真高点，
即碗吃了不免嫌。

八碗出来米粉炒，
米粉炒菜拄好干，
哥汝要吃吃下饱，
者馐互人看五脚。

九碗出来是水饺，
即碗互哥吃馐饿，
哥汝要吃吃下了，
今夜伴汝到通宵。

十碗出来是黄瓜，
即碗黄瓜烂桧桧，⑥
阿哥汝着吃卡罪，⑦
没物请哥恰失陪。

十一碗甜汤是凤梨，

凤梨清清是舼坏，

哥汝无嫌歹所在，

后次相招者佫来。⑧

十二碗出来鸡蛋糕，

十二碗吃了拢总无，

想留我哥再迣迌，⑨

下晡阮还要开桌。

注：①敢无：怎么没有。②嚼：咬嚼。③例：在。④看五脚：露出破绽。⑤细利：小心。⑥烂桧桧：烂糊糊。⑦罪：多。⑧者佫来：再来。⑨迣迌：玩耍。

五更鼓歌

一更更鼓月照山，

牵君的手摸心肝，

咱今相好要安怎，①

出亡我君的心肝。

二更更鼓月照埕，

牵君的手入绣厅，

咱今相好天注定，

别人言语呣通听。

三更更鼓月照窗，

牵君的手入绣房，

咱今相好有所望，

望要相好一世人。

四更更鼓月照门，

牵君的手入绣床，

咱今相好有久长，

嗯躺有头半中断。

五更更鼓天渐光，

恁厝爸母叫吃饭，

开门刚要呼君返，

无依无偎心头酸。②

注：①要安怎：要如何。②无依无偎：无依无靠。

十步送哥

一步送哥出绣房，

伸手牵哥嗯甘放，①

哥汝单身要返去，

嗯知何时再成双。

lĩng bõ sàng gõ cùd kiè tniã
二 步 送 哥 出 客 厅，

cõ cĩ biád li luán xim jniá
初 次 别 离 乱 心 情，

máng gõ cì k—i zá huẽ dǐng
望 哥 此 去 早 回 转，

miàn d—i ggõ' vẽ jiá diáo miá
免 得 误 妹 一 条 命。

snã bõ sàng gõ cùd mñg dniá
三 步 送 哥 出 门 埕，

jiá bunã sàng gõ jiá bunã gniã
一 半 送 哥 一 半 惊，

kiòng gniã gguá láng lái gḡi lũn
恐 惊 外 人 来 议 论，

qin qàng jing láng pãi miá xniá
亲 送 情 郎 坏 名 声。

xi bõ sàng gõ zõ cù bni
四 步 送 哥 祖 厝 边，

gáng gõ wèn ǎi wú snã ni
共 哥 恩 爱 有 三 年，

dng cõ gguǎd ě giàd liàn li
当 初 月 下 结 连 理，

xiõng ggõ' wěi làn zuẽ jing g—i
嫦 娥 为 咱 做 证 据。

ggõ' bõ sàng gõ gáo áo sunã
五 步 送 哥 到 后 山，

vãr sài láo lõ tniã xim gunã
目 屎 流 落 痛 心 肝，

ǎ gõ huẽ gá m̃ tãng qiàn
阿 哥 回 家 姆 嗵 延，

miàn d—i xiò vẽ jiú gõ dunã
免 得 小 妹 守 孤 单。

lãr bõ sàng gõ gáo duã lõ
六 步 送 哥 到 大 路，

xiò vē xim diòng àm giò kǒˋ
小 妹 心 中 暗 叫 苦，

cùd gguá bùd bǐ dǐ bún tôˋ
出 外 不 比 在 本 土，

ǎ gō xin tē gâ gǐ gǒˋ
阿 哥 身 体 自 己 顾。

qìd bô sàng gō duá giò dìng
七 步 送 哥 大 桥 顶，

kunâ gnì giǒ ê zui qing qing
看 见 桥 下 水 清 清，

qing zui jiò láng rû gniá ming
清 水 照 人 如 镜 明，

xiò vē vàr sài láo vuê jin
小 妹 目 屎 流 馢 尽。

buè bô sàng gō gào lián dǐ
八 步 送 哥 到 莲 池，

wán ngiū zui à li yiǔ hǐ
鸳 鸯 水 鸭 在 游 戏，

kǐm jiào xing sàng zǎi yìd qí
禽 鸟 成 双 在 一 起，

làn dnā bùn kui vè zái ngiú
咱 今 分 开 要 怎 样？

gáo bô sàng gō gào hái hunā
九 步 送 哥 到 海 岸，

jid xi xim táo luân zi dunâ
一 时 心 头 乱 子 弹，②

ǎ gō cì kˉî vǒ dè kunâ
阿 哥 此 去 无 处 看，

qin qniû hóng cē dǒ̌ liáo sunâ
亲 像 风 筝 断 了 线。

zàm bô sàng gō lô dǒˋ zún
十 步 送 哥 落 渡 船，

kunā gnì hái zuì xim táo mūn
看 见 海 水 心 头 闷，

gniā rid xió vè lái sāng gún
今 日 小 妹 来 送 君,

jid lō hōng sūn zuì a sūn
一 路 风 顺 水 也 顺。

注:①唔甘放:舍不得放开。②乱子弹:焦灼、烦恼。

ni dāo guā
年 兜 歌（车鼓弄）

ni dāo gè liáo jniā ggè xi
男:年 兜 过 了 正 月 时,①

cù bni jim m̄ zuě zám ji
厝 边 婶 姆 做 针 指,

kunà l-i zi niù vuě giàn xiáo
看 汝 姿 娘 睑 见 笑,②

jid rid jiá bà wá mňg bni
一 日 吃 饱 倚 门 边。③

ryi ggè sňg lái cùn cáo qni
女:二 月 算 来 春 草 青,

náng láng jniù sunā lō jing ji
人 人 上 山 落 种 子,

kunà l-i vuě dnā yiù vuě dè̀
看 汝 睑 担 又 睑 �,④

bing vǒ xing lì tāng tán jni
并 无 生 理 通 趁 钱。⑤

snā ggè zuě guǐ xi qni miá
男:三 月 节 季 是 清 明,

zuè náng zi niu ji gǒ̀ jiá
做 人 姿 娘 只 顾 吃,

kunà l-i qiù táo vǒ jid hāng
看 汝 手 头 无 一 项,

náng lái kè̀ k-ī vuě miā xniā
人 来 客 去 卖 名 声。

xi ggè hě̀ tni rid tōu dňg
女:四 月 夏 天 日 头 长,

nin zò cǎn hňg biàn pā hňg
恁 作 田 园 变 抛 荒,⑥

ggùn gim dui nin jin kò̀ ki
阮 今 对 恁 真 苦 气，

si xniù ki lài xim táo sńg
思 想 起 来 心 头 酸。

男：
ggō̄ ggè nǎng gò bē lìng zún
五 月 人 划 白 龙 船，

l—i zè zi niú vǒ rìn hùn
汝 即 姿 娘 无 认 份，

táo mńg wǔ suê min vǒ suê
头 毛 有 梳 面 无 洗，

jiá rìd jiā bá xì guè wén
一 日 吃 饱 四 界 行。⑦

女：
ràr ggè si tnì nǎi ji áng
六 月 暑 天 荔 枝 红，

muā sunā biàn duê dǐng gin gǎng
满 山 遍 地 当 紧 工，⑧

kunà l—i vè jià yiù m̀ zuê
看 汝 要 吃 又 唔 做，

kā cám cňg diòng puà bnî láng
恰 惨 床 中 破 病 人。

男：
qid ggè lò̀ ding yǎm yǎm gňg
七 月 路 灯 叶 叶 光，⑨

xiò gguà vǒ nìng vuê lìg zňg
笑 我 无 能 舰 图 钻，⑩

vè kui dńg dnái gguà ǎ ê
要 开 当 店 我 也 会，

jì kiàm nin dāo zǒ gguà bňg
只 欠 恁 兜 助 我 本。

女：
buè ggè zǎm ggō̄ xǐ diòng qiù
八 月 十 五 是 中 秋，

xiè gān hù guì xǐd lǎn giù
世 间 富 贵 实 难 求，

dǐng cô vǒng vè gǎng qin qniù
当 初 望 要 共 亲 像，

ggùn gim xniù diò xim táo yiù
阮 今 想 着 心 头 忧。

男：九月时令菊花开，

汝今歹命谁人知，

当初我是万金子，

只欠银项付我开。

女：十月时来小逢春，

汝即冤家无认份，

一日三顿我都过，

芋横菜尾都也吞。

男：十一月算来是冬节，①

娶汝姿娘真反悔，

将来夫妻无长久，

想着起来心怨切。

女：十二月廿四人送神，

看汝短命真不人，

厝边顶下欠人钱，

须着将我去卖身。

注：①年兜：除夕。②姿娘饣见笑：女人不知羞。③瓦：倚、靠。④蓿：压。⑤趁钱：赚钱。⑥恁：你。⑦四界行：到处逛。⑧当紧工：农活正紧。⑨叶叶光：渐渐亮。⑩饣图钻：不会营钻。⑪冬节：冬至。

嫁尪也是惨

嫁尪也是惨，
干埔万色人。①

有的书癫或醉汉，
有的龟在厝角巷；②

有的"四书"读得规大笼，
说话嘈破人耳空；③

有的大学和博士，
结果不是斯文人；

有的生理做到一仁桶，④
结果厝内货空空。

注：①干埔：男人。②龟：缩、躲。③耳空：耳朵。④一仁桶：到处都有。

妻劝夫戒赌歌

是谁设此迷魂阵？
害君为赌来损身。

身倦囊空归卧后，
呼吆喝六起含眠。

焚香烧烛告苍天，
默佑儿父性早迁。

菽水养亲思教子，

qiàm gui zuán tǒˋ ā huán rián
妾归泉土亦欢然，

diāo ho kím xirˋ ying xiǒ yi
调和琴瑟应相依，

qiàm miā rǔ si dàn xirˋ wèi
妾命如丝旦夕危。

yōu wù jiá diāo lán guǎ si
犹有一条难割事，

cǒng táo yōu gniǎ xiu gǒˋ wèi
床头幼子守孤帏。

穷人歌
gǐng nǎng guǎ

wù jnī ê láng kiǎ ngiùˋ láo
有钱的人住洋楼，

vǒ jnī ê láng cù tēˋ láo
无钱的人厝宅漏，

huāng hǒ lái vǒ dè tāng záo
风雨来,没处甪跑。

wǔ jnī ê láng h-i và bng
有钱的人鱼肉饭，

vǒ jnī ê láng ān zí tng
无钱的人番薯汤，

min qniˋ ng kā sng qiùˋ lngˋ
脸青黄,脚酸手软。

wǔ jnī ê láng qǐng xi diú
有钱的人穿丝绸，

vǒ jnī ê láng pǎ gàdˋ giúˋ
无钱的人打结球，①

yāo gunáˋ ggō jin jniǎ yiù xiù
饫寒饿,真正忧愁。

tǒˋ hòˋ òrˋ bā vǒ liōng xim
土豪恶霸无良心，

bàng zǒ bàng xirˋ ná gǔdˋ gim
放租放息那挖金，

wèi wnǎ jiò kǒˋ ki diòˋ lim
为换借,苦气得忍。

十月病子歌①

女：正月病子在心内，

不敢说出惊人知，

看着酸辣逐项爱，

叫君静静买入来。

男：要望人买真歹势，

阿娘爱吃什么的，

果子买到规大下，

阿娘要吃自己提。

女：二月病子人爱眠，

糜饭半喙无爱吞，

爱吃白糖泡藕粉，

叫君去买一角银。

男：一碗藕粉泡滇滇，

吩咐白糖渗恰甜，

阿娘即摆什么病，

因何面色敢者青？

女:三月病子头黑暗，
snā ggè bnī gniá tāo ò ám

喙涎呸甲土脚淡，
cui nuā pui gā tō kā dám

无吃糜饭专饮泔，
vó jiā vē bng zuán lim ám

爱吃仙楂甲油甘。
ài jiā xiān zā gā yiù gám

男:看娘消瘦甲落肉，
kuná niú xiáo sán gá làr vá

喙涎呸到满土脚，
cui nuā pui gà muá tō kā

无吃糜饭敢会饱，
vó jiā vē bng gán ē bá

专吃油甘甲仙楂。
zuán jiā yiù gám gà xiān zā

女:四月病子人喙称，
xì ggè bnī gniá láng cui qìn

无时无日头壳晕，
vò xi vó rìd tāo kàr hin

我看即病无要紧，
gguà kuná zèi bnī vò yào gin

差人药店买宋藤。
qiè láng yò dnái vuē sòng din

男:看娘者久无吃饭，
kuná niú jiā gū vò jiā bng

心肝烦恼替娘酸，
xim gunā huán lò tè niú sng

要去药店又赫远，
vè k-ì yò dnái yiù hiá hng

串想要吃无影物。
cuàn xniù vè jiā vò ngiá mng

翔安非遗

女：五月病子人畏寒，

赶紧棉被提来披，

规日专呸白泡澜，

爱吃竹笋焐蛏干。

男：看娘无吃渐渐眍，

心肝烦恼十二分，

要吃蛏干焐冬笋，

赶快差人买来焐。

女：六月病子惊见笑，

不时眠床倒着着，

爱吃肉包配水饺，

三日无吃嗯知饫。

男：看娘即摆者尼善，

阮到今日才看现，

看汝八肚者大乾，

快请先生嗯碘延。

女：病到七月阿在病，

无时无日爱吃甜，
vô xi vô rìd ài jiá dni

八肚一日一日滇。
bàd dô jìd rìd jìd rìd dni

叫哥嗨免请先生。
giò gò m̀ mián qniá xiǎn xni

男：我给阿娘偷看觑，
gguā gā ǎ niú tāo kunà mái

才知阿娘是怀胎，
jiā zǎi ǎ niú xì huái tāi

八肚一日一日嗨，
bàd dô jìd rìd jìd rìd hāi

上重下轻站舱在。
dìng dàng è king kiǎ vuè zǎi

女：八月病子人艰苦，
buè ggè bnǐ gniǎ láng gāng kô

上重下轻无爱摸，
dìng dàng è king vô ài mò

染到者病要啥步，
riám diô jiè bni vè xiá bô

爱吃马荠炒香菇。
ài jiǎ vè jì cá hniù gô

男：我紧叫人去料理，
gguā gin giò láng k—ì liáo lì

备办香菇炒马荠，
bǐ bān hniù gô cá vè jì

才知娘子有花喜，
jiā zǎi niú ǎ wǔ huè hì

问汝顺月是几时。
mñg l—ì sǔn ggè xì dì xi

女：九月共君照实说，
gào ggē gáng gūn jiáo xiá sē

算来我是落下月，
sñg lái gguā xì lò é ggè

jiù guē gùn vā hô gguá pê
酱瓜焅肉互我配，
āi jiā dám bō ān zí vé
爱吃淡薄番薯糜。

男：
jiù guē gùn vā dô a hò
酱瓜焅肉都也好，
kā guī làn a jiá ê lò
恰贵咱也吃会落，
ê ggè diô wǔ gniá táng pô
下月就有子嗵抱，
vuē hò guá láng kunā lán vò
舍给外人看咱无。

女：
zǎm ggè dò dǐ mīn cng lāi
十月倒仁眠床内，
láng jīn gān kò bò gūn zāi
人真艰苦报君知，
l-i jiò cān bō lāi báng lāi
汝叫产婆来房内，
xni liǎo suè gniá táng dng zái
生了细子嗵返才。

男：
mng gguá tniá gnì ngni ā xniá
门外听见婴仔声，
snā bō bniá zuè lng bō gniá
三步拼作二步行，
guná gin rìm báng kunā suè gnià
赶紧入房看细团，
vò gnià ān rián xim táo dniá
母子安然心头定。

养育歌
ngiú yòr guá

ggìn ǎ cūd xǐ dìd dìd hào
囝仔出世直直哮，
lǎo bê gǔ snā tê lǎi bāo
老爸旧衫提来包，

wù jnì mňg gnià kuán zuǎn gǎo
有 钱 物 件 款 全 到，
vò jnì pǎng ǎm lài lùn áo
无 钱 捧 泔 来 润 喉。

lǎo bē cùr gguā xiǔ hòng dǐn
老 爸 出 外 受 风 尘，
lǎo vò pǒ gnià dǐ hīng jīng
老 母 抱 子 在 胸 前，
wù gnià vuē hiāo suē tǎo mǐn
有 囝 馞 晓 洗 头 面，
xiāo sǎn làr và gnià jiǎ nīn
消 瘦 落 肉 囝 吃 奶。

kùn luàn gā gnià wnǎ gè bǐn
睏 暖 甲 囝 换 过 爿，
wnǎ snǎ qìd sǎi guī lǒ tīng
换 衫 拭 屎 几 落 停，
gnià gnià xiàm liǒ kô gnià lǐng
惊 囝 撒 尿 苦 子 冷，
tē xīm diāo dnà vuē ān mǐn
提 心 吊 胆 馞 安 眠。

táo xiō hǐ ruà liàn yǎ tī
头 烧 耳 热 连 夜 啼，
m̄ zǎi dō lò vuē hó xī
姆 知 都 落 馞 好 是，
tē gnià lǎi bnī vò gguǎn yì
替 囝 来 病 母 愿 意，
miǎn dǐd vò rǐd gò vò mi
免 得 无 日 佫 无 暝。

náng kā náng qiù qiò hā hā
弄 脚 弄 手 笑 哈 哈，
lǎo vò vàr sǎi qìd vě dǎ
老 母 目 屎 拭 馞 干，
kǎm gnià guāi guāi m̄ tāng cǎ
戀 囝 乖 乖 姆 哃 吵，
guī mi vò kún cǎ gǎo dnà
规 暝 无 睏 吵 到 旦。

香山文化丛书

翔安非遗

一岁二岁真妖娇，

老母身躯抱着着，

吵到心神乱了了，

抱到双手馓弯撬。

三岁四岁学讲话，

骂鸡赶鸭咦哇哇，

学行学倚报母看，

老母惊囝会着跌。

五岁六岁巴巴走，

撒沙六屎掂石头，

老母赶紧追来到，

捧茶互囝伊润喉。

七岁八岁入学堂，

纸笔墨砚爸担当，

看囝者晚还未返，

倚在门外挂肚肠。

gáo hě zǎm hě m̄ bǎd lì
九岁十岁唔八理，

yìn wē ggǒr ggir gǎ tiāo pí
应话怅逆甲刁皮，

dīr gi giǎ ki vǎr sái dì
竹枝举起目屎滴，

pǎ gà gnià kǎo vò ǎ tí
打到囝哭母也啼。

zǎm yìd zǎm ryì qiàng qiàng duá
十一十二呛呛大，

gnià gnià tǎr zi kǎ tuā vuá
惊子读书恰拖磨，

xī dǐng mng gnià jiǎ gui wná
时顿问囝吃几碗，

gnià gnià xiō ruá hiám gnià guná
惊囝烧热苦囝寒。

zǎm snǎ zǎm xǐ jiàm jiàm dǐg
十三十四渐渐返，

kǒ gnià mín xìr gǎn jiá ng̊
苦囝面色敢者黄，

xī dǐng gô gnià jiǎ luǎn bng
时顿顾囝吃烂饭，

bē vò zǎo kā lim vì tng
爸母灶脚啉米汤。

zǎm ggǒ zǎm làr xing pià giòng
十五十六性癖强，

xiòng giá yin bá diǎn yìng hiòng
常甲個爸展英雄，

qing niǎn xī zūn yi dng yòng
青年时阵伊当勇，

bē vò dè yi xiù zǎo yòng
爸母跟伊受遭殃。

zǎm qìd zǎm buè xid ging yíng
十七十八失经营，

29

gniǎ gniǎ xiɑ ggiàm zuè liǔ lin
惊囝失业做流氓，

jiɑ xin huī gunǎ lǎo vuě jin
一身血汗流盎尽，

dàng gui sǎi giú vòng kǎn xing
东跪西求望牵成。

zǎm gào ryǐ zǎm jniɑ duǎ lǎng
十九二十正大人，

huán lo gniǎ vě cuǎ qē báng
烦恼囝未娶妻房，

wǔ jni ê láng kái gà luán
有钱的人开到乱，

vò jni tè gniǎ lái gán lán
无钱替囝来艰难。

二、童谣

闽南童谣是口头文学，是淳朴的民间歌谣，具有传承闽南文化最有效的启蒙功能。这些童谣大多与现实生活有联系，将山水、树木、房屋、动物、气候等融为一体，表现闽南人淳厚、朴实、坦诚、幽默的品格，深刻地烙着时代的印记。它充分体现与大自然的互动、融洽和谐，不仅包含丰富的知识，还包含闽南人的传统美德与人生智慧，体现闽南人的生活气息，起传播知识、教育引导等作用。

童谣蕴含一定的知识性、启发性和思想性，能让少年儿童从中汲取精神营养。它语言通俗、生动，语调诙谐，充满情趣，节奏明快，朗朗上口，讲究押韵，均为"顺口溜"，有助于儿童牙牙语时进行口音训练。它通过口口相传，流传至今。从某种意义上说，闽南童谣也是闽南人的审美意识和人格精神的昭示，是闽南文化的宝贵财富。

虎莓①

虎莓,虎莓,吃喙焦。

白蛇,黑蛇吘嗵互我咬。

注:①虎莓:野生草莓。

一 二 三

一等二靠三落空,

一想二做三成功。

目 皮 颤

目皮颤,草砦煞,

好事来,歹事拨。

吃一睏二

吃一,睏二,作息三。

初九,廿三有蚵无人担。

抚抚抚

抚抚抚,互汝补面龟;①

搜搜搜,互汝食甜糕。

注:①面龟:面包。

31

蛀齿郎①

蛀齿郎,偷咬粽。

钻桌骹,呣甘放。

注:①蛀齿郎:掉了牙的人。

唔唔睏①

唔唔睏,一暝大一寸;②

唔唔惜,一暝大一尺。

注:①唔唔睏:哄婴儿入睡的催眠曲。②一暝:一个晚上。

一个状①

一个状,亲戚朋友行𥴊断。

双个状,恶甲无人问。

注:①状:指头发中卷涡的部分。

溜溜溜①

溜溜溜,贪食发喙须。

羞羞羞,卖湖鳅。②

溜溜笑,𣍐见笑。③

注:①发喙须:长胡子。②湖鳅:泥鳅。③见笑:惭愧。

睏墘食芋圆

kūn gni jiá ô ngi
睏墘,食芋圆。①

kūn áo jiá tô dáo
睏后,食土豆。②

kūn dǎ ng hô guē a dè kā cǐng
睏中央,互鸡仔啄尻川。③

注:①芋圆:地瓜粉煎。②土豆:花生。③尻川:屁股。

鸳鸯 鸳鸯

wǎn ngiù wǎn ngiù
鸳鸯、鸳鸯,

gā gguá suē vàr jiu
互我洗目睭。

vàr jiu ná suē hò
目睭偌洗好,

qiná l−i jiá xiô zò
请汝食烧枣;

vàr jiu suē vǒ hò
目睭洗无好,

niàm tâo qǐ guē vǒ
捻头饲鸡母。

担灯舅仔

dná ding gú a vǒ jiá hir
担灯舅仔无食域,①

bǎng sǎi kô wná bēi ggir
放屎糊碗白玉;②

dná ding gú a vǒ jiá ngi
担灯舅仔无食圆,

hàng sǎi kô mǐn cǐng gni
放屎糊眠床墘。③

注:①域:肉。②碗白玉:破碗片。③墘:沿。

夹鼻夹安安

夹鼻夹安安，

尖甲顶着山。

细汉会读书，①

大汉会做官。

注：①细汉：小时候。

母舅外甥

外甥吃母舅，

无要吃甲有，

母舅吃外甥，

无赵掠起捶。①

注：①赵：要。捶：打。

住厝好厝边

种田好田墘，

住厝好厝边，

歹厝边，想相篇，

好厝边，相扶持。

山海经
sunā hǎi ging

靠 山 吃 山，
kò sunā jiá sunā

靠 海 吃 海，
kò hǎi jiā hǎi

半 山 半 海，
bunǎ sunā bunǎ hǎi

饿 甲 泄 屎。
yào gà xiàm sài

小 学 生
xiǒ ò xing

一 年 的 一 空 空，
jiá ni è jiǎ kòng kòng

二 年 的 孙 悟 空，
lñg ni è sūn ggō kòng

三 年 的 红 贡 贡，
snā ni è ǎng gòng gòng

四 年 的 势 胖 风，
xì ni è ggǎo pòng hòng

五 年 的 大 将 军，
ggō ni è duǎ jiōng gūn

六 年 的 做 大 王。
làr ni è zuè dài òng

月 娘 刀 钝
ggě niú dǒ dūn

月 娘 刀 钝，
ggě niú dǒ dūn

囝 仔 刀 利。①
ggin a dǒ lài

指 汝 无 代，②
gì l–i wǒ dài

拜 汝 三 拜；
bài l i snā bài

后 眠 昉，③
hǎo mìn hñg

再 够 甲 汝 拜。
jiā gò gǎ l–i bài

注：①囝仔：小孩。②无代：没事。③后眠昉：再一个晚上。

蜉看会嗡澜

jim kunǎ ê bù lunǎ
蜉看会嗡澜，

hê kunǎ ê dò dunǎ
虾看会倒弹，

cán gǎm a kunǎ diō tiáo gè hunǎ
田蛤仔看着，跳过岸。

六月天,七月火

làr ggě tni qid ggě hè
六月天,七月火，

sǎi bǎr hô jíd zūn gě
西北雨,一阵过，

dìng kù dǎ kôr kôr
上坵干涸涸，

ê kù dǎm lôr lôr
下坵湿漉漉。

胡溜

hô liū hô liū huàd cui qiū
胡溜胡溜发喙须，

jin ggáo zǹg gò jin ggáo xiú
真努钻格真努泅，

gui xin kù gǔd liù liù
规身躯,滑溜溜。

láng vè liǎ gunǎ gin liù
人要掠,赶紧溜。

海雁飞上山

hǎi ggǎn bē jniǔ sunǎ
海雁飞上山，

puǎ hiú kiò lǎi muǎ
破裘拾来披；

hǎi ggǎn bē rim hǎi
海雁飞入海，

puǎ hiú knǎi gáo sài
破裘盖狗屎。

共汝分

gā l—i būn
共 汝 分

gā l—i būn
共 汝 分，

hō̌ l—i ní ní cùn
给 汝 年 年 春；①

gá l—i būn jiá gē
共 汝 分 一 过，②

hō̌ l—i bù vuē tě
互 汝 富 瘦 退；

snā būn jiā vù cùn
相 分 吃 有 春，

snā jni jiā vò hùn
相 争 吃 无 份。

注：①春：剩余。②过：次。

收澜收互离

xiù lunā xiù hō lì
收 澜 收 互 离

xiù lunā xiù hō lì
收 澜 收 互 离，①

hō l—i hō yō qì
乎 你 好 腰 饲，

xiù lunā xiù lí lì
收 澜 收 离 离，

hō l—i jiá bā ryì
乎 你 吃 百 二。

注：①离：干净。

大个呆

duá kō dāi
大 个 呆

duá kō dāi
大 个 呆，

cā gú cái
炒 韭 菜，

xio xiō jiá wná lái
烧 烧 一 碗 来，

qìn qìn gguā vò ái
清 清 我 无 爱。①

注：①清清：冷冷。

37

一只鸟仔飞过墙

一只鸟仔飞过墙，

看见别人娶新娘，

想起自己三十几，

碗筷没人倘来洗。

一支草 一点露

一支草，一点露。

温疴草，吃胆横雨，①

壁脚边草，②串抵西北雨。③

注：①温疴：弯曲。胆横雨：斜飘的雨。②壁脚：墙角。③串抵：经常遇到。

燕子飞倒仑

燕子飞倒仑，①

公嬷痛外孙，②

舅仔嫌阮歹，

妗仔嫌阮捷捷来，③

那无为着公嬷即一代，

阮三年五年都不来。

注：①飞倒仑：向后飞。②公嬷：祖父母。③捷捷来：经常来。

38

打日本

打 日 本

滚！滚！滚！

打日本,①

阿 兄 打 先 锋,

小 妹 做 后 盾,

打 得 日 本 鬼 仔 变 土 粉。②

注:①打日本:指的是打击日本侵略者。②土粉:灰尘。

五手指

一 个 巴 掌 五 个 指,

一 大 王,二 贪 吃,

三 歹 死,四 爱 水,①

五 小 将,人 人 嫌。②

注:①水:漂亮。②小将:小卒子。

赤扒查某嫁后苦

赤 扒 查 某 嫁 后 苦,

后 苦 宫 仔 三 只 虎,

一 只 咬 恁 尪,

一 只 咬 恁 某,

一 只 走 去 拜 佛 祖。

huáng lái huáng lái

风来风来

huáng lái huáng lái
风来,风来,

jid jiām hǒ l—i vué òng lái
一占互汝买旺梨。①

huáng k—i huáng k—i
风去,风去,

jid jiām hǒ l—i vué gá zi
一占互汝买加自。②

huáng vò huáng vò
风无,风无,

jid jiām hǒ l—i vué dni tò
一占互汝买甜桃。

huáng jni huáng jni
风静,风静,

jid jiām hǒ l—i vué dáo mi
一占互汝买兜面。③

注:①一占:一分钱。②加自:乞食袋。③兜面:地瓜糊。

zě ggǔ qià

坐牛车

zě hui gi kunà tni ding
坐飞机看天顶,

zě duá zún kunà hái yìng
坐大船看海涌,

zě hē qià kunà hóng gìng
坐火车看风景。

zě ki qià jni kà xìng
坐汽车钱卡省,

zě ggù qià sǔn suá mǎn līng gging
坐牛车顺续挽龙眼。

pǎi gniá pù yò yò

歹子浮摇摇

pǎi gniá pù yò yò
歹子浮摇摇,

jniù sunà tāo mǎn giò
上山偷挽茄,

liǎ diò qiǒ hi hi
捉着笑嘻嘻，

pà lò āi āi jiǒ
拍落哀哀叫。

细汉偷攫针
suè hàn tāo giǎ zām

suè hàn tāo giǎ zām
细汉偷攫针，

duǎ hàn tāo giǎ sām
大汉偷攫杉，

suè hàn tāo mǎn bú
细汉偷挽匏，

duǎ hàn tāo kǎn ggú
大汉偷牵牛，

m̄ tniǎ lǎo nǎng ggiàn
不听老人言，

jiǎ gui dǐ ggǎn jián
吃亏在眼前。

土鬼仔烩
tǒ gui a gué

tǒ gui a gué
土鬼仔烩，

gui duǎ gunǎ
规大弹，①

á hniǎ kiò dò lài
阿兄拾回来，

kòng tīg zi mǐ sunǎ
炖汤煮面线，

gōng a jiǎ bò a kunǎ
公仔吃，婆仔看，

hǒ gguà ggiàn gǎ lǎo dì lunǎ
乎我瘾甲流滴澜。②

注:①规大弹:一大串。

笑陈三
qiò dǎn snǎ

ngi a huē qiò vi vi
樱仔花,笑眯眯。

翔安非遗

qiò yi dàn snā vǒ liǎo xi
笑 伊 陈 三 无 了 时。

bě věˋ wnā gniǎ dnā
白 马 换 镜 担,

líng lǒ wnǎ bōˋ yi
绫 罗 换 布 衣,

tám nǎng sui zǎ vǒˋ
贪 人 水 查 某。①

lǒˉ zái zuě snā ni
奴 才 做 三 年。②

注:①水查某:漂亮女人。②做:当。

tǒ li gōng
土 地 公

tǒ li gòng
土 地 公,

bě vàrˋ vái
白 目 眉,

vǒ nǎng qniàˋ
无 人 请,

gǎ giˋ lǎi
自 己 来。

tǒ duě bǒ
土 地 婆,

pà qidˋ tǒ
打 迟 迟,

yāo gunǎ ggǒ
妖 寒 俄,

lǒˉ lǒˉ sǒ
鹿 鹿 趚。

ggǒˉ ggě zuě zǹg lǒˉ suè
五 月 节,钻 芦 黍

ggǒˉ ggě zuě zǹg lǒˉ suè
五 月 节,钻 芦 黍,

hǒ wēn lǎi pái wēn k-í
好 运 来,歹 运 去;

ggǒˉ ggě zuě zǹg lǒˉ suè
五 月 节,钻 芦 黍,

乖^{guái}的^ě来^{lái}，歹^{pái}的^ě去^{k—i}；

五^{ggŏ}月^{ggĕ}节^{zuè}，钻^{zňg}芦^{lŏ}黍^{suè}，

粯^{liò}的^ě来^{lái}，矮^{wě}的^ě去^{k—i}；

五^{ggŏ}月^{ggĕ}节^{zuè}，钻^{zňg}芦^{lŏ}黍^{suè}，

水^{sui}的^ě来^{lái}，丑^{tiù}的^ě去^{k—i}；

五^{ggŏ}月^{ggĕ}节^{zuè}，钻^{zňg}芦^{lŏ}黍^{suè}，

富^{bù}的^ě来^{lái}，穷^{ging}的^ě去^{k—i}。

......

天^{tni}乌^ŏ乌^ŏ（一）

天^{tni}乌^ŏ乌^ŏ，要^{vè}落^{lŏ}雨^{hô}，

安^{ān}公^{gong}仔^a举^{giǎ}锄^{d—i}头^{táo}巡^{sǔn}水^{zui}路^{lŏ}，

巡^{sǔn}着^{diò}一^{jid}尾^{vě}鲫^{jid}仔^a鱼^{h—i}。

鲫^{jid}仔^a鱼^{h—i}，要^{vè}娶^{cuǎ}某^{vŏ}。

龟^{gú}担^{dná}灯^{ding}，蛇^{zuá}打^{pā}鼓^{gŏ}，

田^{cán}婴^{ngi}仔^ā扛^{gng}轿^{giò}喊^{huà}艰^{gán}苦^{kô}，①

水^{sui}鸡^{gué}举^{giǎ}旗^{gi}攒^{zǎn}腹^{bǎd}肚^{dô}。②

水^{sui}鸡^{gué}皮^{pě}边^{bni}屏^{piǎng}鼓^{gŏ}，

水^{sui}鸡^{gué}目^{vâ}睭^{jiù}看^{kunǎ}查^{zā}某^{vŏ}。

注：①田婴：蜻蜓。②水鸡：青蛙；攒：插在；腹肚：肚子。

天乌乌 (二)
<small>tni ô ô</small>

天乌乌，要落雨，
<small>tni ô ô vè lô hô</small>

安公仔举锄头巡水路，
<small>án gōng a giâ d—i táo sǔn zui lô</small>

巡着一尾鲫仔鱼。
<small>sǔn diò jǐd vè jìd a h—i</small>

鲫仔鱼，要娶某。
<small>jìd a h—i vè cuá vô`</small>

龟担灯，蛇打鼓，
<small>gü dnā dìng zuá pà gô`</small>

田婴仔扛轿喊艰苦，
<small>cán ngi ā gñg giò huá gān kô`</small>

水鸡举旗攒腹肚。
<small>sui guè giá gi zǎn bǎd dô`</small>

攒无断，鸭母生鸭蛋，
<small>zǎn vǒ dng â vò xni à lng</small>

生甲一粒长又长，
<small>xni gà jìd liám dng ñg dng</small>

趁鸭落厦门。
<small>tân à lô ê mng</small>

人插花伊插草
<small>nǎng cà huê yi cà cǎo</small>

人插花仔伊插草，
<small>nǎng cà huê a yi cà cǎo</small>

人抱婴仔伊抱狗，
<small>nǎng pǒ ngi a yi pǒ gào</small>

人眠新眠床，
<small>nǎng kùn xin mǐn cng</small>

伊眠破灶口。
<small>yi kùn puá zǎo kǎo</small>

人戴帽，伊戴破粪斗，
<small>nǎng dì vò yi dì puà bùn dào</small>

人未嫁，伊先跟人跑。
<small>nǎng vě gě` yi snǎi dè nǎng zǎo</small>

田婴仔飞

cân ngi a bē

田婴仔飞,人仔捻你尾。

cân diòng ǔg diò gā lē

田中央,钓嘉礼。①

gā lē dǔg gā lē dê

嘉礼长,嘉礼短。

náng diàm dǐng yi diàm hē

人点灯,他点火。

náng bār zàng yi cē gē

人缚粽,他炊粿。

náng páng wnā yi yǐng wná gòng le

人捧碗,他用碗公了。②

注:①嘉礼:傀儡、木偶。②碗公了:碗屁股。

掩孤鸡

ěng gô guē

掩孤鸡,走白卵,

và l−i jiǎ gùd l−i zǎg

肉你吃,骨你舐,

duá lō̄ gni pè qìn bng

大路墩,配剩饭,

ǒ guē xni ǒ lng

黑鸡生黑卵,

bě guē xni bě lng

白鸡生白卵。

càd a càd vì yi vàd

贼仔贼,躲依密,

vè jiǎ tô á xi vè jiǎ vì

要吃桃还是要吃米?

vè jiǎ tô báng l−i k−i qid tò

要吃桃——放汝去迌迌。

vè jiǎ vì báng l−i k−i xì

或:要吃米——放汝去死!

海水淹

海水淹，佛祖生日人烧金。

海水洘，过年炊糕甲炸枣。

海水涝，二月沿海人破蚵。

海水大沉滇，

九月重阳人兜面。

风车歌

六块白布嗡嗡哮，

姆免吃米和吃草，

风来吹甲团团走，

一条白龙盐丘流。

雷公区区陈

雷公区区陈，

赶雨来落田，

落到顶丘淌下丘，

收成秫米炊大龟，

大龟小龟分厝边，

人都炊到二九暝。

爸母想到心头酸

天未光，鸭无蛋，

小姑要嫁无嫁妆，

小叔要娶无眠床，

爸母想到心头酸。

蚊仔蚊

蚊仔蚊，蚊仔蚊，

举烟吹，贡脚桶，①

脚桶墙，贡着羊，

羊在走，贡着狗，

狗在吠，贡着碓，

碓在舂，贡着宫，

宫在起，贡着椅，

椅在坐，贡着被，②

被在盖，贡着鸭，

鸭在刣，贡着瘄奴才。

瘄奴才偷扛轿，

扛到潭仔墘，

跌一倒，拾着一个钱，

买糖仔不分婴仔吃，

ngi a jid mi kāo gá gng
婴仔一暝哭到光,

diám hè xió kā cng
点火烧屃川,

xió gá jid bín ō jid bín bě
烧甲一边黑,一边白,

giá dò diō lái lě
举刀就来鋫,

lě lái ryǐ gáo mín hng qniá nǎng kě
鋫来二九暝昉请人客。

nǎng kě hiám vò wā
人客嫌无瓦,

giò niāo cì a lái jiù zuá
叫老鼠仔来咒誓,

jiù zuá vò dǎo lin bó
咒誓无,投恁婆,

lin bó lái jiàm suá
恁婆来占煞,

kng yi yǒu kng gguá
劝伊又劝我。

注:①烟吹:烟斗;脚桶:洗脚的木桶。②被:被子。

giàd vi gō
结 米 糕①

giàd vi gō giàd dǎng lò
结米糕,结铜锣。

dǎng lò bě hō qìd tó
铜锣伯,好迌迌。

dǎng lò mˋ mán dni tò
铜锣姆,挽甜桃。②

dni tō bě mán duǎ vě
甜桃白,挽大麦。

duǎ vě qiù mǎng a giàd gui giú
大麦秋,③蚊仔结规球。④

pi pi pā gguá cùd qiù
噼噼拍,我出手,

mǎng a hiǎn yáo xiū
蚊仔现夭寿。⑤

注:①结:用手拍打。②挽:采。③麦秋:麦芒。④规球:纠集成团。⑤
天寿:死。骂人的话。

矮仔日本

矮仔日本戴纸咯，

规暝做贼起叩叩。

矮仔日本臭婊子，

将伊春甲变肉饼。

天乌乌

天乌乌,要落雨,

日本仔兵,驶电船,

探水路,

想要对五通,

爬上咱陆路,

碰着水雷响,

炸死日本仔狗。

抗日五更鼓歌

一更更鼓月探头,

劝咱列位好同胞,

做着汉奸名声臭,

政府捉着会杀头。

翔安非遗

二更更鼓月正明，
中国军队真正猛，
举起家伙入枪子，
去和日本拼生死。

三更更鼓月对中，
臭日本仔没天良，
害咱同胞和群众，
看着难民真可伤。

四更更鼓月斜西，
金门难民跑出来，
三顿无吃无人知，
都是臭日本仔来所害。

五更更鼓天渐光，
中国军民团结起，
共同抗日抗到底，
抗到日本投降咱胜利。

gāo ggě qiū huāng jiám jiám lái
九月秋风渐渐来

gāo ggě qiū huāng jiám jiám lái
九 月 秋 风 渐 渐 来，

vō pē gā vī tāi
无 被 盖 米 筛，

gám jiā pò kiò lái gā vǎr vái
甘 蔗 粕，拾 来 盖 目 眉，

hǎm kǎr a jni kiò lái gā bù zái
蚶 壳 仔 钱，拾 来 盖 北 才，

puǎ mǎng a xiē kiò lái gā gā jiā
破 网 仔 纱，拾 来 盖 加 者，

zuǎn xin gā tāo tāo m̄ zāi jiā gunǎ duì dō lái
全 身 盖 透 透，不 知 者 寒 对 都 来。

wēi láng wēi tī tū
挨砻挨啼吐（一）

wēi láng wēi tī tū
挨 砻 挨 啼 吐，

tāi guē qniā ān gū
刣 鸡 请 安 舅。

á gū á vě lái
阿 舅 还 没 来，

tāi guē qniā xiù zái
刣 鸡 请 秀 才；

xiù zái hiám vō wā
秀 才 嫌 无 瓦，

tāi guē qniā lāo dā
刣 鸡 请 老 大；

lāo dā vō dnḡ snā
老 大 无 长 衫，

tāi guē qniā gguá mā
刣 鸡 请 外 嬷；

gguá mā bād dò lěi giāo gā
外 嬷 腹 肚 例 搅 绞，

hō gguá gā gǐ jiá gā bā
互 我 自 己 吃 甲 饱。

挨砻挨啼吐（二）
^{wē láng wē tī tū}

挨砻挨啼吐，
^{wē láng wē tī tū}

刉鸡请安舅。
^{tái guē qniā ān gū}

阿舅还没来，
^{á gū á vē lái}

鸡也慢者刉，
^{guē a mǎn jiá tái}

阿舅来啦鸡紧刉。
^{á gū lái la guē jin tái}

大人吃大块，
^{duá láng jiá duá dě}

囝仔吃小块；
^{ggìn a jiá suè dě}

大人捧起吃，
^{duá láng pǎng ki jiá}

囝仔叩头额；
^{ggìn a kàm tǎo hiǎ}

大人捧起收，
^{duá láng pǎng kı xiū}

囝仔吱吱抽。
^{ggìn a gi gi tiù}

溜，溜，溜，
^{liù liù liù}

贪吃发喙须。
^{tǎm jiá huáǒ cuì qiū}

挨罗挨（一）
^{wē lo wē}

挨罗挨，
^{wē lo wē}

番爿载米来饲鸡。
^{hán bin zǎi vì lái qǐ guē}

鸡细个，我买虾。
^{guē xuè ggê gguā vuē hê}

虾细尾，我炊粿。
^{hê xuè vè gguā cē gè}

粿无熟，我买域。
^{gè vô xìr gguā vuē hìr}

hir vǒ nuā gguá vuě mí sunà gunā
域 无 烂，我 买 面 线 汗。①

mí sunà gunā dng ng dng gguá vuě tng
面 线 汗 长 又 长，我 买 糖。

tng dni dni gguá vuě gni
糖 甜 甜，我 买 庚。②

gni kô kô gguá vuě snā xiān bù zó
庚 苦 苦，我 买 三 仙 佛 祖，③

jid xiān buā lô hár lng xiān lài snā càr
一 仙 跌 落 礐，④二 仙 来 相 凿。

注：①汗：缯。②庚：纯碱。③仙：座。④礐：茅坑、厕所。

挨 罗 挨（二）
wě lo wě

挨 罗 挨，
wě lo wě

载 米 载 粟 来 饲 鸡。
zài vì zài qìr lài qi guē

饲 鸡 要 创 啥？
qi guē vè còng xiá

饲 鸡 要 叫 更，
qi guē vè giò gni

饲 狗 要 吠 暝，
qi gáo vè buí mi

饲 查 某 仔 要 纺 棉，
qi zǎ vǒ a vè páng mi

饲 后 生，要 趁 钱。
qi háo xni vè tàn jni

天 顶 一 块 铜
tni ding jid dè dáng

天 顶 一 块 铜，
tni ding jid dè dáng

地 上 香 蕉 百 二 枞；
dè ding ging jio bà ryǐ záng

王 母 叫 孙 叫 子 来 梳 头，
ǒng vò giò sūn giò gniá lài suē táo

头 也 光，鬓 也 光，
táo ǎ gng gě ǎ gng

jì ve snà cuà lǒ huē hńg
姐 妹 相 娶 下 花 园。

dìr a gi ǒ bǔ jǐ
竹 仔 枝，芋 匏 籽，

cuá xim bù bàd dò lì
娶 媳 妇，八 道 理。

ò lò hniá ò lò di
呵 咾 兄，呵 咾 弟，

ò lò qing gé qni m̄ ggáo gā xi
呵 咾 亲 家 亲 姆 势 教 示，

ò lò àng sái hò buè ryi
呵 咾 尪 婿 好 八 字。

月 娘 月 光 光

ggé niú ggè gng gng ki cù cǎn dná ňg
月 娘 月 光 光，起 厝 田 中 央，①

kiá bě vě gè dāng zńg
骑 白 马，过 东 庄，

dāng zńg niú a ê ki ging
东 庄 娘 仔 会 起 宫，

ki ging jiá vò bá liá lái zuě xiě gǎ
起 宫 吃 无 饱，掠 来 做 纱 绞，②

xiě gǎ vuě gǎ xiě liá lái zuě gōng qě
纱 绞 觬 绞 纱，掠 来 做 工 叉，

gōng qě vuě qě cǎo liá lái zuě bùn dào
工 叉 觬 叉 草，掠 来 做 粪 斗，

bùn dào vuě bùd tó liá lái zuě hô lô
粪 斗 觬 抔 土，掠 来 做 葫 芦，

hô lô vuě gǎm yò liá lái zuě dò jiò
葫 芦 觬 合 药，掠 来 做 刀 石，

dò jiò vuě vuá dò liá lái zuě dìr gǒ
刀 石 觬 磨 刀，掠 来 做 竹 篙，

dìr gǒ vuě ní snā liá lái zuě bin dná
竹 篙 觬 晾 衫，③掠 来 做 扁 担，

bin dná vuě dná qìr liá lái zuě duá jìr
扁 担 觬 担 粟，④掠 来 做 大 烛，

duá jìr diám vuě dò liá lái zuě gān lò
大 烛 点 觬 焯，掠 来 做 矸 落，⑤

gān lò dàn vuě ggǒ liá lái zuě jiù ggǒ
矸 落 钉 觬 俄，掠 来 做 酒 俄，⑥

jiù ggō vuē gìr jiù　　la lái zuè bǐng yiù
酒 俄 舲 激 酒,⑦掠 来 做 朋 友,

bǐng yiù hniā bǐng yiù dì
朋 友 兄,朋 友 弟,

kān hniā kān dì zuè yiù hī
牵 兄 牵 弟 做 游 戏。

注:①起:建。②掠:抓。③晾:晒。④粟:稻谷。⑤矸落:陀螺。⑥酒俄:酿酒的工具。⑦激酒:酿酒。

liù liù liù
遛 遛 遛

liù liù liù
遛、遛、遛,①

ōng gōng huā cuì qiū qíng kào vuē dào yōu
王 公 发 喙 须,宫 口 卖 豆 油。

dào yōu suā giāmjniā qíng kào vuē hniù bniā
豆 油 煞 咸 洴,②宫 口 卖 香 饼。

hniù bniā sō gā pāng qíng kào vuē vi pāng
香 饼 酥 甲 香,宫 口 卖 米 香。

vi pāng cě gò dni qíng kào vuē ggù ni
米 香 脆 又 甜,宫 口 卖 牛 乳。

ggù ni cào ggù hiān qíng kào vuē guē giān
牛 乳 臭 牛 献,③宫 口 卖 鸡 腱。

guē giān gā vuē dng qíng kào vuē yōu bng
鸡 腱 咬 舲 断,宫 口 卖 油 饭。

yōu bng jin hò jiā qíng kào vuē cá giā
油 饭 真 好 吃,宫 口 卖 柴 屐。

cá giā jin pài qng qíng kào vuē ggǐng ggài
柴 屐 真 歹 穿,宫 口 卖 龙 眼。

ggǐng ggài dni yiù cě qíng kào vuē zàm sě
龙 眼 甜 又 脆,宫 口 卖 杂 货。

zàm sě wǔ zàm sunǎ qíng kào vuē mǐ sunǎ
杂 货 有 针 线,宫 口 卖 面 线。

mǐ sunǎ niàm gò dng qíng kào vuē duā dng
面 线 粘 又 长,宫 口 卖 大 肠。

duā dng cào sái vi qíng kào vuē duā mi
大 肠 臭 屎 味,宫 口 卖 大 面。④

duā mi càm d-i kā qíng kào vuē dng snā
大 面 掺 猪 脚,宫 口 卖 长 衫。

dǐg snā m̄ mián bō gīng kào vuē duǎ gō
长 衫 姆 免 补，宫 口 卖 大 鼓。

duǎ gō dǐng dòng dòng dǎr gē bài ǒng gòng
大 鼓 叮 咚 咚，大 家 拜 王 公。

ǒng gòng lái bō bǐ náng láng jiǎ bā ryi
王 公 来 保 庇，人 人 吃 百 二。

注：①遛：手指划腮帮，以羞对方。②煞：调和。③献：臊膻味。④大面：
面条。

dú dù dú xiòng gán
嘟 嘟 嘟 相 干

dú dù dú xiòng gán
嘟 嘟 嘟 相 干，

vá yiú cā dìr tān
麻 油 炒 竹 蛏。

dìr tān xì gún bunǎ
竹 蛏 四 斤 半，

ō a ngì zi mǐ sunǎ
蚝 仔 圆，煮 面 线。

góng a jiǎ bò a kunǎ
公 仔 吃，婆 仔 看。

góng a jiǎ jiǎ wnǎ
公 仔 吃 一 碗，

bò a láo dì lunǎ
婆 仔 流 滴 澜。

ǒng gòng ggiǒ rì xiǎo rin gùn zi
王 公 玉 女，小 人 君 子，

m̄ xì yi a diǒ xì l—i
不 是 他 呀 就 是 汝。

tni dǐng jiǎ pǒ gunǎ
天 顶 一 抱 菅①

tni dǐng jiǎ pǒ gunǎ
天 顶 一 抱 菅，

kán ggú kán vē jniù duǎ sunǎ
牵 牛 牵 马 上 大 山。

duǎ sunǎ vǒ vē cǎo
大 山 无 马 草，

kán k—i ān jim bò a yin mǐg kào
牵 去 俺 婶 婆 仔 個 门 口。②

56

án jim bô a vô diô k-i zuè kè
俺 婶 婆 仔 不 在 去 做 客,

kuná puá k-ì cè ggún duá bē
看 破 去 找 阮 大 伯。③

ggún duá bē cùd k-i vuê cô zuá
阮 大 伯 出 去 卖 粗 纸,

záo lâi záo k-ì dú diô gguá
走 来 走 去 遇 着 我。

gguá xim gunā pòr pòr dunā
我 心 肝,搏 搏 弹,④

guē vò wnâ guē luā
鸡 母 换 鸡 赖。⑤

guē gàr y-i y-i ti
鸡 角 吁 吁 啼,⑥

gging ggái wnâ nái ji
龙 眼 换 荔 枝。

nái ji qni yôu qni
荔 枝 青 又 青,

tè k-ì sâng xiân xni
拿 去 送 先 生。

xiân xni jid ē kì
先 生 一 下 气,

dir bàn pá qiù huì zui dì
竹 板 打 手 血 水 滴。

注:①抱:簸;菅:茅草。②個:他。③阮:我的。④搏搏弹:忭忭跳。⑤鸡赖:未下鸡蛋的雌鸡。⑥鸡角:公鸡。

两 枞 竹 仔①
lǐng zǎng dir á

lǐng zǎng dir a pú wù pú
两 枞 竹 仔 浮 又 浮,

ā hniā giò gguá k-i kān ggú
阿 兄 叫 我 去 牵 牛。

duá jià suè jiá vuê hiáo kān
大 只 细 只 艙 晓 牵,

ā hniā giò gguá gùd tǒ tān
阿 兄 叫 我 掘 土 蛏。

tǒ tān m̄ gnā liá
土 蛏 嗯 敢 掠,

翔安非遗

阿兄叫我穿柴屐。

柴屐瘆晓穿,

阿兄叫我掠加令。②

加令掠瘆着,

阿兄叫我学打席。③

草席打瘆同,

阿兄叫我挨土砻。

土砻挨瘆俄,

阿兄叫我去迌迌。④

阿兄教示我嗬听,

大汉只好做乞食。⑤

注:①枞:根。②加令:八哥鸟。③席:草席。④迌迌:游玩。⑤大汉:长大。乞食:乞丐。

乞鸟仔歇年钱

乞鸟仔歇年钱,①

无某要怎尼?②

衫也破,裤也破,

当田当地着来娶。③

也要花,也要粉,

也要胭脂绞嘴唇,④

á vè gim liân á guâ ám gùn
也 要 金 链 仔 挂 颔 滚，⑤

á vè duá dniá câ vì hùn
也 要 大 鼎 炒 米 粉，

á vè ě á qiǎng qiǎng gùn
也 要 锅 子 跄 跄 滚。

kô xiò xin niú jin kiàm xǐ
可 惜 新 娘 真 痤 势，⑥

táo mńg zǎm ryì gi
头 毛 十 二 支，

sǎm vò xni dào ryì
虱 母 生 斗 二，

kid jiáo a kì gâ bunâ xiǒ xì
乞 鸟 仔 气 甲 半 小 死。

注：①乞鸟仔：麻雀。年钱：屋檐。②某：妻。怎尼：怎么办。③当：典当。④绞：染或者涂。⑤颔滚：脖子。⑥痤势：难看、缺点多。

补丢仔补丢丢①
bô diù a bô diù diù

bô diù a bô diù diù
补 丢 仔 补 丢 丢，

jiá lô gào zuán jiū
一 路 到 泉 州。

zuán jiū xniá kid jiáo a zuè qin jniá
泉 州 城，乞 鸟 仔 做 亲 成。②

zuè dô lô
做 都 落？③

zuè duá lô
做 大 路。

duá lô nǎng tái d—i
大 路 人 刣 猪，

xiǒ lô láng tái ngiú
小 路 人 刣 羊，

pâ lô pà gô dǎn xin niú
打 锣 打 鼓 等 新 娘。

xin niú diò hē xiò
新 娘 着 火 烧，

gniá xiá buá lô giò
子 婿 跌 落 桥。

giò jid ki gū gǎ bì
桥 一 齿，④龟 咬 鳖。

bì lǔn táo gū gǎ gáo
鳖 仑 头，⑤龟 咬 猴。

gáo vǒ vè gū gá gè
猴 无 尾，龟 咬 粿。

gè vǒ xǐr gū gǎ hǐr
粿 无 熟，龟 咬 域。

hǐr vǒ nuǎ gū gǎ mǐ sunǎ gunā
域 无 烂，龟 咬 面 线 挂。

mǐ sunǎ gunā dǐng ng dǐng
面 线 挂 长 长 长，

gunǎ guē tǎn ǎ lò ě mǐng
赶 鸡 趁 鸭 落 厦 门。

注：①补丢仔：缝纫鸟。②做亲成：找对象。③都落：哪里。④齿：残缺。
⑤仑：缩。

羊仔婴,咩咩哮
ngiù a ngi miè miè hào

ngiǔ a ngi miè miè hào
羊 仔 婴,咩 咩 哮,

xiò dǐ kǎn yi k-ì jiá cáo
小 弟 牵 伊 去 吃 草,

kǎn k-ì ǎn jim bǒ ā yin mǐng kào
牵 去 安 婶 婆 仔 因 门 口,

dú diǒ jid jiǎ duǎ ô gào
遇 到 一 只 大 黑 狗;

ô gào buǐ gǎ wǎng wǎng hào
黑 狗 吠 甲 汪 汪 哮,

ngiǔ a diǒ gniǎ gunǎ gin zǎo
羊 仔 着 惊 赶 紧 走,

xiò dǐ dě jim jǐm vuě diáo
小 弟 直 追 执 毵 着,

hǎi yi buǎ jid ê zǎi lin dǎo
害 伊 跌 一 下 栽 辇 斗。

一螺宝嘚嘚
jid lě bǒ dě dě

jid lě bǒ dě dě
一 螺 宝 嘚 嘚,

二螺走脚皮，(lǐng lè záo kǎ pé)

三螺爱吹吹，① (snā lé ài bǔn cē)

四螺有米煮，(xǐ lé wǔ vi zì)

五螺有轿坐，(ggǒ lé wǔ giò zè)

六螺有媚跟，② (làr lé wù gǎn dě)

七螺七哑哑，(qid lé qid yǎ yǎ)

八螺做乞食，(buè lé zuè ki jiǎ)

九螺九安安，(gǎo lé gǎo wnā wnā)

十螺做大官，(zǎm lé zuè duá gunā)

十指都粪箕，(zǎm znài do bèn ji)

有㖞食佫有㖞批。(wǔ tāng jià gò wǔ tāng pi)

注：①吹吹：吹唢呐。②媚：奴婢。

放鸡鸭 (bàng guē à)

一放鸡，二放鸭，(yid bàng guē ryi bàng à)

三展开，四拾搭，(snā diǎn kui xi kiò dā)

五搭胸，六拍手，(ggǒ dā hing làr pā qiù)

七絪球，八摸鼻，(qid yin giù buè mô pi)

九挖耳，十拾起，(gǎo yiǎ hi zǎm kiò ki)

十一免欢喜，(zǎm yid miǎn hnuā hi)

十二拍甲互汝死。(zǎm ryi pā gǎ hō l-i xi)

一 的炒你葱

一 的炒汝葱,二 的炒汝菜,

三 的砛砳滚,四 的炒米粉,

五 的五将军,六 的做人孙,

七 的凄苦苦,八 的做人某,

九 的狗奴才,十 的押去刣;

十 一 的偷掠鸡,

十 二 的打甲闪屎花。

一 的攑扁担

一 的攑扁担,

二 的穿麻衫,

三 的三步跳,

四 的死翘翘,

五 的是将军,

六 的做人孙,

七 的擦棒鼓,

八 的做人某,

九 的狗奴才,

十 的押去刣。

正月歌
<small>jniâ ggèr guä</small>

初一早，初二早，初三睏到饱，
<small>cuē yid zä cuē ryǐ zä cuē snā kùn gä bä</small>

初四接神，初五隔开，初六应肥，
<small>cuē xī jì xin cuē ggô gē kui cuē làr yìng bui</small>

初七七元，初八完全，
<small>cuē qîd qìd gguán cuē buè wán zuán</small>

初九天公生，初十有食席，
<small>cuē gáo tni gòng xni cuē zäm wù jiä xìr</small>

十一请子婿，
<small>zäm yìd qniä gniä säi</small>

十二查某囝返来拜，
<small>zäm ryì zä vô gniä dǐ lái bái</small>

十三食泔糜仔配芥菜，
<small>zäm snā jiǎ äm vě a pè guä cái</small>

十四结灯棚，
<small>zäm xì gàd dîng bni</small>

十五上元暝，
<small>zäm ggô xiông gguán mì</small>

十六拆灯棚。
<small>zäm làr tiä dîng bni</small>

一欉子婿伴
<small>yid suái gniä säi punä</small>

一欉子婿伴，①
<small>yid suái gniä säi punä</small>

二欉穿新衫杂杂看，②
<small>ryì suái qîng xin snā jiàm jiàm kunä</small>

三欉戴笠攑雨伞，
<small>snā suái dì luè giǎ hô sunä</small>

四欉穿木屐行田岸，
<small>xì suái qîng cǎ giä gniä cán hunä</small>

五欉鸟瓢又缚带，③
<small>ggô suái jiao piô gò bàr duä</small>

六欉长衫叠马褂，
<small>làr suái dǐng snā tá vě guá</small>

七欉掺盐煮面线，
<small>qîd suái cäm yám zi mì sunä</small>

八欉船上推桅杆，
<small>buè suái zùn dǐng dù wěi guä</small>

gāo suái bāng puí pār hàr buná
九 樣 放 屁 趴 礜 盘，④

zǎm suái yǎ hô˙ kiǎ king zuān
十 樣 夜 壶 站 着 溅。⑤

注：①樣：土里土气。②杂杂看：看个不停。③乌瓢：礼帽。④礜盘：茅坑的边沿。⑤溅：拉尿。

十二生肖歌（一）
zǎm ryi xni xniù guā

yìd c−i pái cǎd miǎ ryǐ ggú sái luě hniá
一 鼠 坏 贼 名，二 牛 驶 犁 兄。

snǎ hô˙ bě sunǎ pniǎ xì tô yiǔ dǎng gniǎ
三 虎 爬 山 坪，四 兔 游 东 京。

ggō ling hòng dèi miǎ làr zuá hô nǎng gniǎ
五 龙 皇 帝 命，六 蛇 乎 人 惊。

qìd vè˙ zǎo bing ngià buè ngiú jiá cáo niǎ
七 马 走 兵 营，八 羊 食 草 岭。

gāo gáo bě qiù vè zǎm guě tǐ snǎ xniǎ
九 猴 爬 树 尾，十 鸡 啼 三 声。

zǎm yìd gào a gô˙ mǎg dniá
十 一 狗 仔 顾 门 埕，

zǎm ryi d−ī xǐ cài dò miǎ
十 二 猪 是 菜 刀 命。

十二生肖歌（二）
zǎm ryi xni xniù guā

yìd cì nǎo dāng gniǎ
一 鼠 闹 东 京，

ryi ggú tuǎ vuě gniǎ
二 牛 拖 艁 行，

snǎ hô˙ cùd sunǎ nǎng nǎng gniǎ
三 虎 出 山 人 人 惊，

xì tô˙ wòng ggěr ngià
四 兔 望 月 影，

ggō ling hǔn ding gniǎ
五 龙 云 顶 行，

làr zuá cùd kùd tòng nǎng gniǎ
六 蛇 出 窟 通 人 惊，

qìd vè˙ gim wnǎ záo gniǎ xniá
七 马 金 鞍 跑 京 城，

buè ngiú jiá cǎo kùn vǒ dniá
八 羊 吃 草 睏 墓 埕，

gāo gáo mán tó bē sunǎ niá
九 猴 摘 桃 爬 山 岭，

zǎm guē ggǒ gni ê giò xniá
十 鸡 五 更 会 叫 声，

zǎm yìd gāo jiú duá tniá
十 一 狗，守 大 厅，

zǎm ryi d-i vò láo vǎ dniá
十 二 猪 母 留 肉 定。

zǎm ggǒ ggē niú gīg ngiá ngiá
十 五 月 娘 光 影 影

zǎm ggǒ ggē niú gīg ngiá ngiá
十 五 月 娘 光 影 影，

jid gē duá suě lái duá tniá
一 家 大 小 来 大 厅，

hunǎ hi vè buǎ dìong qiù bniá
欢 喜 要 博 中 秋 饼。

wnǎ lài dáo a bing bing tiāo
碗 里 豆 仔 蹦 蹦 跳，

dng dng dòng dòng jin hǒ tniá
叮 叮 当 当 真 好 听。

làr gáo sè yǒ duá suě xniá
六 猴 说 腰 大 小 声，①

ǎ gōng buǎ diò jiong gguǎn bniá
阿 公 博 到 状 元 饼，

xnǐu suǎ hún hǒ gniǎ sūn jiǎ
相 续 分 给 子 孙 吃。②

注：①猴、腰：骰子点数6、1。②相续：顺势，马上。

xiōng gguán ggniá dǐng
上 元 迎 灯

xiōng gguán ggniá dǐng ggniá hù hù
上 元 迎 灯 迎 乎 乎，①

qǐ duá d-i ki duá cù
饲 大 猪，起 大 厝。

xiòng gguán ggniá dǐng ggniá duá qniù
上 元 迎 灯 迎 大 象，

guná gǎo gǎ lin dniū
赶 狗 咬 恁 丈。②

xiōng gguán ggniǎ dīng ggniǎ gā zǎo
上 元 迎 灯 迎 加 蚤，

bǎng pui sè ggǎo hǎo
放 屁 赛 势 哮。③

注：①上元：元宵。②恁丈：你的姑丈。③赛势哮：比谁更会响。

ryǐ gāo mi
二 九 暝

ryǐ gāo mi hǒ tni xi
二 九 暝，好 天 时，

zuán gē zě ngi ngi wěi lô̍ lái gē ni
全 家 坐 圆 圆，围 炉 来 过 年。

jiú cái bái gǎ muá dò xi wǔ guē wǔ à ǎ wǔ h−i
酒 菜 摆 甲 满 桌 是，有 鸡 有 鸭 也 有 鱼。

jiá buná zǔ hǎm hǒ zi vi jiá wná gim zǎm zi vòr ni
一 盘 珠 蚶 好 滋 味，一 碗 金 针 煮 木 耳。

ān gòng ān mà jiá huná hì hián bǔn ǎng bāo gè xin ni
阿 公 阿 嬷 一 欢 喜，现 分 红 包 过 新 年。

ggin ǎ sūn qiò gǎ cuī vè li
囝 仔 孙，笑 得 嘴 要 裂，

jiòr góng mà jiǎ bǎ ryi
祝 公 嬷，食 百 二，

jiòr bě vò tǎn duá jni
祝 爸 母，趁 大 钱，①

jiòr zuán gē bǐng ǎn vǒ dǎi jǐ
祝 全 家，平 安 无 代 志。②

注：①趁：赚。②代志：事情、事故。

ggō gôr yǎ rim lái
五 谷 撒 入 内

ggō gôr yǎ rim lái zuán gē tǎo kǎr dnái
五 谷 撒 入 内，全 家 头 壳 冇；①

ggō gôr yǎ rim lái tiǎm dīng gǎ huǎd zái
五 谷 撒 入 来，添 丁 甲 发 财；

ggō gôr yǎ jniǔ biǎ wèn wèn dò hǒ ggiǎ
五 谷 撒 上 壁，行 行 都 好 额；②

ggō gôr yǎ rìm tniǎ lái gguǎ hǒ miǎ xniǎ
五 谷 撒 入 厅，内 外 好 名 声；

ggō gōr yǎ diō dò jiǎ qing miǎn huǎn lò
五谷撒着桌,吃穿免烦恼。

注:①头壳有:健康。②好额:富裕。

龙眼干

ggìng ggǎi gunǎ snǎ liàm bunǎ
龙眼干,三粒半,

l—i diàm ding gguà lǎi kunǎ
你点灯,我来看,

kunǎ xin niù guǎi à gē
看新娘,高或低,

giǎ hniù bài lǎo bē
攑香拜老爸。

lǎo bē vò qìng ò giǎ hniù bài hniǎ sò
老爸无穿袄,攑香拜兄嫂。

hniǎ sò vò qìng gún giǎ hniù bài ling zún
兄嫂无穿裙,攑香拜龙船。

ling zún pì pì bē giǎ hniù bài dē ē
龙船披披飞,攑香拜茶锅。

dē ē qiàng qiàng gùn xin niù lǎi guè sùn
茶锅跄跄滚,新娘来挟笋。

jid guè guè lñg dē dā gē dā gunǎ dò jiào gǒ
一挟挟两块,大家大官都照顾。①

xin niù xid zāi wǔ lê sǒ
新娘实在有礼数。②

注:①大家大官:夫家父母。②礼数:礼貌。

上元暝,正月半

xiōng gguán mi jniǎ ggè bunǎ①
上元暝,正月半,

ǎn gòng a dǐng dǐng sunǎ
阿公仔,返唐山。

ngi a jiǎ snǎ wnǎ
圆仔吃三碗,②

snǎ jiō yiù xiōng ān
相招游翔安。

ggè niú ngi yiù duǎ
月娘圆又大,

假设

vuē luā yiū vuē gunā
贪热又贪寒。

ggniā àm ding kunā hōng sunā
迎暗灯,看香山,

nám kìr zì qniù yiù zì dunā
南曲自唱又自弹,

láng ling tò xiòng gāng
弄龙套宋江,

qiā gō gōng duì qiā gō dunā
车鼓公对车鼓旦,

guā a din snā liān suá
歌仔阵,相连耍,

ggiā gōng zò liān gui tuá
蜈蚣座,联规拖,

wēi wēi din din jin hó kunā
挨挨阵阵真好看。

gē lāi vē dē sō
家内马蹄酥,③

gòng tng ggīng ggāi a gunā
贡糖龙眼仔干,

ging jiò ōng lāi gē ji bunā
香蕉凤梨果子盘,

ggè ngi láng ngi xim xi hunā
月圆人圆心喜欢。

注:①上元暝:元宵夜。②圆仔:汤圆。③马蹄酥:泡饼。

xiá liū jī
榭榴姐

xiá liū jī xiá liū jī
榭榴姐,榭榴姐,

zuè láng ē xim bū bàd dò lì
做人的媳妇识道理。

wnà wnà kūn ǔ zá kì
晚晚瞑,①早早起。

suē táo và hùn diám yán ji
梳头抹粉点胭脂。

rìm duā tniā liū dò yì
入大厅,揉桌椅。

rìm zào kā sui wnà dì
入灶口,洗碗碟。

入房内，做针黹。②

家务事，会排比，

会勤俭，会省钱。

一家大小和厝边，

呵咾兄，③呵咾弟，

呵咾姑嫂真伶俐，

呵咾爸母会教示，

呵咾丈夫好八字。④

注：①晚：迟。②针黹：针线活。③呵咾：称赞、夸耀。④八字：运气。

透早就出门①

透早就出门，

天色渐渐光，

受苦无人问，

行到田中央。

为了度三顿，

无惊田水冷霜霜。

红天赤日头，

出力大汗流。

日头那落山，

天时渐渐寒。

guná gā qniù mng gāo
寒 得 墙 毛 猴，②

di xi è cùd táo
何 时 能 出 头。

注：①透早：大清早。②墙毛猴：打寒颤。

jiāo piò dì ki ki
鸟 瓢 戴 欹 欹 ①

jiāo piò dì ki ki
鸟 瓢 戴 欹 欹，

dòng gán giá yid gi
童 简 撺 一 支。②

qiù gūn a bāo zuá li
手 巾 包 纸 字，③

gniá gāo guē lô yán lô xi
行 到 街 路 沿 路 施，

xniù vè kái jni cuá suè yi
想 要 开 钱 娶 小 姨。

zi niú snā jni giò
姿 娘 相 争 叫，

gē gáo diò zě áng giò
计 较 着 坐 红 轿，

duá niú kì gā sāng ká diò
大 娘 气 甲 双 骹 趒，④

bān gà áng giò bunà lô diò hē xiō
办 甲 红 轿 半 路 着 火 烧，

gniá sái buá lô giò
子 婿 跌 落 桥，

giò yid lô gniá sái kuē duē liá diò bi
桥 一 落，子 婿 溪 底 捉 着 鳖，

bi huàd mng rim mng gni záng wèn ô tng
鳖 发 毛，入 门 庚 粽 搵 黑 糖，⑤

gni záng liòng ô tng dni
庚 粽 凉，黑 糖 甜，

ggù diáo ggù vò dàr ggù ngi
牛 厩 牛 母 牴 牛 婴，⑥

ggù ngi mà mà hāo
牛 婴 吗 吗 吼，

lô zái pà ô gāo
奴 才 打 黑 狗，

大娘站踮门脚口，

小姨惊甲脱裤跑。

注：①歁：不端正。②童筒：文明杖。③纸字：钞票。④双脚越：双脚踩地，指很生气。⑤庚粽：纯碱做的粽子。⑥牛厩：牛棚。

杂对

天精精，地灵灵，

百载后，千年前。

好铜来铸钟，好男去当兵。

星光月娘明，煤火换电灯。

电灯红又红，姿娘剪头鬃。

无头鬃兔插花，芋匏对金瓜。

金瓜结成茧，佳雏对加耐。

加耐跳过枝，龙眼对荔枝。

荔枝钓钓红，子婿对丈人。

丈人走去店，龟咬剑。

剑冷冷，阉鸡行厝顶。

茫茫雪，日对月。

月文理，龟对鳖。

鳖仑头，田鸽仔对土猴。

土猴会钻土，尿盆对夜壶。

翔安非遗

yē hó ʼ vē bàng rió　ǎng lián dui cái giò
夜 壶 要 放 尿 , 红 辇 对 彩 轿 。

giò hó kuǎ qni　xě dui bē suǎn
轿 好 看 , 青 纱 对 白 线 。

suǎn zuè snā　bng tàng dui vě knā
线 做 衫 , 饭 桶 对 糜 碇 。

knā duě vé　zǎo kàng dui hē cé
碇 底 糜 , 灶 空 对 火 搓 。

cé lā hè　giǎm zǎng dui dni gě
搓 啦 火 , 咸 粽 对 甜 粿 。

gě jin dni　vě gniá dui ggǔ ngi
粿 真 甜 , 马 子 对 牛 嬰 。

ggǔ ngi mà mà hào　ō d-i dui bē gào
牛 嬰 吗 吗 吼 , 乌 猪 对 白 狗 。

gào huàd jing　suè sām dui duá jing
狗 发 情 , 小 杉 对 大 榕 。

jing hiò vàd　qiū h-i dui vàr zàd
榕 叶 密 , 鲳 鱼 对 目 贼 。

vàr zàd dō wǔ yān　mui sunā dui hám tiān
目 贼 肚 有 烟 , 梅 山 对 梵 天 。

hám tiān wǔ bùd zōʼ　zui qiā dui hòng gōʼ
梵 天 有 佛 祖 , 水 车 对 风 鼓 。

gōʼ gōʼ qìr　bēʼ dui jìr
鼓 鼓 粟 , 伯 对 叔 。

jìr jid è tì　guán yim dui ō liǒng dē
叔 一 个 , 铁 观 音 对 乌 龙 茶 。

ō liǒng cán ān kuě　duá vò dui nǎi huē
乌 龙 产 安 溪 , 大 帽 对 莲 花 。

nǎi huē kiàm lián xim　ǎng dàng dui ñg gim
莲 花 欠 莲 心 , 红 铜 对 黄 金 。

gim dàd jni　hǎo xni dui xiān xni
金 值 钱 , 后 生 对 先 生 。

xiān xni gà hàr xing　ming diáo dui qing diáo
先 生 教 学 生 , 明 朝 对 清 朝 。

qing diáo gào suǎn tòng　sūn vún pā liǒng gòng
清 朝 到 宣 统 , 孙 文 打 两 广 。

gng dāng gà gng sǎi　tōʼ sàd dui gō dǎi
广 东 和 广 西 , 土 鲗 对 鲇 鳅 。

gō dǎi jni qing kì　gà lè dui láo hī
鲇 鳅 真 清 气 , 嘉 礼 对 老 戏 。

lāo hì vè cùd dái dòng xing dui xiù zái
老 戏 要 出 台,童 生 对 秀 才。

xiù zái kō jìn sì kìd jiā dui gā zì
秀 才 考 进 士,乞 食 对 加 自。

gā zì k-i tò vì d-i tào dui bùn gi
加 自 去 讨 米,锄 头 对 粪 箕。

bùn gi yìng dìr zuě kán bùd dui dìr suě
粪 箕 用 竹 做,牵 抔 对 竹 掃。

dìr suě zàm yid ki duá dò dui suě yì
竹 掃 十 一 齿,大 桌 对 小 椅。

suě yì jìn vì liē gō duì vǒ dè hē
小 椅 真 美 丽,再 对 无 隶 下。

duá táo òng a
大 头 旺 仔

duá táo òng a kān ggú k-i jiá cáo
大 头 旺 仔 牵 牛 去 食 草,

kán gáo hāng a táo
牵 到 巷 仔 头,

dù diò snā jìr gòng a liē jiá dāo
遇 著 三 叔 公 仔 咧 食 斗,①

jiá vè bā
食 未 饱,

k-i liá à
去 掠 鸭,

à xiù zui
鸭 游 水,

sāi gòng liá zui gui
师 公 掠 水 鬼,②

zui gui min ǒ ǒ
水 鬼 面 乌 乌,

hē xni pà ni gǒ
和 尚 拍 尼 姑,

ni gǒ zāo k-i vì gù jiá bì
尼 姑 走 去 避,龟 咬 鳖,

bì vǒ vè
鳖 无 尾,

duá táo òng a táo jiá wná gō gè
大 头 旺 仔 偷 食 碗 糕 粿。

注:①食斗:午餐。②师公:道士。

拍手歌（一）

拍手歌,演铜锣。

举交椅,挽仙桃。

仙桃子,挽嚎齿。①

嚎齿乌,二丈娶二姑,

二姑番痟痟,加令拍客鸟,②

客鸟飞上山,

锁匙交恁官。

恁官白裤白溜溜,

俺嫂红裙套绿绸。

牡丹开花结榭榴,

木笔开花两抛须。

绿绸老,捧笳箁。③

笳箁要底芋,④

四条路,路要行,

四个埕,埕要破竹,

竹要破篾,四个碟。

碟要捧,四个酒瓶。

酒瓶要温酒,

四个大头仔结做朋友。

注:①挽嚎齿:拔牙齿。②番痟痟:稚气不懂事;加令:八哥;客鸟:喜鹊。

③笳箁:半球形竹盛器。④要底芋:要盛芋头。

拍 手 歌（二）

拍汝天，

拍汝地，

拍汝一百二十下，

大力拍，细力拍，

土地公，偷掠鸭，

土地婆，笑哈哈，

问汝鸭卵生几粒？生十粒。

酒汝啉，卵汝配，

大鱼大肉拢是大大块，

互汝食甲百二岁。

爱 食 粿

走啊走，

走到巷仔头，巷仔尾，

看见阿婶婆仔在炊粿。

爱食不敢说，

假意要点火，

连点四五过，①

一手掀笼床，②

一手偷拿粿，

xiu dī bù zái vè
收 在 腹 脐 尾,

hŏ̄ yi xiò gā cào dā giàm diò hè
乎 伊 烧 甲 臭 焦 兼 着 火。③

xi nǎng gè vò miá gè
死 人 粿,无 命 粿,

ài jià gā gĭ cè
爱 食 自 己 炊。

注:①过:次。②笼床:蒸笼。③乎伊:给他。

zàm děi mniá
十 地 名(马巷古镇)

yid ē duá ging kào
一 分 大 宫 口,

ryi ē suē zng láo
二 分 梳 妆 楼,

snā ē láng gáo di
三 分 龙 蛟 池,

xǐ ē ān zǐ qi
四 分 番 薯 市,

ggô ē dì ǒng ging
五 分 池 王 宫,

làr ē sǎi guán dniá
六 分 狮 馆 埕,

q—ì ē ggŭ h—i bô
七 分 牛 墟 埔,

buè ē zi ngǐ lái
八 分 书 院 内,

gào ē xing hōng viò
九 分 城 隍 庙,

zàm ē áng vŏ giò
十 分 翁 墓 桥。

翔安区地处福建省东南沿海,是厦门市一块文化悠久的无价瑰宝,又是海峡两岸一颗璀灿夺目的明珠,还是海外侨胞魂牵梦绕的故乡。因此,翔安的歌谣不仅在闽南地区广泛流传,还是维系两岸同胞、海外华人华侨的纽带。保护和弘扬土生土长的歌谣,可以增强民族凝聚力,促进两岸和平统一。

第二节　谚语

谚语是熟语的一种,是民间集体创作、广为流传、言简意赅,并较为定性的艺术语句,是民众的丰富智慧和普通经验的规律性积累。谚语多数反映劳动人民的生活经验,经过口头流传下来,经久不衰。它多是口头形式的、通俗易懂的短句或韵语。和谚语相似但又不同的有成语、歇后语、俗语、警句。恰当运用谚语可使语言活泼风趣,增强文章的表现力、感染力。

一、生活谚语

qid zě buē bē gáo ggě rid huǎd gē
七 坐 八 爬,九 月 日 发 牙。

jid hè xni gūn bā hè diáo lao
一 岁 生 根,百 岁 朝 老。

xìng niáo jniǔ zǎo xìng gniǎ bùd háo
恚 猫 上 灶,恚 团 不 孝。

xiōng mā mǐ gniǎ xiōng pǎ vuē tniǎ
常 骂 不 惊,常 打 觞 疼。

hò gniǎ hò qìd tò pǎi gniǎ kà cǎm vò
好 子 好 迍 迍,歹 子 恰 惨 无。

qī gniǎ vò tǎr zi bùd rù qi duá d-i
饲 子 无 读 书,不 如 饲 大 猪。

gǔn hǎi ě xiǔ gǔn hián ǒ yiū
近 海 会 泅,近 贤 学 优。

ggú wù liāo láng vò liāo
牛 有 料,人 无 料。

wù jiōng gguán hàr xing vò jiōng gguán xián xni
有 状 元 学 生,无 状 元 先 生。

ǒ hò snái ni ǒ pǎi jid xi
学 好 三 年,学 歹 一 时。

xiáo lián vò pǎ bniǎ jiǎ lǎo vō miǎ xniǎ
少 年 无 打 拼,吃 老 无 名 声。

d-i vò gǔn hì gō bni ā ē pǎ pìr
猪 母 近 戏 鼓 边 也 会 打 拍。

gǎng ǒ jid diǎm guǎd góng puǎ mǐ dǎd jni
江 湖 一 点 诀,讲 破 不 值 钱。

bó l—ì rim báng vǒ bò l—ì jid xì láng
保 汝 入 房 ，无 保 汝 一 世 人 。

jid gì cǎo jid diám lô biá bni cǎo jiá dná huǎi hô
一 支 草 ，一 点 露 ，壁 边 草 ，吃 打 横 雨 。

hniù gè lô jiá è pāng
香 过 炉 才 会 香 。

gǐng cú vǒ gǐng lô
穷 厝 无 穷 路 。

rim gǎng suī wǎn rim hniù suī xiôr
入 港 随 弯 ，入 乡 随 俗 。

zǎi gā rìd rìd hò cùd gguá diāo diāo lán
在 家 日 日 好 ，出 外 朝 朝 难 。

kòng zi gōng m̌ gná wén nǎng gè mi tiám
孔 子 公 嘸 敢 允 人 隔 暝 帖 。

suè ryì vǒ xǐ bǹg
细 字 无 折 本 。

wēn bǎ vè gì di tni guná xi
温 饱 要 记 得 天 寒 时 。

gè gián kà hô jiá bô
过 瘾 恰 好 吃 补 。

tni jiáo gā jì láng míng dô lì
天 照 甲 子 ，人 明 道 理 。

qǐ niáo cì gā bô dè
饲 老 鼠 咬 布 袋 。

wěi hún gniá lô
划 痕 行 路 。

xǐ m̌ si hiǎm gā gǐ
是 不 是 ，嫌 自 己 。

ggú vǒ jiá gè huná cǎo
牛 无 食 隔 岸 草 。

cng qiù mô xim guná
伸 手 摸 心 肝 。

zú qǐng pā gā gǐ
铸 枪 打 自 己 。

xin bni vǒ dō ngái lô lô
身 边 无 刀 闲 啰 啰 。

jiá gé jì diô bài qiù táo
吃 果 子 得 拜 树 头 。

hò cuì did láng tniá
好 喙 得 人 疼 。

cnāi láng sǒ gì vǒ bni a xì
千 人 所 指，无 病 也 死。

cuí gà jì wǔ xì a ē snā ggǎi
喙 和 舌 有 时 也 会 相 碍。

biā hǒ xiòng rin
逼 虎 伤 人。

tām xiǒr vuě gǎo suǎ
贪 俗 买 狗 鲨。

liǎ gū zǎo bǐ
掠 龟 走 鳖。

liǎ gǎn zǎi cǒg liǎ cǎd zǎi hng
掠 奸 在 床，掠 贼 在 园。

lng sò kǎn d—i
软 索 牵 猪。

xiòng kǎng gǔd jniù h—i
相 空 掘 章 鱼。

xi vě zuè wǎ vě yi
死 马 做 活 马 医。

jiǎ gìn lòng puǎ wnǎ
食 紧 弄 破 碗。

tàn jní wǔ sǒ xin yòng diǒ gô
趁 钱 有 数，信 用 着 顾。

pǎ sò a sǎng tǎo gin
打 索 仔 双 头 紧。

sū láng m̌ sù din sù din àn zi min
输 人 不 输 阵，输 阵 番 薯 面。

láng bi láng ki xi láng
人 比 人，气 死 人。

cnāi gè bù lǎn gô yid gè ging
千 家 富，难 顾 一 家 穷。

wǔ jni jiǎ h—i vǎ vǒ jni jiǎ cǒ bǎ
有 钱 吃 鱼 肉，无 钱 吃 粗 饱。

xiǒr mǒg jiǎ puǎ gē
俗 物 吃 破 家。

tǎn xi zuì cùd zunǎ jiǎ xi zuì bǎng sunǎ
趁 是 水 出 泉，吃 是 水 崩 山。

xiǒ jiù xiǒ rin xim duǎ jiù ggô liǎo xin
小 酒 小 人 参，大 酒 误 了 身。

qiá jiǎ buè jiǎ jiǎ hǒ kā cǒg zě ggiǎ
七 吃 八 吃，吃 给 尻 川 坐 额。

屎 流 才 开 屎 礜。

第 二 报 无 草 鞋 礼。

海 胡 椒 杂 刷，万 金 油 杂 抹。

侪 囝 饿 死 爸，侪 新 妇 磨 死 大 家。

反 生 换 熟。

挽 瓜 揪 藤。

喙 硬 尻 川 软。

唬 人 鲙 过 沟。

跳 过 沟，吃 三 瓯。

一 人 苦 一 项，无 人 苦 相 同。

人 惊 出 名 猪 惊 壮。

人 生 在 世，吃 穿 二 字。

有 囝 万 事 足，无 官 一 身 轻。

囝 仔 尻 川 三 斗 火，三 个 人 蒸 例 一 床 粿。

男 大 到 廿 五，女 大 到 大 肚。

多 囝 好 名，独 子 好 命。

大 石 也 要 小 石 擎，红 花 也 要 绿 叶 扶。

人 换 人 心，八 两 换 半 斤。

众 人 一 样 心，黄 土 变 成 金；三 人 四 样 心，赚 钱 不 够 买 灯 心。

做田要有好田边，住厝要有好厝边。

心和万事兴，家和万事成。

心歹无人知，嘴歹太厉害。

自古人无千日好，好花难留百日红。

月到中秋分外明，人到中年事业成。

树老根多，人老话多。

七十不留宿，八十不留餐。

嗯惊少年苦，只惊老来穷。

棺材钉未钉，是非功过分捡清。

有福病年冬，无福病年节。

佛靠扛，人靠妆。

三分人才七分妆。

凉九暖三，注意穿衫；

四九乱穿衣，寒热随人意。

长衫叠马褂，掀起臭尿破。

多衣多寒，无衣嗯惊寒。

一针嗯补，千针难缝。

讨食食捡肥，借穿穿捡水。

要做衫仔奴才，嗯做衫仔乞食。

爱水嗯惊流鼻水。

ruâ m̄ gin tǹg snâ líng m̄ gin qíng mî
热 唔 急 脱 衣，冷 唔 急 穿 棉。

mín yi xir̄ wěi tiân vô jiâ kòng kòng diân
民 以 食 为 天，没 食 倥 倥 颠。

cnâi xin mǎn kô wěi diò bàd dô
千 辛 万 苦，为 着 腹 肚。

wǔ jiâ wǔ gniâ qî wǔ xiô hniù diò wǔ bó bî
有 食 有 行 气，有 烧 香 就 有 保 庇。

wǔ jnî láng gniâ xì vô jnî láng gniâ vô vì
有 钱 人 惊 死，无 钱 人 惊 无 米。

jiâ h-i jiâ và á diò cǎi snâ gâ
吃 鱼 吃 肉，也 着 菜 相 甲。

jiô jiâ gê zi vi gê jiâ vô káo vi
少 吃 多 滋 味，多 吃 没 口 味。

tǎm jiâ dniù puâ dô
贪 吃 涨 破 肚。

cuî bà vàr vě bà
喙 饱 目 未 饱。

tǎo zǎ jid buě dě gniâ gê bà yi gê
透 早 一 杯 茶，赢 过 百 医 家。

zǎ jiâ bà ggô jiâ kà àm dǹg bunǎ yáo bà
早 吃 饱，午 吃 巧，暗 顿 半 饿 饱。

snâ rid vô hě hùn a vuē yáo xi hé tǎo gūn
三 日 无 火 熏，也 鲙 饿 死 火 头 军。

kùn diò lǎr ggè zǎ ki jiâ diò zǎm ggè zǎm a vì
睡 要 六 月 早 起，吃 要 十 月 "占 仔 米"。

qni jiâ dô vô wǔ nà wǔ gò pár gunâ
生 食 都 没 有，哪 有 再 曝 干。

jiâ vuě buí yáo vuē xì
吃 鲙 肥，饿 鲙 死。

jiâ qìn bng a diò kunà tni xi
吃 剩 饭 也 着 看 天 时。

jiâ bng wnǎ gông zuě si xiám sǎi hōng
吃 饭 碗 公，做 事 闪 西 风。

cui dǎ jiâ gùd jni
喙 干 才 掘 井。

è huàd zuè huàd gô vô huàd cě dni gê
会 发 做 发 糕，无 发 蒸 甜 粿。

gáo và hǔ ong vô hǔ suě
狗 肉 扶 旺 没 扶 衰。

dāng jiá cái táo hē jiá gniù mián qniá yi xing mián xiō hniù
冬 吃 菜 头 夏 吃 姜，免 请 医 生 免 烧 香。

gǎ gi ê mǎng hò jiá gǎ gi ê cù hò kiā
自 己 的 物 好 吃，自 己 的 厝 好 徛。

cnái bù mǎn bù bi vuê gè gǎ gi ki cù
千 富 万 富，比 燴 过 自 己 起 厝。

hē vùd kǔn qiò dāng vùd kǔn jiō
夏 毋 睏 席，冬 毋 睏 石。

sué min diō sué hǐ āo sāo duê diò sāo bià bni
洗 面 着 洗 耳 后，扫 地 着 扫 壁 边。

rid giù snǎ cǎn yā giù jid xiǒr
日 求 三 餐，夜 求 一 宿。

jid mi vô min snā mi bô vuê jin
一 暝 无 眠，三 暝 补 燴 尽。

zǎi gā kò bê vò cùd gguá kò bīng yiù
在 家 靠 爸 母，出 外 靠 朋 友。

mǎng lō kò cuì zuì gniá lō kò kā tui
问 路 靠 喙 水，行 路 靠 骹 腿。

cùd mǎng yid tān zǎ ryi tān bá snǎ tān qiù qin xǐ tān wǔ din
出 门 一 趁 早，二 趁 饱，三 趁 秋 清，四 趁 有 阵。

xiōng di hŏ bni kiá lǎn mián è xim wě
常 在 河 边 徛，难 免 会 湿 鞋。

sunǎ guái zì wǔ gniá lō kè zuì qim zì wǔ dô zǔn láng
山 高 自 有 行 路 客，水 深 自 有 渡 船 人。

hng lō vŏ kin dnǎ
远 路 没 轻 担。

hōng giò vè lŏ vê gè dô vŏr jing zùn
逢 桥 要 下 马，过 渡 莫 争 船。

pǎ puǎ nǎng yin yán mǎn xǐ tuā sāi lián
打 破 人 姻 缘，万 世 拖 屎 连。

lǐng láng vŏ snā hiǎm cò vì zì bǐng ǎ è nián
两 人 没 相 嫌，糙 米 煮 饭 也 会 粘。

xiōng qin kunǎ cù tê cuǎ vô kunǎ gguá gê
相 亲 看 厝 宅，娶 某 看 外 家。

zò cǎn vè wǔ hò cǎn duê cuǎ vô vè gnǎi hò niù gê
做 田 要 有 好 田 底，娶 某 要 拣 好 娘 家。

hò vô cuǎ ê diò kā hò jiá bô yò
好 某 娶 会 着，恰 好 吃 补 药。

tām xim zǎ vô vô hò āng
贪 心 查 某 没 好 尪。

结婚摆阔气，婚后没柴米。

媒人包入房，没包你一世人。

大轿来扛嗯走，搭帕仔跟人跑。

寡妇门前是非多。

近亲莫结婚，结婚害囝孙。

无当家嗯知柴米贵，无生囝嗯知爸母恩。

桶无箍会散，家无主会乱。

没好序大，就没好序细。

恶妻孽子，无法可治。

家业家业，有家就有业。

三岁囝仔得人惜，百岁老人讨人嫌。

十月怀胎，苦处无人知。

父母没嫌囝痦势，囝儿没嫌父母穷。

愿担一石米，嗯愿领一个囝庀。

公嬷疼大孙，父母惜细囝。

父母疼囝长流水，囝疼父母树尾摇。

靠囝靠媳妇，不如身边自己有。

在生无人认，死了规大阵。

酒肉面前知己假，患难之中兄弟真。

兄弟若同心，田涂变黄金。

gē hè bún vuē bni pá gào niǎm gào mi
家 伙 分 豨 平，打 到 廿 九 暝。

jiā rid dǎng gniá snā rid qin jiā yà hú cuē bà xiè wén
一 日 同 行 三 日 亲，一 夜 夫 妻 百 世 恩。

hù guì bùd lí zǒ bìn qing bùd lí vǒ
富 贵 不 离 祖，贫 穷 不 离 某。

gniá zún kò jiàng dò lì sì kò lǎo bǒ
行 船 靠 掌 舵，理 事 靠 老 婆。

hò àng hò vǒ dáng gǎm giǒng kǒ
好 尪 好 某，同 甘 共 苦。

m̀ mián gā diǒng cnǎi dnǎ niú ji vè hú cuē ning xiōng liòng
嗯 免 家 中 千 担 粮，只 要 夫 妻 能 商 量。

bád nǎng zǎ vǒ kùn vuē xiā
别 人 查 某 睏 豨 烧。

jiá hò qing hò bùd rú bē tāo hiám lǒ
吃 好 穿 好，不 如 白 头 偕 老。

jiá àng pàng pàng jiá gniá jniá jniá
吃 尪 香 香，吃 囝 洴 洴。

cnǎi niú ggǔn m̀ dàd jiā ggē qin xni gniá
千 两 银 嗯 值 一 个 亲 生 囝。

dòr xing zi jiā gi huē do nám dò l-i xiǔ tuā vuá
独 生 子 一 枝 花，多 男 多 女 受 拖 磨。

jiā gniá qing xim zuě gniá gìr xim
一 囝 清 心，偌 囝 激 心。

dò zi dò l-i xì hǒr bē vò tuā gāo lǎo kôr kôr
多 子 多 女 是 福，父 母 拖 到 老 磕 磕。

lǐng vàr snā qin qniú xni nám xni l-i dò jiā ngiù
两 目 相 亲 像，生 男 生 女 都 一 样。

qiù duá vè bǔn qē gniá duá vè bǔn gē l-i duá vè cùd gē
树 大 要 分 叉，囝 大 要 分 家，女 大 要 出 嫁。

hǎo xni qì duá xì vǒ è
后 生 饲 大 是 某 的。

jiá xì án diā tàn jni sì kiā
吃 是 阿 爹，趁 钱 私 奇。

pái dir cùd hò sùn hò lǎo bē cùd hò gniá sūn
歹 竹 出 好 笋，好 老 爸 出 好 囝 孙。

lué cán cùd hò ggú gú bni gni hǎ gniá
犁 田 出 好 牛，久 病 见 孝 子。

bē vò m̀ qin gā sàng qin bē vò m̀ gìng gìng hǒ rin
爸 母 嗯 亲 跟 谁 亲，爸 母 嗯 敬 敬 何 人？

_{bē vò zǎi xiè m̄ hā sūn bā nǐ hè āo kào gui hún}
爸 母 在 世 呣 孝 顺，百 年 岁 后 哭 鬼 魂。

_{dā gè xiò xin bū jiá qing háng háng wū}
大 家 惜 新 妇，吃 穿 项 项 有。

_{xin bū hǎ dā gè rú gè rú huàd gè}
新 妇 孝 大 家，愈 过 愈 发 家。

_{gō sò è hó cù bni ò lò}
姑 嫂 会 和，厝 边 呵 咾。

_{hò bô diò hò xiè hó xin bū ǎ diò hò dā gè}
好 布 着 好 纱，好 新 妇 也 着 好 大 家。

_{gniá sǎi ding bunǎ gniá}
囝 婿 顶 半 囝。

_{lùn buē vò lūn hĕ}
论 辈 无 论 岁。

_{tni ding xǐ tni gōng dē ding vò gǔ gōng}
天 顶 是 天 公，地 顶 母 舅 公。

_{gguê xing vò gǔ min}
外 甥 母 舅 脸。

_{qìn bāng qin lìn bāng lìn}
亲 帮 亲，邻 帮 邻。

_{wǎn qin bùd rǔ gūn lin gūn lin bùd rǔ dui min}
远 亲 不 如 近 邻，近 邻 不 如 对 面。

_{cnǎi gim lǎn vuĕ hò cù bni}
千 金 难 买 好 厝 边。

_{yiú gǐ hù biá yiú gǐ zì yiú gǐ vò biá yiú gǐ l—i}
有 其 父 必 有 其 子，有 其 母 必 有 其 女。

_{lǎo láng vò yìr kō gniá sūn m̄ zǎi hōr}
老 人 没 忆 苦，囝 孙 呣 知 福。

_{gà zì wǔ hông gniá xíng zǎi gà zì vù hông gniá lòng dòng}
教 子 有 方 囝 成 材，教 子 无 方 囝 浪 荡。

_{cǎi vò ǎr vuĕ duǎ záng gniá vò guǎn vuĕ jniá láng}
菜 无 沃 黁 大 丛，囝 无 管 黁 成 人。

_{gà gniá vò hò hái yi jìd xì láng}
教 囝 没 好 害 伊 一 世 人。

_{suè hân vò hâr xim duǎ hân lǎi bùd gim}
细 汉 没 学 习，大 汉 来 不 及。

_{hò gnià m̄ mián gà pái gniá gà vuĕ guǎi}
好 囝 呣 免 教，歹 囝 教 黁 乖。

_{gà gniá ò xiú m̄ gà gniá bē qiù}
教 囝 学 泅，呣 教 囝 爬 树。

xni znái ná bùd háo xi liáo jiù mián kǎo
生 前 若 不 孝, 死 了 就 免 哭。

vò dng gē m̄ zài cá vì guì
没 当 家 唔 知 柴 米 贵。

gā wù qiǎn gim m̄ diám sāng dīng
家 有 千 金, 唔 点 双 灯。

jiǎ bng m̄ zài vì gē
吃 饭 唔 知 米 价。

gniǎ guì vuē vò hò m̄ng
惊 贵 买 没 好 物。

gā gì tái tǎn bǎr lǎi
自 己 刣, 趁 腹 内。

jni ná tǎn gáo qiù m̄ tǎng duá hē pè xiō jiù
钱 来 趁 到 手, 唔 嗵 大 虾 配 烧 酒。

diò sng liáo jiǎ m̄ tǎng jiǎ liáo sng
着 算 了 吃, 唔 嗵 吃 了 算。

è hiǎo huná gē gniǎ gniǎ wù vuē hiǎo huná gē hàng hāng vò
会 晓 持 家 件 件 有, 舲 晓 持 家 项 项 无。

ggin a ài gè ni duá láng kō vò jni
囝 仔 爱 过 年, 大 人 苦 无 钱。

jid kún xni bā kiáo jid luná xni bā bni
一 勤 生 百 巧, 一 懒 生 百 病。

vè vò yǎ cǎo vuē bui láng vò kún kiǎm vuē bù
马 无 夜 草 舲 肥, 人 无 勤 俭 舲 富。

ji kún m̄ kiǎm vò jni vò yám
只 勤 唔 俭, 无 钱 无 盐。

hòr m̄ng vuē mê lô kún zuě m̄ zài kō
好 问 舲 迷 路, 勤 做 唔 知 苦。

zuán gē kún cù znái cù āo cùd gim ggún
全 家 勤, 厝 前 厝 后 出 金 银。

mg gniǎ sunā guái ji gniǎ kǎ lng m̄ gniǎ si lán ji gniǎ láng nuná
唔 惊 山 高, 只 惊 骹 软, 唔 惊 事 难, 只 惊 人 懒。

gùd làd láng yǐng qiù pín duǎn láng yǐng cuī
骨 力 人 用 手, 贫 懒 人 用 嘴。

kùn kùn kiǎm kiǎm niú muá cng duá kǎ duá qiù cng duē kàng
勤 勤 俭 俭 粮 满 仓, 大 骹 大 手 仓 底 空。

zui tīng bà rid xni tǎng láng ngái bà rid puá bni
水 停 百 日 生 虫, 人 闲 百 日 生 病。

hò vè vò tīng duē hò ggú vò tīng luē
好 马 不 停 蹄, 好 牛 不 停 犁。

zuè táng xniǔ jiá a diō bē
做虫想吃也着爬。

àm àm kún zā zá kì vi gng xiōng xiòng wǔ cùn vì
暗暗眠,早早起,米缸常常有剩米。

xniǔ vè xing huáɗ hò kún lò jiáɗ kiám t—i tiōr sná gniá bò
想要生活好,勤劳、节俭、储蓄三件宝。

vè jiá ḿ tò tán jiá gù sunā a bāng
要吃嗯讨趁,吃久山也崩。

gim sunā gùɗ gù a ě káng
金山掘久也会空。

sná kô qiò puá vò qiò bô
衫裤笑破没笑补。

dāng táo vuě hiáo kiám dāng vè cáo cáo niám
冬头瘆晓俭,冬尾嘈嘈念。

xìm zui diòng liú nǐ nǐ wù duá jiá duá lim vò dng gù
细水长流年年有,大吃大喝没长久。

hò hán jiàn xi sā dniú nǎi hán ggò xi mín cng
好汉战死沙场,懒汉饿死眠床。

zē jiá sunā báng gùɗ làɗ hō káng
坐吃山崩,骨力好康。

tām jiù vò gō bni tām xir vò gō xin tām zái vò gō qin
贪酒无顾病,贪色无顾身,贪财无顾亲。

tām ryi bín ryi kàr
贪字贫字壳。

giào gà biāo niám diò gē hé liáo
缴和婊,沾着家伙了。

jiù xiò yǐm vò yào jin jiù duá lim sng jing xin
酒小饮,没要紧;酒大饮,损精神。

vùɗ jiá gè liǒng jiù ḿ lim gē mǐ dě
勿吃过量酒,嗯喝隔暝茶。

hūn jiù bùɗ lí cuǐ yi xing záo dng tui
烟酒不离喙,医生跑断腿;

vùɗ zām hūn gà jiù huá gào giú xìm giù
毋沾烟和酒,活到九十九。

xniǔ jiá ā piàn hūn hái gì hái gniá sūn
想食鸦片熏,害己害团孙。

ā piàn xián gniá lô kòng kòng diān
鸦片仙,走路倥倥颠。

hôr xìr ě láng dè hē xiù hòng hô vě gào gùɗ snái tiù
好色的人短岁寿,风雨未到骨先抽。

88

平安恰赢大趁钱。

春雾苏，晚雾雨。

冬看山头，春看海口。

金门仙山若凸肚，明日就有雨。

盐坎风尾若浮黑，今暝就收滴。

春南夏北，无水通磨墨。

雨沃上元灯，日晒清明种。

芒种沤破鞋，六月火烧街。

六月无干土，七月火烧埔。

清明水蛙吼上岸，注定今年大涝岸。

西北雨下过返南风。

文昌鱼无鼻无目。

乌仔鱼撞破网。

买卖算分，相请无论。

看了倒弹流清汗。

平时唔烧香，临时抱佛骹。

早嫁早孽债，晚嫁巧清皇帝。

有团有团命，没团天注定。

新车旧犁，不值古旧夫妻。

生米煮成饭。

qniǎ nǎng kǎo vô vǎr sài
请人哭无目屎。

niǎo kǎo niáo cì gê jin xim
猫哭老鼠假真心。

lǎo āng tniǎ yiù vô
老尪疼幼某。

gòng láng wù gōng hôr
憨人有憨福。

láng lê zuě tni lê kunǎ
人在做，天在看。

gáo vǎ hû kì vô hû dò
狗肉扶起无扶倒。

luǐ gōng kū kū dán gunǎ hô lǎi lò cán
雷公区区弹，赶雨来落田。

kiǎ jid sunǎ kunǎ hiâ bni sunǎ gunǎi
徛这山看那边山高。

pô min táng jìm zui ò
铺面蛏，浸水蚵。

cūn tni āo vò a min
春天后母面。

ggǔ a m̄ bǎd hô xìr ggú xiàm luě āo
牛仔呣识虎，适牛闪犁后。

tái guē gâ gáo yìn gui rìm tê
杀鸡教猴，引鬼入宅。

luě vô diò bē a diò
犁没着，耙也着。

zàm ggê jìng vô gáo jid ggê kôr
十个钟无够一个酷。

dnā snà láng ê vuě wěn lê hí
担衫笼的浍允咧戏。

vô d-i gáo a zán
无猪狗也残。

gū qiò bì vô mñg
龟笑鳖无毛。

jiâ rìd tì gáo táo gāo rìd vô táo tì
一日剃九头，九日无头剃。

duǎ wnǎ gò muǎ gni
大碗够满墘。

kǒ puá lǐr k-ì jiū
裤破掠去就。

āng bō āng bō，cǒg táo pá cǒg vè hò
翁婆翁婆，床头打床尾和。

kàng cuī bō jì
空嘴嚼舌。

ngái tó láng wē pnā qìr
闲土砻挨冇粟。

qni miǎ gǒr wù guá xi hō vù
清明谷雨，寒死虎母。

vè jiā ggō ggè zǎng puà hiù m̄ tāng bǎng
未吃五月粽，破裘唔甬放。

cūn zǎi zui ki hè zǎi zui xì
春栽水起，夏栽水死。

sāi bàr hō vuè gè gim mǎg sài nǎm hō vuè gè āng dǐng
西北雨滥过金门，西南雨滥过洪塘。

lim hē suē luě bè
立夏洗犁耙。

làr ggè tni qid ggè hè
六月天，七月火。

lim qiū gin diù diù bē lō ò lunǎ lō
立秋紧丢丢，白露蚝拦路。

jid jiǎm jni pā xiǎm buè gǎd
一占钱打卅八结。

jid jiǎm jní gòng xi snā jiā ò gāo gāng
一占钱贡死三只黑狗公。

lin bùd kò máo xiòng hái zui bùd kò dāo liòng
人不可貌相，海水不可斗量。

ò gu gè duǎ yá kān vè lái gguá kiá
乌龟假大爷，牵马来我骑。

wè gò hō lò duè
矮够葫芦底。

jid gùd snā bùn gi
一掘三粪箕。

gūn de buá hō páng hng de zǎng sui luè
近处拨雨缝，远处棕簑笠。

ò táo xni gniá láo ggò dnǎ dniù lin
澳头生子，刘五店涨奶。

hò jiù dim āng duè
好酒沉瓮底。

qid ggè zui jim xi gui
七月水，浸死鬼。

rim mńg guān náng yǐ　rim sunā guán sunā si
入门观人意，入山观山屿。

hò xim hō lui jing
好心互雷春。

gniá zún záo vè snā hūn miā
行船走马三分命。

hō táo niāo ci vè zuè si wǔ táo vò vè
虎头老鼠尾，做事有头没尾。

zuè càd zuè jìd gni jiū càd jiū jìd mi
做贼做一更，守贼守一暝。

snā mńg jiāo qǐng vuē hnià xid
三门鸟枪翁献翅。

lôr kà vè qǐng ô ǎ zui jìm
鹿铰马枪，乌鸦水浸。

pò huǎi yin yán qìd dě ging
破坏姻缘七代穷。

suē gà qìd dě vò hòng lô buè dě vò dě gô jià ê cuâ l—i jìd ggē
衰到七代无烘炉，八代无茶鼓，才会娶汝即个
lái zuè vò
来做某。

dò yi dò hán vò snā huá gàn lán
多衣多寒，无衫喊艰难。

a vè xiô a vè giàn dàng
也要烧，也要坚冻。

diòng hō kunǎ zuè lán xin
忠厚看做懒神。

dè hō láng gniá wǔ bô tāng gni dè pái láng gniá wǔ gniá tāng xni
跟好人行有布通梗，跟歹人行有团通生。

snā rid liâ h—i xi rid pàr mǎng
三天捕鱼，四天晒网。

rid táo qià ngiá ngiá suī láng gô xni miā
日头赤艳艳，随人顾生命。

bē lǎo gniá yiū xiǎn zô vò giù
父老囝幼，仙祖没救。

tnià vò dǎi diòng hù pà vò d—i gāo ggú
疼某大丈夫，打某猪狗牛。

jià xǐ sǎm jiàn l—i bô zuè xǐ tô huè dà dô
吃是三战吕布，做是桃花搭渡。

hò h—i xǐ kuê wěn hò cài xǐ qià gūn
好鱼是溪鳗，好菜是赤根；

好花是绸春,好嫚是益春。

益春留伞,缠缠绊绊。

歹竹出好笋,歹囝出好囝孙。

前酷金,后酷银,前酷后酷富漉漉。

吃是山珍海味,穿是绫罗绸丝。

山无一区,海无一堆。

一丘园种九件,无通吃也是命。

吃桃肥,吃李瘦,吃树莓睏杉板。

姑疼孙同字姓,姨疼孙上爬变,妗疼孙使目箭。

有烧香有保庇,有吃有行气。

死皇帝呣值活乞丐。

好人话呣听,鬼叫碌碌行。

山顶亲家,无话敲柴蕾。

歹心无人知,歹喙真厉害。

老人三项歹,见风流目屎,吃烧会腹摆,吃清会漏屎。

鱼吃露水,人吃喙水。

抱狗仔过户碇也要钱。

脸皮井栏厚,燦见笑。

相打不过田岸。

大缸摃破瓨仔序大。

若是牛，牵到北京也是牛。

时到时担当，没米滚番薯汤。

死鸭仔硬喙碑。

死狗镇路头。

问路靠喙水，行路靠骹腿。

家内无猫，老鼠翘骹。

会嗲赡死，赡嗲死翘翘。

饲大猪牵来刣，饲外孙叫不来。

老鼠拖秤砣，重的在后头。

歹囝也得惜，孝男不得借。

偷吃赡晓擦喙。

有哪抓鱼，无哪洗身躯。

钱没两个赡弹。

坐船爱船走。

后许豆干少年。

砖厅发粟，豆豉哺发芽。

二、闽南古早话

一日学一项，腹肚就赡空。

学艺：一次生、二次熟，三次就明白。

众人扛山山会动,爱吃唔做山吃崩。

一支箸拗会折,一捆箸卡硬铁。

一人主张,不如二人思量。

一人难造洛阳桥。

千金易得,一艺难求。

金龙一尾,赢过蚯蚓一粪箕。

一代贤,二代癫,三代烧酒仙。

头次失误,二次挑故意。

一时想无到,少年苦到老。

一人想一项,无人想相同。

学问学问,学学问问。

学艺无专心,十学九不成。

常讲口语顺,常做手艌笨。

读册无用脑,这字读,那字走。

细腻是根本,粗心艌安稳。

时间是珠宝,时过无处讨。

身有手艺在,安心游四海。

有田唔种仓廪虚,有册唔读一世愚。

镜愈磨愈明,脑愈用愈灵。

斧利不惊柴头硬,功细不惊艺不精。

dŏ vŏr lán xǐng jiù gŏ zŏng lán kǐ qniú
独木难成舟,孤砖难起墙。

qiù lāo gūn qiù zuě láng lāo gniàn xìr gòng
树老根须多,人老见识广。

pá hŏ kò kuī làd liǎ gáo kò gě dǐ
打虎靠气力,掠猴靠计智。

zǎm gǐ zǎi táo vuě bnī ěng zuě láng a xi vuě zǎm zŏng
十支指头歛平长,做人也是歛十全。

ŏ hŏ cnái rid bùd jiò ŏ pài jid rid yiù y-i
学好千日不足,学歹一日有余。

cùn ging vŏ hŏ dǎm ggŏ jid ni gá gnià vŏ hŏ dǎm ggŏ jid xě
春耕无好耽误一年,教子无好耽误一世。

cnái rid zŏ zún jìd rid gě gáng
千日造船,一日过江。

ŏ hŏ sná ni ŏ pài sná rid
学好三年,学歹三日。

vàr kuná cnái biǎn bùd rǔ dǎng qiù zuě jid biǎn
目看千遍,不如动手做一遍。

sná ni zui lāo dǎng sná ni zui lāo sǎi
三年水流东,三年水流西。

wù xi ggě gng wù xi qni gng
有时月光,有时星光。

gě xniù gě si niù bì wǔ hŏ zǔ dniù
多想多思量,必有好主张。

dŏ rǔ vuá rǔ lái náo rǔ ying rù ling
刀愈磨愈利,脑愈用愈灵。

wǔ ngiù kuná ngiù vŏ ngiù gǎ gǐ xniù
有样看样,无样自己想。

xiě xniù cùd dì hui xiě bô cùd zi vi
细想出智慧,细哺出滋味。

jìd qiù vuě giǎ lǐng gǐ bid
一手歛举两支笔。

xiōng gòng ě cuǐ vuě būn xiōng vuá ě dŏ vuě dūn
常讲的喙歛笨,常磨的刀歛钝。

kuná huě yŏng yǐ xiù huě lán
看花容易绣花难。

wù dì xìr nǎng zún gǐng vŏ dì xìr nǎng kuná kin
有知识人尊敬,无知识人看轻。

dì xìr vŏ piàn xɪm king ò būn si xing
知识无偏心,肯学本事成。

劈柴不识柴痕,劈甲大气嗑。

人爱文明水爱清。

少年唔打拼,吃老无名声。

穷人无穷种,富人无富栽。

气力出自苦练,智慧来自实践。

三分本事七分胆。

山高有人开路,海深有人过渡。

十学九不成,要学一项精。

做一项学一项,外行变内行。

众人相依靠,凡事免烦恼。

众人同齐心,恰好拾到金。

人靠人帮,花靠叶扶。

一块砖头难起墙,一粒大豆难磨浆。

紧行无好步,紧吃无好味素。

勤是摇钱树,俭是聚宝盆。

滴水成河,粒米成箩。

会打算手头松,舡打算米瓮空。

紧纺无好纱,紧炊无好粿。

赐子千金,不如教子一艺。

牛学犁自小雕起,子学艺从幼教示。

翔安非遗

第一章 民间文学

97

造福靠人，起厝靠工。

先苦后甜，幸福万年。

鱼惊离水，雁惊离群，人惊掉队。

一人难挑千斤担，蚂蚁咬土堆成山。

只要人手多，石磨搬过溪。

树多成林不惊风吹，滴水成河不惊日曝。

千好万好，家和第一好。

家庭瓮和，吃水都无。

孝顺媳妇三顿烧，不孝媳妇顿顿无。

一代姑，二代表，三代面线亲，四代煞了了。

一日三次笑，巧好吃补药。

千补万补，三顿吃饱第一补。

一日笑眯眯，岁寿吃百二。

嫁着赌激怔，三顿两顿空。

三更穷，四更富，五更起大厝，天光卖某做大舅。

多交一个好友，多一条路。

多结一个冤仇，多起一堵墙。

钱找人财旺，人追钱起狂。

千银起大厝，万金难买好厝边。

好事做一样，卡赢点百支香。

jiá láng vuě duì jìng nǎng cuí jiá qniú lán dòng xì mǐn hòng
一 人 嵌 对 众 人 嘴，一 墙 难 挡 四 面 风。

gā hò mán sì xing gôr giòng bà ggiàm' hing
家 和 万 事 成，国 强 百 业 兴。

hàm gě xi hniá di bǔn gě xi cù bni
合 家 是 兄 弟，分 家 是 厝 边。

hò cù bni kǎ ngiǎ qin hniá di
好 厝 边 卡 赢 亲 兄 弟。

láng dǐd wù nǎng yán lô dǐd wù nǎng gniá
人 直 有 人 缘，路 直 有 人 行。

jiá láng yàd huáng lǐng láng liǒng
一 人 扇 风 两 人 凉。

dò xiòng hò di kǎo xiòng lán yi
刀 伤 好 治，口 伤 难 医。

ǒr ggián ǒr gg—ì xiòng nǎng gùd hò ggián hò gg—ì dàng nǎng xim
恶 言 恶 语 伤 人 骨，好 言 好 语 动 人 心。

hò wě bùd zǎi dò huě wě gniá lo só
好 话 不 在 多，废 话 怕 啰 嗦。

huàd zǎi qin jniá jiá duǎ din lôr pìr vò láng lái sná rin
发 财 亲 戚 一 大 阵，落 魄 无 人 来 相 认。

qing gunǎ ài yǐng rìn zǎi tám gunǎ ài ying lô zǎi
清 官 爱 用 人 才，贪 官 爱 用 奴 才。

jìng liàm gunǎ ài min min bǔ gôr jiǔ hing
政 廉 官 爱 民，民 富 国 就 兴。

vò huàd vò lì cùn bô lán yi
无 法 无 理，寸 步 难 移。

ò huàd xim kui kiáo xiú huàd táo jiá diáo
学 法 心 开 窍，守 法 头 一 条。

lì m̌ ngǎ qin huàd m̌ ngǎ lin
理 不 祖 亲，法 不 祖 邻。

xiōng gnì gunǎ vò wěi xiòng lǐm jiǔ vuě zuí
常 见 官 无 畏，常 饮 酒 嵌 醉。

duǎ gunǎ yim suě gunǎ qiǎ láng kiö puǎ nuǎ
大 官 荫 小 官，穷 人 拾 破 烂。

dǐd zuí tò lì gòng guě ā qi vuě wǎ
得 罪 土 地 公，鸡 鸭 饲 嵌 活。

zuě láng yim tim tim gǎ láng sná cùn qim
做 人 阴 琛 琛，咬 人 三 寸 深。

sǎng kǎ dǎ sǎng zǔn xim táo luán hun hun
双 脚 踏 双 船，心 头 乱 纷 纷。

99

有公吃公，无公喝西北风。

没淹三寸水，想要划龙船。

双脚踏双船，船开人沉沦。

家穷儿女勤，家富子孙娇。

做生意三件宝：门面、人缘、货品好。

一阵风驶一时船，一朝代用一款银。

一有权，二有势，三有钱伯，逐项都好势。

赚一空，吃到白头鬓。

奸商：一雄，二强，三无天良。

三代粒积，一代倾空。

无三不成礼，无四矣结尾。

有钱讲话就大声，无钱讲话无人听。

一日剃头，三日缘投。

吃清三项爱：冬笋、豆腐、大白菜。

穷人饿腹肚，富人胀破肚。

人要争气，事要争理。

断理不断亲，断亲必查因。

政策得人心，黄土变成金。

为官清廉，百姓安宁。

好人易做，清官难当。

海再深也有底,树再小也有根。

大粒沙榨燴出油。

行善流芳千古,作恶遗臭万年。

明人唔做暗事,真人唔讲假话。

人无廉耻,不如早死。

四两人讲半斤话,四两髻仔插半斤花。

线是人牵的,钱是人赚的。

好馅不如好粿,好头不如好尾。

好猫守粟仓,好狗顾后门。

冷笑无情,冷语如冰。

讲长讲短,讲吃煞尾。

细孔唔补,大孔叫苦。

请鬼来医病,十个死十二。

酒杯小小会淹死人。

家无主吵闹闹,国无法乱糟糟。

饲鸡无论糠,饲子无论顿。

七分茶,八分酒。

有钱天天醉,无钱胡累累。

无吃苦,唔知甜。

金玉满堂,不如身体健康。

sná hūn jiǎ yò qìd hūn diǎo yòng
三 分 吃 药 ，七 分 调 养 。

wǔ ká gniǎ wǔ lò vǒ jnī bnī vǒ bò
有 骹 行 有 路 ，无 钱 变 无 步 。

láng gǎ láng hò xiò guì gāo ggiǎm lò
人 与 人 和 ，小 鬼 交 阎 罗 。

gè táo jiù m̄ jiǎ gè táo wê m̄ gòng
过 头 酒 唔 吃 ，过 头 话 唔 讲 。

jìd wê duǎn bá hi rù duǎn rù biàn vī
一 话 传 百 耳 ，越 传 越 变 味 。

riám gng lāi hò vuě cùd bē bò
染 缸 内 捞 艁 出 白 布 。

bēi jiù ǎng nǎng min ǹg gim ō nǎng min
白 酒 红 人 脸 ，黄 金 黑 人 脸 。

第二章　民间艺术

　　农耕时代，人民群众过着"日出而作，日落而息"的单调生活。为了缓解繁重体力劳动带来的疲惫，人民群众在劳动生产中探索出一些简单、原始的娱乐形式，例如唱山歌、讲故事、猜灯谜，以自我娱乐。经过历代劳动人民的不断实践和创新，特别是经过民间艺人的加工提炼，原始的娱乐生活逐渐形成比较固定的艺术形式，流传于民间。

　　翔安的民间艺术十分丰富，早在 20 世纪 80 年代，新圩金炳是同安县的民间艺术基地，新店后村则有"戏窝子"之称。其形式多样，有南音、芗剧、高甲、掼球、木偶、弄龙、舞狮、踩高跷、跑旱船、宋江阵、弄车鼓、拍胸舞、铜管乐队、抬轿迎亲……这些丰富多彩的艺术表演形式，丛书中的其他大作已有记述，这里仅介绍南音、宋江阵、车鼓舞、高甲戏等四种民间艺术的形成过程和表演活动大概。

第一节　南音

　　南音，又称南乐、南曲、南管，是中国四大古乐之一，起源于宫廷音乐，是我国弥足珍贵的民族音乐瑰宝。南音荟萃盛唐以来中原雅乐之精华，吸收了元曲、弋阳腔和昆腔的特长，与闽南的民间音乐融为一体，曲调柔婉清和，文辞古朴典雅，情韵深沉，旋律隽永秀美，以悠久的历史、独特的魅力蜚声中外乐坛，千年来广泛流传于泉州、厦门、漳州和台澎等闽南方言地区，远播海外，颇有盛名，誉为"中国古典音乐明珠"，为当今世界公认的"中国音乐活化石""东方古典艺术珍品",被联合国教科文组织列入人类非物质文化遗产代表作名录。

一、翔安南音历史悠久 源远流长

南音有"源于唐,盛于宋"之说,以"海滨邹鲁""声名文物之邦"著称于世的翔安是南音发祥地之一,南音自然成为翔安的非物质文化遗产。南音历史久远,早在清康乾盛世期间就由泉州传入。随着社会的变迁和民间诸神信仰的盛行,南音在翔风里和民安里一带很快盛兴发展起来。马巷、东园、后村、汪厝、阳塘、欧厝、刘五店等村社先后组织南音社团。据说欧厝自清康熙年间就有南音活动,于 1830 年组建欧厝南乐社。后村和汪厝在嘉庆年间就建有"南乐曲馆"。马巷自清嘉庆年间每逢"佛公请火"就有南音演唱助阵,清咸丰年间马巷有"碧月阁"曲馆以及后来组建的振声南乐社。东园自光绪年间就有南音传授和演唱活动,也有南音曲馆,后来还成立有东园复兴南乐社。20 世纪初,阳塘也有南乐演唱活动,到了 30 年代,有阳塘南乐社。这些都是翔安早期较有影响的南乐团体,这些团体在团结弦友,培育新秀,切磋技艺,承继薪传,丰富活跃民间文化生活等方面发挥了重大的作用,载入翔安南音发展史乘。

二、南音为群众所喜闻乐见

自清至 20 世纪 70 年代前,翔安南音这一艺术奇葩璀璨夺目、色彩斑斓。每当夜晚,民间的南音团体众多,整弦和管、清音雅乐缭绕回荡乡间,笙歌四达,不绝于耳,彼时南音之盛可见一斑。适逢乡间宫庙迎神请火、民间祭典、年节庆典和婚娶吉日等项民俗活动,乡社的南乐社团便会出来捧场助兴。乐手和歌手们簇拥在御赐绒伞之下演奏演唱,丝丝琴弦之韵、幽婉洞箫天籁之音、哀婉而又高亢的唢呐之调缓缓回荡于乡社之间。这些乐队或者随着车水马龙似的迎神赛事队伍漫步于乡间;或者聚集一堂

"闹厅",与族人共襄盛事,热闹非凡。辛亥革命前夕,马巷举办泉州、晋江、南安、同安、惠安、安溪六县市弦友大会,鸣钟选优,马巷艺人朱阳补、吴九仙声情并茂,艺压群芳。当时的翔风、民安一带,南音蔚然成风,为群众喜闻乐见。

三、南音薪传承继　人才辈出

醇厚的南音文化,不但丰富了民众生活,形成唱南乐、爱南音的良好氛围,而且成就众多南音新人。

20世纪40—60年代,同安南乐界四大才子之一的东园张在我,南音作曲家、演奏家、教育家张沧郎及张鸿坑应邀到同安和翔安以及台南等地传授讲课,分别在厦门金莲升高甲戏剧团和同安高甲戏剧团及台湾地区从事编曲等工作;张神罩、张口天和张口印等老先生也曾经在晋南同等地巡回传授讲课。那时,东园是闽南地区南音重要传播基地,为传播振兴南音古乐做出贡献。

马巷在组织传播、弘扬南音、振兴马巷南乐有突出成就。清末马巷南乐界名师朱成朴、朱九金等人组织的"碧月阁"曲馆教学传授学员100多人。1930年之后,马巷南乐界名师陈文渠、洪锡塔又传授学员近百人。1987年,郑雨水、潘天乞等发起组建马巷振声南乐社,先后聘请南乐名师张在我、郭懋镇、许德和驻馆传授。他们精心办班,培养出郑青青、蒋秀鸾、郭金环、潘评等一批演奏和演唱的新生力量。其中,出类拔萃的郑青青于1988—1995年先后荣获厦门市和同安县南乐比赛八次一等奖。1990年,郑青青又随厦门南乐团赴菲律宾演出,为科拉松·阿基诺夫人演唱,此属翔安南乐界对外文化交流的最高殊荣。2000年后,郑青青接手马巷振声南乐社的教学工作,她精心办班,培养出一批儿童南乐新秀,参加厦门市南乐唱腔比赛,屡次荣获佳绩。

南音与汪厝有不解之缘,郭懋镇一家数代贡献殊勋,在翔安蜚声闻名,成为佳话。郭懋镇的曾祖父郭凯为于清嘉庆年间就创建有"汪厝南乐社",聘请同邑秀才郭厚木整理南音技法和曲谱,达数十册,之后传给儿子郭福春。郭福春再传其子郭洙器。郭洙器再传给其子郭懋镇。郭懋镇于 1956 年开始在同安传授南音达八年之久,如今他又传授给孙子和乡亲,其孙子孙女多次获得同安南乐唱腔比赛奖项。现在汪厝,南音已深深扎根民间,弦友们时常你来我往切磋技艺,南音爱好成为居民联谊的纽带,被称为"曲窝子",这与郭懋镇一家数代致力于南音薪传直接相关。

后村在翔安社区中,其南乐的传承颇有盛名,后村几代南音传承人的前后努力不懈。据传,清嘉庆年间,后村就有曲馆,至 20 世纪 30 年代,还有多家曲馆。其中一家由郭懋鼎和郭福启创办,由本土艺师郭洙南执教。另有一家俗称"面线间",系主人郭懋世兄弟因喜好南乐而发起,聘请归侨郭洙助执教。这些曲馆培养出一大批本土优秀人才,为南乐在后村的传承和发展做出贡献。南乐鼎盛时期,后村开设有 6 家曲馆,学员多达数百人。后村的南音薪传不息,兴旺发达。十几年来,后村南音新秀多次参加市、区县组织的南乐比赛,多次获奖。当今厦门市知名的南音评论家郭茂楼就是后村人。

大嶝阳塘社区在传承南音培养新秀方面有独到之处。20 世纪初,阳塘也有南乐演奏演唱活动,至 30 年代建有曲馆,一直到 50 年代,南音活动一直未间断,期间先后邀请东园的老艺人张口天和张口印驻馆传授,培养了一大批南音骨干。为使南音后继有人,主持阳塘南乐社工作的张文举采取"双管齐下"的方法培养接班人,一是在南乐社中培养骨干,二是配合阳塘小学开课传授南音,从中发现培养新秀。经过多年努力,培养了一大批南音新秀。他们多次参加厦门市和翔安区会唱、调演和比赛,三次获得市、区二、三等奖,九人获优秀组织奖。

欧厝南乐薪传承继不息,活动成绩突出。据传,欧厝自清康熙时就有南乐活动。1830 年,老艺人王清满组建欧厝南乐社。1875 年,王清满传艺给王大柱。1911 年,又传给王松友。欧厝自

1940—1952 年先后聘请老艺人王根火、彭清水、许尚纯驻馆传授南音。1980 年改革开放后,王辉彬、王辉岳老艺人组建欧厝南乐社。1989 年,改名为槐声南乐社。至 2004 年,数十年来,南乐社致力于培养和演练,培养近百位南乐新秀,曾参加省、市、县南乐会演、调演数十次,获得省市区各种奖项。

四、南音成为联系两岸的精神纽带

由于地缘和血缘的关系,南音成为两岸民众交流的精神纽带。

东园张在我和张鸿坑兄弟俩是海峡两岸的南音名师,改革开放以来,古稀之年的兄弟俩多次跨海往返访问交流。张在我曾赴台北、高雄和台南等地观摩演出,其弟张鸿坑多次回大陆赴泉州、福州、上海和北京等地观摩演出,兄弟俩多次携手并肩同台演出,人称"并肩共曲情南音,手足同台颂太平"。

历史上,汪厝与金门的弦友来往密切。据传,清代乾隆年间,郭懋镇的上辈郭乙茂应金门的弦友之邀,赴金门演示,仅南音的曲、指的构成之一的指套,就演示七天;郭乙茂倒弹《绵搭絮》一曲,其技法之难,非功底深厚者不能驾驭,倾倒了金门弦友,两百多年来,一直传为佳话。后村和阳塘与金门等地的弦友也交流甚密,互访交流,以曲会友,切磋技艺。

欧厝槐声南乐社十分重视对外艺术交流,2002 年 1 月 3 日,该社接待了台湾高雄光安南乐社洪进益和台北弦友黄哲昇等一行五人,以弦会友交流经验,共商发展南乐事业,同台演奏《梅花操》,演唱《遥望情君》等十几首传统曲目。欧厝槐声南乐社除了与台湾交流以外,还同新加坡湘灵音乐社等海外南音艺术团体交流,加强联谊,互相学习,切磋技艺,共同弘扬南音瑰宝。

五、南音面临着挑战和传承发展机遇

尽管南音发展受到"文革"的浩劫、市场大潮的挑战和影视及多媒体的冲击,中青年观众日趋减少,传承遭遇挫折,但魅力仍留

存于民间,乡间至今还有一些老艺人潜心传播,袅袅之音回旋乡间,绵延不绝,震荡着人们思古怀旧之情。改革开放以来,党中央重视非物质文化遗产,省、市、区及有关部门很重视南音的复兴,宣传复兴南音意义,组织观摩演出,举办南乐会演、调演和开展各项赛事,重点扶持村社,给予财政支持。

目前,除了马巷、东园、后村、汪厝、阳塘、欧厝、刘五店等村社建有南乐团体以外,一些南乐曲馆和南乐社团先后恢复或重新组建,莲河、霞浯、珩厝、吕塘、大宅、祥吴等社区先后建立南乐社和曲馆,热烈地开展教学活动。

现在,许多南乐社和曲馆集聚了一些具有南音造诣的老艺人,热心南音和有较好音乐基础的人士以及具有培养前途的中小学生,组成老中青三结合的南乐社和曲馆。他们不负众望,传承老艺人的优良传统,发扬老艺人的精神,不计报酬,不辞辛苦。每天晚上,他们聚集一堂,勤奋习曲,精心学习传承南音艺术精华,许多名曲名段,演奏演唱日臻成熟,已有众多人才崭露头角。每当夜晚,你会感受到,词调典雅、委婉动听的《王昭君》;别情依依、缠绵悱恻的《陈三五娘》;优雅委婉、感人肺腑、令人如痴如醉的《高文举》等名曲名段,丝丝之音再现故里。南音拂去数十年的尘土,重现清歌曼曲风采。

第二节　宋江阵

宋江阵亦称"套宋江",是一种结合中国武术和艺术的民俗表演,最早出现于明末清初,相传由少林五祖拳祖师王玉川所创。明末清初,泉州不少义士支持郑成功反清复明,受到清政府打压,这些义士遂借迎神赛会化妆表演形式保持练武习俗和武术套路,装扮成水浒梁山好汉一百零八将参加踩街队伍。从此宋江阵流传于泉州府各地区。

宋江阵于清代由泉州传入，翔安农民为驱兽抗暴，不少村庄组队操演宋江阵，练武护身。每年逢正月初六香山庙会、正月初十鼓锣岩庙会、正月十四后珩上头宫庙会，新店茂林、内厝赵岗的宋江队，扮成梁山好汉，游乡串社，在庙前广场表演武术套宋江。宋江阵人数不拘，不分男女，一般二十四人以上，但以一百零八人为大忌，因为梁山一百零八个好汉被朝廷招安以失败告终。表演前，搭一布城或搭彩楼为城门，表演开始时，锣鼓齐响，一对旗手执丈二大旗领阵，分两路出城门，称"黄蜂出巢"。经"交阵"变"内外环""面线拗""穿针""环螺圈""长蛇"等队形。后表演"单打""双打""小组打"。项目有"盾套锤""伞套刀""枪套剑""趒刀对铁耙""扁担对锄头""空手对打"等。有条件的兼演"弄狮"。最后表演"打八仙"，然后以"凯旋入城"收场。服装以戏服穿戴，民国时期也有穿汉服包头巾扎腰带的。内厝赵岗村宋江队一律穿对襟汉装、草鞋，队伍一半扎青腰带，一半扎黄腰带。表演的武器为十八般武器，有双斧、铁棍、双铜、大刀、关刀、齐君棍、金钩、双锤、长叉等。清末至民国时期，新圩上、下市，内厝赵岗，新店茂林和大嶝阳塘均有"套宋江"队伍。解放后至今，内厝莲塘、赵岗，新店茂林，新圩金柄等村重新组建"套宋江"队伍，每逢春节、元宵、中秋、庙会等传统节庆，都能见到"宋江阵"的身影。

2006年，厦金宋江阵被列入省级非物质文化遗产名录，赵岗村为宋江阵练习基地。王文艺为省级宋江阵传承人，王民族、王文默为市级宋江阵传承人。2011年5月，厦门柯依达工贸有限公司总经理林良菽发起成立"厦门市翔安区宋江阵文化研究会"，试图做好宋江阵武术文化遗产的传承和保护工作，林良菽组建的莲塘宋江队多次应邀到台湾参加两岸宋江阵交流活动。

第三节　车鼓弄

"车鼓弄"也叫"弄车鼓"，是说唱、表演合一的民间歌舞艺术，也是闽南早期滑稽小戏——"弄戏"中的一种。这种具有浓厚地方色彩的民间娱乐形式大约兴起于宋元而盛于明清,其来源说法不一,有的说是梁山伯好汉为了救宋江,化装表演各种杂耍,其中有两个人抬着一面大鼓,鼓里暗藏短兵器,边表演边混进法场,救出宋江。这种说法和"套宋江"的传说一样,都和宋江有关,这起码是宋、元时的事。另一种传说,翔安新圩有一对开豆腐店的老夫妇,夜里磨豆闷得慌,于是彼此编歌对唱,打情骂俏,借以驱除疲劳。邻居听到他们唱歌觉得风趣有味,纷纷邀请老夫妇过家去唱。原来是磨豆腐时唱的,到别处传唱总不能背着笨重的石磨去,老夫妇想出个主意,用装谷米的簸斗篮代替石磨。斗篮像个大鼓,故称"车鼓"。"车"是转动身子,"弄"是表演的意思。现在也有人称它"闽南二人转"。

　　传统的车鼓弄是两个人表演,在欢乐的锣鼓声中,表演车鼓的公婆俩整冠上场。只见车鼓公头戴"鸟瓢"(礼帽),身着长衫马褂,脚踏黑布鞋,手持一根特制会转动的长烟杆;男扮女装的车鼓婆,上穿开襟红衣,下系黑色绸裙,头戴"冕油"(凤冠),足蹬红绸鞋,右手拿折扇,左手捻手帕。在唢呐、笛子、月琴、壳仔弦、大广弦等伴奏乐声中,公婆俩抬着一只敞口朝下、上面用红绸布结朵大红花的簸斗篮,斗篮中间穿着两根用色纸缠扎的细竹竿,公婆俩把系在竹竿两端的红带子挂在肩上(男左女右),一道把"鼓"抬起来,和着音乐节拍,边唱边用正侧面交叉步和八字交叉作"三步进、三步退"的表演科步。车鼓弄的演员、道具、乐器十分简单。演员只有车鼓公和车鼓婆两个人,乐器主要是二胡、三弦、唢呐、竹笛和拍板,结队行走时可以锣鼓助阵。车鼓弄演唱的曲调是民间广泛流行的车鼓调、四季歌调、五更调、乞丐调等。常用的基本曲调是车鼓调:

公(唱)：咱今老公婆做把戏。

婆(唱)：赚有淡薄钱来籴米。

(合)：为着家穷(依都)来到此,咱今公婆(才来)度日子,度日(呀)子。

车鼓的歌词是家喻户晓的百花歌、五更鼓、思君歌、病子歌、十二碗菜歌等,内容多为孝道劝善,情人相思,夫妻情趣。这些出自"不识字的诗人的作品"(鲁迅),生动活泼,通俗易懂。如《十月娶某歌》中有这样一段对唱:

公(唱)：九月十五月当光,娶着坏某心头酸。有柴有米不煮饭,讨米换饼吃过顿。

婆(唱)：十月过了是冬节,嫁着坏尪(丈夫)真正衰(倒霉)。一日番薯三顿买,半筒白米嫌太多。

唱词中,老公嗔怪老婆好吃懒做,老婆讥讽老公吝啬无能。两人戏谑对唱,风趣诙谐,令人忍俊不禁,适应早时农耕时代农村家庭妇女的文化需求,以致民间有"男看套宋江,女看车鼓弄"的俚语。

明清时期,同安车鼓已在乡村盛行,由同安籍的民众随郑成功传入台湾。清初台湾已有"车鼓喧阗十里闻""车鼓逢逢南复北"的盛况。至今台湾的宜兰、彰化、花莲等地还有车鼓表演。1989年9月,台湾学者黄玲玉专程到马巷湖莲、同安潘涂做车鼓田野调查,回台湾后出版《从闽南车鼓之田野调查试探台湾车鼓音乐的源流》一书。解放前,现属翔安的新圩、澳头、金柄、湖莲等乡社都有车鼓队。20世纪50年代,澳头的车鼓表演《庆丰收》参加过全省文艺会演获奖。现在,新圩金柄、新店后村等地的车鼓队经常参加海峡两岸的民间艺术节活动,给海内外乡亲留下深刻的印象。

车鼓弄由于表演动作朴实、简单、风趣,唱词平民生活化,深受民众喜爱,又是"台湾歌仔戏"的养分之一,因而于2007年8月被列为福建省非物质文化遗产保护名录。

第四节　拍胸舞

拍胸舞历史悠久,旧时俗称"打猴拳"又称"拍胸""打七响""打花草""乞丐舞",舞蹈原型是宋元时期南戏《郑元和》,其落魄沦为乞丐,在街头卖唱。广泛流传于福建南部沿海的厦、漳、泉、金门和台湾等地区。明末清初,拍胸舞由晋江地区传入翔安。

民国时期,乞丐行乞时经常表演拍胸舞。表演形式有独舞、群舞两种,演员均为男子,群舞演员人数不拘。表演者上身裸体,下身着短裤、草裙,头戴草圈。表演时配以南音"三千两金"曲调,演员有节奏拍胸、腿、掌、腋窝等身体部位。基本动作有"击掌回音""八拍雄姿""毛驴颠步""金鸡独立""善才抱牌""青蛙出洞""小阉鸡行""大阉鸡行",这些动作粗犷、质朴。新中国成立后,乞丐减少,拍胸舞失传,仅有个别人略懂此舞。1955年,同安文化部门响应上级发掘整理民间舞蹈的号召,派人多次辅导新圩金柄村等文艺团体排练此舞。1983年,厦门市文化馆深入金柄村再度发掘整理,指定新圩文化站组织排练此舞参加县、市文艺汇演。1991年,"拍胸舞"编入《中国民间舞蹈集成》。2007年,拍胸舞被列入省级非物质文化遗产名录。黄奕国、黄呆分别为省、市级拍胸舞传承人。

为传承拍胸舞的民俗文化,厦门市文化馆与新圩镇在金柄村挂牌设立"民俗表演基地",由拍胸舞传承人黄奕国组建表演队,当地100多人参加,其中年龄最大的60岁,最小10岁。新圩中心小学为拍胸舞练习基地,拥有一支拍胸舞表演队伍,参加厦门市"文化遗产日"的庆典活动。新店后村还组织了一支女子拍胸舞队伍,在"王船文化节"上展演,备受注目。由于舞蹈保留了泉州、闽南地区古闽越族原住民舞蹈的遗风,深受海内外广大群众的喜爱。

第五节 高甲戏

高甲戏是闽南地区主要戏曲剧种,也是福建省的五大剧种之一,流传于泉州、厦门和台湾等闽南方言地区,也流行于东南亚国家闽南人聚居地。高甲戏剧目众多,表演精湛,大气恢弘,幽默诙谐,2006年5月进入我国首批国家级非物质文化遗产项目名录,吕塘戏曲学校高甲剧团的洪庆滨是市级高甲戏传承人。

高甲戏又称戈甲戏、九甲戏、高脚戏,形成于明末清初。闽南地区每逢迎神赛会、喜庆节日,乡间群众装扮梁山英雄人物,跟在游行队伍间表演简短故事和各种武打技艺,配合锣鼓和民间曲调引起观众兴趣,随后即有小孩表演宋江故事的业余戏班出现,观众称之为"宋江仔"。后来逐渐成为由成年人扮演的专业戏班,被观众称为"宋江戏"(1962年,马巷竹仔林曾有"宋江戏"戏班)。"宋江戏"只演水浒故事,受外来剧种的冲击,难以满足群众的要求,因此,南安岭兜村出现"合兴班",它突破只演宋江故事的框框,演出半文半武戏,"合兴班"吸收四平腔、徽剧、弋阳、京剧的营养,表演艺术不断提高,深受群众喜爱,"宋江戏"和"合兴班"融合成为现在的高甲戏。

翔安于清末就有高甲戏班。高甲戏班由一个或多个人组织牵头,叫班主,俗称"戏头家",由其购置戏服、道具、乐器。班主按照高甲戏的传统规制聘请有名师傅开班授教,演员有本村的,也有外地,重要角色也可以外聘演员参演,戏班一般训练四至六个月就可登台演出。

马巷竹仔林的高甲戏班成立于1914年,由高甲戏名演员洪三天执教，主演大花。戏班演员演技娴熟，服装新颖，在马巷地区巡演，这开启翔安高甲戏的先河。

随后，马巷内厝的莲塘成立"新福社"高甲戏班，由林助技师傅主教。"新福社"在马巷地区很有名气，大型民俗日都有它的"出头"，群众喜闻乐见。

由陈仔坪主台的后陈"八到班"（"八到"即"八股份"的意思）由班主和演员合股组成，这种高甲戏班的组织形式，给戏班带来活力，演员和班主齐心协力，争取请戏业务，提高演技水平，是当时活跃乡下的著名戏班，受到百姓的好评。

殿前、大嶝、小嶝也有高甲戏班，戏曲艺术气氛较浓，白天下海捕鱼，讨小海，捡花螺，一有空闲，则演唱南曲，练习演戏基本功。小嶝岛有高甲戏班，大嶝岛山头村由郑汙（乌）师组建高甲戏班。

大嶝麦埕自然村由曾焕炎任班主，组建"莲升高甲戏班"，演员有来自石井镇人，也有莲河村人（莲河村 1973 年由南安划入同安，大嶝岛原属金门县管辖）。1931 年，大嶝艺人谢天造和莲河的艺人合伙创立"金莲升"高甲戏班，这就是现在厦门市金莲升高甲剧团的前身。

"文化大革命"期间，翔安莲河、下吴、东园、珩厝、花林、吕塘、董水、蔡厝、后村、彭厝、欧厝等沿海乡村，马巷、内厝、黄厝等地，先后组建毛泽东思想宣传队，为政治服务，也以高甲戏的形式排练移植样板戏的剧目，如《沙家浜》《白毛女》《红灯记》《红色娘子军》《智取威虎山》等。珩厝排练《王佑斩手》等剧目到各社区演出，受到各地民众的好评。董水的生产队排练高甲戏《龙江颂》到同安县城汇报演出，被来自全省各地的会议代表称"放了一颗卫星"。

现在，翔安区传承高甲戏曲艺术的主要基地是吕塘戏剧学校。该校自办学以来培养了不少的高甲戏曲演员，多次应邀到金门等地区和新加坡、文莱等国家演出,为传承高甲戏剧艺术做出重要贡献。

南音、宋江阵、车鼓弄、拍胸舞、高甲戏,这些农耕时代的民间艺术,随着翔安先民的出洋、渡台,也被带到海外及台湾地区,成为海外侨胞、台湾同胞乡愁的载体,成为两岸文化交流的纽带。因此,加强两岸民间文化艺术活动,对于增强文化认同,统一祖国大业有着重要的促进作用。

第三章　民间工艺

　　在长期的生产生活实践中,劳动人民对社会生活及自然环境抱有独特理解,探索出寄托美好生活愿望的各种工艺。明清时期宫庙、祠堂、民居、桥梁、牌坊、墓葬上的石雕、木雕作品,剪粘、彩绘作品,都体现劳动人民的聪明才智。

　　翔安的民间工艺同样丰富多彩,有绘画、纸扎、剪纸、刺绣、石雕、木刻、泥塑、漆线雕、瓷贴雕、文兴瓷等,琳琅满目,美不胜收。这里介绍漆线雕、农民画、春仔花等主要的民间工艺。

第一节　漆线雕

　　明末清初,马巷街有一间"装佛"(雕刻佛像)的作坊叫"西竺轩"。"装佛"师傅蔡善养,吸取宋元时期的线雕工艺(特别是沥粉和泥雕等工艺)精髓,应用于佛像的装饰。蔡氏线雕的佛像问世后,产品畅销闽南地区、台湾和东南亚华人居住区,"西竺轩"作坊由此声名鹊起,闻名海内外。清嘉庆年间,作坊迁至厦门。其第十一代传人蔡虎碧,年轻时掌握漆线雕四道完整的手工制作技艺,尤其擅长漆线装饰和彩绘图案。因历史缘故,他于1951年将出口东南亚等国家和地区的神佛像改名为"金木雕",成为艺术品。同为第十一代传人的蔡文沛打破"装佛"的旧框框,大胆地改革,首创用漆线雕表现历史人物,广收学徒,将家门绝技公开于世,"漆线装佛"摆脱延续三百年的神佛像程式化,作品《郑成功》被上海博物馆收藏。第十二代传人蔡水况(蔡文沛之子),自幼师承其父,学习"装佛"技艺,不断创新再创新,造型、打底、漆线、安金、彩绘技术都炉火纯青。代表作品《还我河山》和《波月洞悟空降妖》被中国工艺美术馆珍藏。1972年,蔡水况将漆线雕图案做成独立的装饰艺术品,成为当时漆线雕主流产品。1973年,三十岁出头的蔡水况首创出"龙凤盘瓶",命名为"漆线雕"。"文化大革命"期间,蔡水况敢于抵制贴上政治色彩标签的所谓"革命题材",别开生面用最古老、最本土化,为人们所喜爱的吉祥物"龙凤牡丹图案"来表现艺术。在当年"广交会"上,参与展出的工艺品政治色彩太浓,唯有他那金光闪闪,又是龙又是凤的漆线雕,最受外宾的青睐,争先恐后抢着订单。蔡水况大胆创新,不但为工人们解决吃饭与工薪问题,还为国家赚了不少外汇。

蔡水况供职于厦门工艺美术厂,系高级工艺美术师、专家、中国工艺美术学会会员、美国海外艺术家协会理事、世界文化艺术中心研究员。2006年获由国家发改委授予的"中国工艺美术大师"称号。同年,漆线雕(蔡氏)被列为国家级非物质文化遗产名录,蔡水况为国家级漆线雕传承人。

蔡氏漆线雕如今后继有人,涌现蔡彩赈、蔡富国、蔡士东这三个"第十三代传人",在蔡水况全盘指导下,默默地完成"抢救文化遗产"的任务。"第十四代传人"已经崛起。

2014年年初,蔡氏漆线雕成功入选全国五十九家"第二批国家级非物质文化遗产生产性保护示范基地"。漆线雕是中国漆艺文化宝库中的艺术瑰宝。近十年来,蔡氏漆线雕先后在国家级各专业展会上获全国性大奖一百多个,其中金奖二十九件、银奖十六件,有五十九件作品受到国家版权保护。另外,还有十二件艺术精品被中国国家博物馆、中国工艺美术馆、上海博物馆、福建省工艺美术馆及中国艺术研究院永久收藏。

第二节　农民画

翔安农民画起源于二十世纪五六十年代。1988年,同安区被文化部命名为全国首批"现代民间绘画之乡"（翔安区原为同安县辖区，早期同安、翔安一带农民画统称同安农民画，2003年区划调整，翔安区分置，重新命名为翔安农民画）。翔安建区之后，农民画再次崛起，2011—2013年、2014—2016年度，翔安因为农民画两次获文化部授予的"中国民间文化艺术之乡"（农民画）称号，翔安农民画现为省非物质文化遗产代表性项目。全区有省级代表性传承人2人，市级代表性传承人2人，区级代表性传承人8人，还有一大批作者。

翔安农民画从民间剪纸、绣花、彩扎、泥塑、石雕中汲取艺术元素，表现手法有地域特色，不受透视及色彩原理的约束，作品既绚丽又质朴，既夸张又真实，既有浓烈的生活气息，又有鲜明的视觉效果。1956—1958年，新店、马巷、新圩等公社设立民间绘画兴趣小组，定期举办培训班，画种有年画、版画、宣传画等。在张厚进等人倡导和指导下，农民画得到良好发展，创作队伍和作品质量均得到飞速提高。

建区以来，青少年农民画夏令营、青少年农民画比赛、农民画进校园、农民画个人工作室建设、校本教材编写等系列推广活动迭出不穷。近十年创作出作品风格独特、色彩艳丽的农民画精品300余幅，60余幅作品入选中国民协主办的各类全国农民画展，其中1幅作品获全国农民画银奖，21幅获优秀奖。

2016年起，翔安农民画又与漆画结合，为传统农民画创作注入新鲜血液，漆艺特有的艺术语言，拓展了翔安农民画的表现手法。近五年来，30余位农民画家创作农民漆画作品160余幅，110余幅作品参加市级以上的展览，15幅作品入选中国美协举办的全国性展览。2017年5月，四幅漆画入展"中国精神·中国梦"全国农民画创作展，登上全国美术最高殿堂——中国美术馆，3幅作品入选第五届全国漆画作品展，1幅作品入选首届全国漆画屏风作品展。2019年，作品《演绎·乡愁》入选第十三届全国美展漆画作品展,另有 7 幅作品入选中国美协举办的农民画展。《翔安春色》《两岸同源》分别获得第五、六届厦门市文学艺术奖金奖和二等奖。

翔安农民画梅开二度、再创辉煌,又进入百花齐放、百家争鸣全新的阶段,如今,翔安农民漆画在全国农民画领域和漆画界的影响力日渐增强,成为海峡西岸民间文化艺术璀璨的明珠。

第三节　春仔花

春仔花是扎花的一种,因闽南话"春"与"剩"谐音,寓意年年有余。它古朴、典雅、自然、大方,按习俗用途分各种场合适用,结婚用新娘花、婆婆花,祝愿用孩童花、寿花,丧事用答礼花。

闽南一带的妇女流行佩戴"春仔花",鲜艳夺目的春仔花代表喜庆、吉祥、福气。春仔花又称"春花",妇女戴春花习俗历史久远。

春仔花制作比较复杂,首先将铜丝网的铜丝线一根根抽出来,用箔金粘在上面,得到金色的丝条;而后将两根丝条分别绕成半朵花,每朵花有六个花瓣,外面伸展出一片大叶子;最后再用红丝线缠绕在花的外面,这样春仔花就算扎完成。扎春仔花需要用金纸、挂历、香烟壳、毛线、铁丝、丝线等材料,扎一对春仔花,一套工序下来要二十分钟左右。

翔安洪厝村盛行扎春仔花,上至八十岁的老人,下至七岁的孩童,个个都有扎花手艺。春仔花习俗在洪厝村流传已有数百年。民间传说,明嘉靖年间,在京任刑部左侍郎的村人洪朝选适值元宵佳节回故里祭祖。在祭祖仪式上,他发现凡祭品上都插着春仔花。于是,洪朝选便让家眷与侍女们也学制春仔花,从此,扎春仔花的习俗就代代流传下来。洪厝扎花艺人洪素珍介绍说,春仔花主要分为喜事与白事两款样式。作为喜事用的有十多种,如

"新娘花""婆婆花""孩童花""寿花";丧事用的是"答礼花",细细长长,暗红色,表示冲掉晦气。春仔花的寓意很深远,戴不同的花表示不同的身份。洪厝村有一位现年六十多岁的女村民叫洪宝叶,是扎春花的高手,她从八岁起就开始扎春花,已有五十多年的扎花经历。2008年,洪宝叶被厦门市政府认定为"市级非物质文化遗产春仔花习俗的代表性传承人",洪厝村也因此成为厦门最大的春仔花制作基地。

闽南妇女喜欢戴春仔花,期盼风调雨顺、五谷丰登、年年有余。除夕,在满满的一大碗干饭上插上一枝春仔花,寓意喜庆吉祥,年年有余。

民间工艺是历代相传,依靠手工制作的艺术。随着社会的发展,科技的进步及老艺人的离世,许多民间工艺面临着后继无人或自我消亡的窘境。因此,应该根据国家"非遗法"的有关规定,大力挽救那些濒临消失的民间工艺,用"以老带新"的老办法,培养传承人,让这些"闽南文化"瑰宝焕发生机,再现辉煌。

第四章 民间信俗

　　人类的祖先是人猿,由猿到人的标志是本能变成意识,意识表现为理想、信念、向往、景仰、敬畏和崇拜。意识源自人类对自然界的认知和解释,是共同生活的思想基础,也是驱使意识,产生主观能动性的能源,如此无形的、特殊的、巨大的力量,唯有信仰。

　　人类具有很强的从众心理,共同的心理规范、制约、统一了人们的行为。在长期的生产、生活中,人们找到其合理性。于是,把这些事项从迷信的桎梏中提炼出来,在生活中、口头上、心理上、行为中加以利用,久而久之成为习惯,蔚然成风,代代相传便成为民俗。

第一节 信仰

　　翔安人的信仰,除了带"文化"的信仰外,大多保留原始形态的草根意识——信神,笃信冥冥中有超凡的法力,无处不在,无所不能。这种信仰有明确的目的性,祈求神消灾救难。翔安人要求所有的信仰都"诚心","心诚则灵",祈盼"有求必应"。

一、崇拜自然 信仰天地

　　从原始社会开始,人类就对自然界的种种现象感到好奇、迷惘,面对时常发生的自然灾害无能为力。于是,想象有超凡的力量支配自然,认为万物皆有"神",对自然的崇拜于是出现,信仰天和地的无穷威力。如今,翔安人仍然延续着老祖宗的信仰习俗,笃信天公和土地公。

　　1.天公

　　天公即玉皇大帝,犹如人间的皇帝,是至高无上的主宰。上掌三十六天,下握七十二地,掌管一切神、佛、仙圣和人间、地府之事,总管"三界"(天上、地下、人间)、"十方"(四方、四维、上下)、"四生"(胎生、卵生、湿生、化生)、"六道"(天、人、阿修罗、地狱、畜生、饿鬼)。手下有四大天王、九曜星官、五方揭谛、四值功曹、二十八宿、四海龙王及文武百官,有西王母辅佑,连山川河流、风雨雷电也在其掌控之中。

以天拟人,人们在戏剧中塑造出玉皇大帝的形象:身穿九章法服,头戴十二行珠冠密冕旒,手执玉笏,旁侍金童、玉女,完全是秦汉帝王的打扮。其实,在人们的心目中,天公是崇高至尊,无比伟大威严,谁敢直视其尊容,谁知道其真切模样?民间无法也不敢随意擅自雕塑其神像,更不敢探视和进入其居所,所以,坊间唯独没有供奉天公的庙宇,仅以"天公亭""天公炉"为象征,表示无影无形。

天公亭

翔安人信仰天公,每年最先祭拜的就是天公。除夕,家家户户都在正厅前面放置八仙桌,摆上五果(柑、橘、苹果、香蕉、甘蔗)、六斋(金针、木耳、香菇、菜心、豌豆、豆腐)。午夜刚过,点燃天灯,鸣放鞭炮,对着天井上的夜空持香拜跪。祭敬天公的祭品都是"素"的,这天人们的早餐也是"素"的甜食之类,谓之"吃清"。祈求新的一年会"称心如意"。

天公生于丙午年正月初九午时,每年是日翔安人都要为天公做寿诞,谓之"天公生"。人们对天公的祭拜是最虔诚的。"天公生"这天不能杀生,所以人们都在前一天宰猪羊,杀鸡鸭,备办好"三牲""五牲"。全家人必须斋戒沐浴,整肃衣冠,妇女要"绞脸"。牲礼中的公鸡必须是阉过的,宰杀时不能剖腹,内脏要从屁股挖洞掏出，尾巴还要留三支羽毛。猪羊必须是整只的（穷人们可用变通的办法，只用头尾代替）。香炉是专用的"天公炉"，焚的香条是又长又粗的"天公香"。烧的纸钱是大开幅的大箔"天公金"。自凌晨一直到天亮，全家老幼都以庄严敬畏的心情，按辈分依次倒跪，执香长时间叩拜。

村中如有"佛生日"，必须迎请天公到场。应在寺庙前的广场上竖起"天公亭"，摆上供桌香案，供品常是"猪羊八桌"。清晨，全村善男信女要聚齐，抬着佛辇神轿，举着旌旗令牌，吹螺鸣号，敲锣打鼓，鸣放鞭炮到村外东方迎请天公。傍晚，以同样的形式，抬走天公亭和天公金一起烧掉，谓之"送天公"。

翔安人敬畏天公，拜天公最隆重的还是婚庆。

婚礼是从敬天公拉开帷幕的。敬天公要在凌晨进行，也就是太阳出来前。首先由道士及东家全家大小到村口向吉方邀请天公，然后进入厅堂奉敬，称"请天公"。"送天公"在傍晚良时进行，由道士及东家家人（新娘也参加）欢送天公，烧金纸。烧毕，敬天公程序完成。天亮以后敬天公是禁忌。敬天公的前一天晚上，要摆上一张朱红八仙桌，系上桌彩。八仙桌的摆放位置因人而异，有人喜欢摆在大厝天井里，有人乐意摆在大门口，还有人直接摆在大厅里，但桌面一定要摆"横材"，要与吃饭摆法不同。天公不同于其他神明，八仙桌的下面要有两块矮椅（称天公椅）托着八仙桌。八仙桌上供有三牲、五牲、茶叶、酒、五谷、六斋，还要有"搭饭"和花瓶。八仙桌旁用两张琴椅放着刚宰杀的全猪、全羊、鸡公等大牲。然后主人举香，向天公行三跪九叩大礼，继焚天公金帛，最后鸣炮，辞神礼毕。如遇重大喜事，敬天公还要演嘉礼（提线木偶）以示诚心，较隆重的还要烧纸糊的彩排（称天公亭）。

在闽南地区，敬天公礼仪中，桌上摆列的礼品颇有讲究：牲礼有三牲、五牲之分。三牲为猪、鸡、鱼三品，五牲为猪、鸡、鱼、鸭、蛋。茶、酒为敬天公必献之礼，尤以酒为不可缺，俗语云"拜神无酒掷无筊",意为无酒不得神灵满意。点香、烛俗谓"烧香点烛",乃拜神之不可缺供品。金帛俗称"金纸",敬天公所用有盆金、天金。天金还分极天金、大天金、中天金、小天金四种。敬天公的发糕要整笼屉的,天公枣要特别大,有小足球大小,内包整颗的花生。

2.土地公

天顶天公,地下土地公。土地公是玉皇大帝派驻人间专管土地万物和人间世事的"特派员"。土地载万物,又生养万物。在农耕社会,土地是农民的命根子,世人哪有不信仰的。

在神仙中,土地公的职位最低,但与人们的日常生活关系甚密,因此知名度最高,信仰供奉者最普遍。

在翔安人的心目中,土地公似是笑容可掬、福泰吉祥的可亲可敬的老者:白发、白眉、白须,头戴平顶帽,帽檐两条布下垂抵肩,穿着普通的便服,面庞圆而丰盈,两眼微眯,露出慈祥的笑容。无论是坐是立,都右手拄着龙杖,左手执着元宝,这就是土地公的标准打扮。

在翔安,土地公的神威无处不在。家家户户都把土地公请进家里供奉,谓之"私祭"。民居住宅大厅后墙必凿个洞穴,洞里放着土地公神像,称"土地公龛",左右有对联"福而有德千家祀　正则为神万世尊",上面是横批"福德正神"。即使是厢房小厅,也要凿壁设龛放置土地公神像,对联字可以少些,例如"白发知公老　黄金赐福人"。各行各业,无论是工厂作坊、商行店铺,都要腾出地方安放土地公龛,置香案供桌。即使营造坟墓,也应于墓的右前侧建土地公位,立石刻"后土",清明节扫墓时应一并祭拜。通往高山的路旁建有土地公庙,因为土地公是管老虎的,上山砍柴的樵夫到此祭拜,可庇护其不被老虎伤害。

乡村也常建有土地公庙,土地公因为地位卑微神格不高,所建神庙都很小,有的小至只用三块石头垒成,两块为墙,一块为顶,称之为"磊"字土地庙;有的连遮风挡雨的也没有,只在一棵树下,摆上香炉供奉;或在一块石头上,画道符或贴个"福"字即是代表土地公。

土地公对居所随遇而安,对供品随意即可。有人调侃说,"黄酒白酒都不论,公鸡母鸡可大小""多多益善,小小无拘",同样"有求必应"。土地公不挑食,信众觉得好伺候,所以祭拜得特别勤。农历二月初二是土地公诞辰,要祀"土地公生",做"春祭";八月十五是土地公得道升天之日,要做"秋祭"。每月的初二和十六日,商家要"做牙"(吃、犒劳),祭拜土地公并宴请客户。作坊要"做牙",祭拜土地公并招待员工。富人要"做牙",祭拜土地公并为佣人加餐。平头百姓也要"做牙"摆供祭拜。除此之外,不论祭敬哪方神、哪尊佛、哪道仙,或者过哪个特令月节,也得祭拜土地公,似是托其代替主人作陪。

在平时,一般人不论大事小事都要拜土地公。喜事好事,告知土地公分享;有灾有难,求土地公排解;有什么疑惑,让土地公指点;有什么心事,和土地公商议;即使没事,也常盼土地公庇荫……总之,土地公是翔安民间祭拜最勤的神祇。

土地公也不负众望,恪尽职守,除了看家护院庇护全家老小之外,田间地头也有土地公的踪影,牲畜栏边常有土地公的身影。有人给土地公赠送一副对联"莫笑我老朽无能,许个愿试试 哪怕你多财善贾,不烧香瞧瞧"。有人调侃说:"拜土地公胜似买保险。"

翔安人信仰土地公有与众不同的民俗。一是十二月二十四的"送神"和正月初四的"接神",各地送迎的是天庭下凡诸神,特别是灶神,翔安人祭拜的是土地公,"送神"时为土地公饯行欢送,"接神"时为土地公接风洗尘。二是各地的土地公庙都很矮小,唯有翔安美山村的土地公庙最大,与其他的寺宇宫庙一样堂皇,把土地公作为"挡境佛",农历八月十五这天要举村祭典,唱戏宴客。如此优厚的待遇,在别处是没有的。

二、铭记恩泽　信奉圣贤

翔安的村镇普遍建有妈祖庙、大帝公宫和清水祖师殿。供奉的菩萨原本都是人。

历史上一些功绩卓著的人,备受世人推崇,建庙塑像以彪炳千秋,经历了从凡人至圣人至神佛的嬗变过程。就闽南本土而言,北宋时,莆田湄洲岛上的林默娘,平生拯救海难,保护渔民船夫,被称为"海圣"。死后被尊为"妈祖",人们建"天后宫"(即妈祖庙)供奉。北宋时,同安白礁村的吴本,终生悬壶济世,治病救人无数,被称为"医圣"。死后被称为"保生大帝",人们建"慈济宫"(俗称大帝公宫)奉祀。

"天后宫"和"慈济宫"均由朝廷敕建,可见深得官府器重与推崇,以祈显圣护国佑民。八方百姓普浴恩泽,感念其功德,信奉者也就越来越多了。

每年农历正月初六,清水祖师诞辰日,是香山一年一度盛大庙会。这一盛典,吸引着本地区、晋江、南安、同安和台湾、金门乃至海内外广大信众前来。香山庙会于 2009 年 6 月被厦门市政府列入第二批市级非物质文化遗产项目名录,成为翔安十大非物质文化遗产之一。

为纪念颂扬清水祖师功德,民众借祖师农历正月初六的生日,自发地隆重举行纪念活动,即"香山庙会",这一习俗延续至今已有六百年历史。每年的这一天,善男信女虔诚地前来香山拜谒清水祖师,抽签卜卦,烧香祈祷,共祝清水祖师圣诞,祈盼来年风调雨顺、国泰民安、物阜民康、丰衣足食、家庭幸福、吉祥如意。

1.祖师功德

宋仁宗庆历七年(1047),祖师生于永春县小岵乡,俗姓陈,荣祖其名。自幼出家,法名为普足禅师。祖师生前,足迹涉遍闽南地区,所到之处宣传佛法,体察民情,施医济药,祈雨禳旱,募捐修桥、造路。宋元丰六年(1083),安溪大旱,百姓祈雨,普足禅师方至,甘霖倾盆,于是改"张岩"为"清水岩",请普足住持。祖师驻留清水岩后称普足大师,与安溪蓬莱村人彭普仲(即二祖师)、广东省罗溪村杨义郡(即三祖师)义结金兰,三真人续修庙宇,广植禅林,行医济世。普足大师居清水岩十九年,云游漳泉两府,颂扬佛法,普渡众生,为民驱灾除疾所至辄应,师名大振,为广大闽南民众所敬仰。祖师于建中靖国元年(1101)五月十三日圆寂,乡民起塔刻像,尊为"清水祖师",立祠拜祭,屡经保奏,晋加封号,敕赐"昭应广惠慈济善利大师",师名垂古。祖师的善举甚多,人们感戴其大慈大悲,慑于其传奇经历,认为他是"如期皆应",祈雨"活神"而加以景仰和崇拜。朝廷认可并屡加封号,进一步增强祖师信仰的社会影响,这是祖师的信仰文化土壤和基础。

据传,普足禅师生前曾游历同安并驻锡香山,悬壶济世,讲经传道,为民治病,化缘修桥铺路,深受民众信仰和缅怀。普足禅师圆寂后,宋大观四年(1110),马巷一带善信到安溪清水岩祈请香火及大祖师、二祖师和三祖师神像奉祀于香山古庙,建炎元年(1127),黄公让地,乡民捐资,新建"香山岩"。自此,香山岩香火日益兴旺,信众前来拜谒祖师络绎不绝。

明代嘉靖元年(1522),二祖师分炉后山岩,三祖师分炉西岩,之后又陆续分坛晋江、同安、南安、金门等地,翔安的香山岩成为这些地区的总坛。逢清水祖师正月初六诞生日,这些分坛纷纷进香请火,善男信女自发随之而来。几度岁月春秋演绎,正月初六这一圣节,日趋成为热闹非凡、规模宏大、信众高达十万之众的庙会。

2.香山兴盛

香山香火如此兴旺,庙会如此规模,有历代传承人的努力,薪传不息。根据出土文物,香山岩始建于五代。千年以来,香山岩历代的住持僧和周边社里董事视寺庙兴衰为己任,尽开发建设维护香山之职责。宋代之时,茶山、围内、潘林、埔内和堤内等社里配合香山岩寺住持僧进行寺庙的修缮、管理、祭祀等活动。明清之后,配合香山岩修缮、开发、建设、维护、管理、祭祀等项的工作逐渐落在新兴的社里,东园、茂林、黄厝、大宅和陈坂成为寺庙保份,一直延续到解放,其间近六百年。①

在这漫长的岁月中,有众多僧尼传承和献身香山岩的宗教事业,明清香山岩香火鼎盛时,僧尼多达两百人。有香山岩周边尚存的坟墓和碑牌可证。古代较有影响的有觉苑师祖成觉慧、广修师、长英师、长禄师、显长师、英附师、善述师、善继师、善宗师、善忍师,近代的有性愿师、清忍师、文师、神求师、福音师。另外,清内湖等处还有很多和尚坟墓,可证明其信仰之盛。

1966年,受"文化大革命"冲击,殿内诸佛被洗劫一空,大殿被破坏得七零八落,寺庙的僧尼生活无着。香山的董事东园社里奋勇而出,竭力维护宫庙安全,岩寺免于焚毁;抢修抢救危房,组织耕山队,开荒耕田种果,成立香山果林场种果植树造林,寺庙僧尼摆脱了生活困境,为香山的复兴、开发和建设奠定牢固基础。改革开放后,宗教政策出台落实,东园成立以张神保为主任的香山宫理事会,拉开香山岩的修复、开发、建设的序幕。1996年,修缮庙宇,再重塑诸佛像,整理宫内及院落,整修徽国文公祠、万善公宫及雨亭,修旧如旧。1997年,新开香山至陈坂宽八米大路,新建停车场,扩大广场,为上山进香活动的大队人马提供方便。2011年,大悲殿新建落成,隆重举行供奉观音菩萨、文殊菩萨和普贤菩萨晋殿典礼。2014年,香山岩居舍基建完工,在大殿的中轴线上筹建藏经阁,香山的面貌重光焕彩。如今的香山岩,宫内流光溢彩、诸佛妙相庄严、声灵赫濯,广场庙宇、楼台亭阁,庄严肃穆、巍峨壮观。

3.承续民俗传统

明清以来的香山庙会实际上是翔安区的民俗文化节,是民俗传统的演示,其活动承续着数以百年留下的民俗传统。宫庙内外的活动匠心独运、异彩纷呈、热闹非凡。

---

① 保份(bǎo hùn):保为社里编制,份为份额。

正月初六日，一年一度的香山庙会，整个香山岩犹如披上节日的盛装。寺内张灯结彩，灯火辉煌，烛光灿烂，香馨缭绕，梵音阵阵；寺外彩旗招展，气球飘扬，各路口布满横幅标语和展牌，"祖师慈光普照、翔安和谐吉祥""祝福善信祈求如愿、心想事成"等标语映入眼帘，令人目不暇接。

寺庙内，大殿龛前高悬大红灯笼和"慈光普照"巨幅匾额，矗立两盏景灯和巨型金炉，流光溢彩。前排中央为清水祖师，右为二祖师，左为三祖师。祖师正襟危坐，令人肃然起敬。后座龛内供奉释迦牟尼佛，左右分立阿傩尊者；左龛崇奉注生娘娘，主殿开间左右分布韦驮护法、十八罗汉、四大金刚，庙宇佛像，妙相庄严，神威赫赫。

香山岩寺内会举行隆重的法场仪式。

（1）做敬：主要祈求佛地清净，国土清净，祈求国泰民安。

（2）贡天：齐天仪规，寺内拜玉皇大帝，分上中下三层次，上层排贡天牌，左右摆茶、香、花、灯；中层摆涂（花枝盐米）五果；下层摆斋食、宝珠衣，法器齐全，五谷花果、龙眼干、红枣、钱币、糖果。

（3）拜讖：法师为中尊，在家居士分左右，四众弟子拈香供奉，法器齐鸣，东西两班礼拜整齐。共生祈求，最后回向祈愿。

整个法场仪式严谨、有序进行，礼仪庄重、肃穆、热烈而又祥和，彰显善男信女对佛祖的虔诚皈依。

寺外旌旗飘扬、锣鼓喧天、鞭炮阵阵、人声鼎沸，风姿独具的各种民俗传统表演闪亮登场。

香山庙会最具民俗传统风味的是童乩五阵营。一早，来自马巷、茂林、黄厝、东园、后村、郑坂、竹坝，南安的下店、石困、咾港、前坂、溪东，晋江的埭头等村社的进香团早早集合，分期分批，按顺序依次进入宫内。各分炉也会不定期请火摆香阵。

各村社的进香团由各姓王爷大旗引路，依次是大轿、八卦辇；不管天气多冷，童乩总是赤身，龙裙绣兜装束，嘴衔禁口针，手持令旗钢刀，或弄刺球，或舞板斧，脚踩左右摇摆晃动的大轿，指挥五营。五营口念："调起中营军、军马三千三万人，人人头戴茅营巾、身穿铠甲、手持长枪火炎旗，龙车落船排兵走马，中营军、中营马，中营军马来到坛中，神兵火急如律令……"穿着清代或明代服饰的大队人马随后，善男信女进香队伍紧跟着，队伍浩浩荡荡，井然有序，疾速行进香山宫内，时而急进，时而速退，排山倒海之势，令人震撼。

香山庙会最突出的活动是宋江阵和赛马。明末清初少林南迁，闽南泉州一带少林高僧聚集，香山岩僧人增达数百人，香山一带民众随着僧人习武，排练宋江阵和马上杀敌功夫。自清中叶以来，每逢香山节日，马巷、莲前、赵光、东园、茂林、黄厝社保宋江阵的一百零八将和赛马队在寺前走阵和赛马，为香山庙会助兴，宋江阵和赛马表演非常兴盛。2010年，茂林社区恢复宋江阵操练活动。2013年正月初六，中断半个世纪之久的茂林宋江阵再现香山庙会。那一天，数以千计的人围看茂林宋江阵的表演。茂林宋江阵个个生龙活虎，摩拳擦掌，大显身手。锣鼓点场，龙虎旗开道，三十六天罡、七十二地煞亮相，手持十八般武艺的一百零八将走阵，锣鼓喧天，旌旗漫卷，舞刀弄剑，气势磅礴。

香山庙会，无论是过去还是现在，都有丰富多彩的民间民俗表演。

赛马场上，赛手提缰，骏马驰骋，一展雄风；香炉广场上婀娜多姿的扇舞、彩绸舞、现代舞，节奏明快的腰鼓舞，弄来扭去的车鼓弄，粗狂奔放的拍胸舞，诙谐滑稽的大鼓凉伞，袅袅的南音，优雅高亢的高甲戏和群众喜闻乐见的布袋戏等纷纷登场，鼓乐齐鸣，欢声雷动，响彻香山。

相应的集市也很热闹。金炉周边，摆满最具地方特色的蚵仔圆、面茶摊，孩子喜欢的各种玩具，春耕待用的农具和生活用品等，茶壶声、吆喝声、欢笑声、鞭炮声、锣鼓声、歌舞声、寺内传出的梵音钟声，此起彼伏，交融一起，连成一片。

最兴旺的还是寺庙里，香火鼎盛，人头攒动，水泄不通。善男信女，虔诚皈依，抽签卜卦，默默祷告，祈求祖师佛祖分忧和神庥。

2009年6月，香山庙会被厦门市政府纳入第二批市级非物质文化遗产项目名录。这种带有浓厚的宗教色彩的民间习俗，历久不息。2014年春节，香山迎来史上最大庙会，十万多名游客如期而至，人山人海。

三、崇尚忠义　恭奉王爷

翔安的各乡村社里都有"王爷宫"，其宫庙特别辉煌壮观，佛像特别雄壮精美，香火特别鼎盛。这些王爷，多数是居民祖先徙居时带来的神祇，是守护聚居村落的"挡境佛"。

信奉王爷，因为历朝历代的百姓受冤屈时，盼望有人仗义执言；受欺侮时，盼望有人主持正义；受灾受难时，盼望有人见义勇为……翔安人崇尚忠义，膜拜"行义者"。这些行侠仗义者，历史上确实真有其人。如明朝万历三年（1575）南京武进士池然，在往漳州府赴任途中，舍身救万民于难，后被尊为"池府王爷"。又如明朝万历三十八年（1610）同安进士林一柱，任上"治狱多平反，不轻鞭扑""雪幽忠，明功罪"，终为阉党侧目，拂袖归家，后被尊为"林府王爷"。再如清朝雍正年间科举，主考官引用《四书》中"维民所止"句，被人诬告为"雍正无头"，于是考官士子修遭杀戮。有闽籍三十六名进士逃至吕厝村，无奈跳海自尽，后被统尊为"吕厝王爷"。再如文天祥、陆秀夫、张世杰护送宋幼主南逃，途经翔安驻于三忠村（因此事得名），民众仰慕忠臣节义，尊为"镇境王爷"。

坐落于翔安区马巷街的元威殿，香火鼎盛，信众遍布闽台及东南亚一带。元威殿又被称为池王宫，因为殿中奉祀的就是池王爷。走进元威殿，但见眼前的池王爷脸色乌黑如炭，眼睛翻白突出，威风凛凛地端坐于座台之上，脸色乌黑让人想到宋代铁面无私的包青天。池王爷满脸乌黑且两眼突出，因为有一段鲜为人知的故事。

池王爷，本名池然，字逢春，又名德诚。原籍南京，明朝万历三年(1575)武进士及第。池然为人耿直，居官清正，常怀治国安民、济困扶危之志，很受百姓的拥戴。后来，池然调任漳州府道台，于是，携家带口前往漳州赴任。一日途经马巷小盈岭时，遇到两个脸生异相之人：一个蓝色的脸，短短的胡须；另一个青色的脸，长须及胸。池然觉察此二人举止异常，似有大事，便身着布衣，盛情邀请两人到路边小酒店中饮酒，顺便体察一下民情。

一行人来到小店中，寒暄之后，酒菜上来，三人边吃边聊。酒过三巡，菜过五味，话自然就多了起来。交谈中，那两人无意中吐露出一个秘密——原来，两人乃天庭"蓝青二使"，此次是奉玉帝旨意，要前往漳州播撒瘟病，让百姓感染瘟疫裁减人口。池然听了，心中一惊，暗道："瘟病一起，必将生灵涂炭，遍地尸骨……自己才刚刚要上任，子民却即将遭此大祸，于心何忍？正所谓'当官不救民疾苦，宁愿回家种甘薯'，不如以一己之身代替万千生灵！"主意一定，池然不动声色，故意笑道："两位说大话了吧！漳州百姓那么多，你们有什么办法让他们一夜之间染上瘟疫？恐怕是危言耸听吧，哈哈……"酒意正浓的二使一听就急了，只见青脸使者随手探入怀中取出一包药粉，说道："我骗你做什么！看，这是瘟药，只要明日我们暗中将此药投入城内各口水井中，人畜饮用井水，瘟疫便会传播开去，到时候……"二使自知说得太多，便打住。池然瞟了一眼青脸使者手上的药包，假装吃惊地说："此药果真如此厉害？能不能让我开开眼界？"一旁的蓝脸使者连忙低声对青脸使者说："天机不可泄露，不可乱来！"青脸使者顿悟，随即脸露难色，对池然说道："此乃天大的机密，不可，不可！"池然假意生气地说："我与二位一见如故，把二位当成知心朋友，坦诚相待，没想到二位却把我当外人。也罢，也罢！算我看走眼了，哼！"说完还重重地拍了一下桌子。青脸使者稍一迟疑，说："罢了！你我相逢也算有缘，想必池兄不会将此事泄露出去，让你瞧瞧也没什么大

不了的。不过,此药剧毒,小心碰到身体。""那当然,那当然,我怎
会拿自己的命开玩笑?"池然心中暗喜,连声说道。蓝脸使者正要
阻拦,青脸使者道:"不让池兄看,显得我们不够朋友,让他看看无
妨。"说着,便将手中的瘟药递给池然。池然接过瘟药,解开药包,
无心细看,马上倾入口中,吞进肚里。二使者一看,大惊失色,连
忙要池然吐出。池然哪里肯从,不一会儿便毒性发作,满脸泛黑,
双眼突出,中毒而死。二使者失了药,无法播撒瘟疫,漳州府的百
姓就此免遭一场灭顶之灾。

翔安人感念池然舍一己之身而救万民之难的高风亮节,便建
元威殿,祀奉池然为"池府王爷"。如今,台湾有池王庙三百多座,
常有台胞"马巷寻缘"到马巷元威殿祖炉拜谒池府王爷。漳州地
区前来元威殿祖炉"请火"的更是络绎不绝。池王爷信俗也被列
为厦门市非物质文化遗产保护项目。

第二节 民俗

民俗是民族或社会群体在长期的生产实践和社会生活中逐
渐形成并世代沿袭、较为稳定的文化事项,可以简单概括为民间
流行的风尚、习俗。民俗不会一成不变,而随社会发展变化。本
节从婚、丧、喜、庆、节五个方面重点介绍翔安一带的民俗文化。

一、婚俗

婚姻是人类繁殖、延续的方式,历来为人们重视。男大当娶,
女大当嫁。翔安人的婚俗旧例未除又添新例,越发隆重奢华,程
序仪节更加繁缛。其实,万变不离其宗,都可以归结为议婚、订婚
和迎亲三个阶段。各地婚俗也大同小异,翔安最具特色的是"绺
头"和"拜祖"

(一)绺头

"绺头"即行成年礼,民间认为,只有经过"绺头"仪式洗礼的

男女,才算"大人",以后才能扛佛辇,抬出葬的棺木,有剪裁仪式时才能给人家剪彩。结婚但没举行"绺头礼",不算是"大人"。家中父母如未举行过"绺头礼",其子女也不能举行"绺头礼"。子女想举行"绺头礼",应让父母补行,然后他们才可以举行(父母未举行"绺头礼",子女先举行,子女成了"大人"而父母还是孩子,这是对父母的不尊敬)。父母补"绺头"时,儿女们要在一旁戴粪斗,称"忝子戴粪箕,未成人先生子"。

给人家"绺头"的人叫"好命佬""好命婆"。"好命佬""好命婆"是家族中的长辈,父母子女皆健在,婚姻和睦,且在家排行是中间(排行老大、老小都不能给人家"绺头")。

"绺头"一般在婚礼当天,新娘刚入门是在厅堂中举行(也有新郎新娘各自在清晨"绺头"的)。"绺头"须准备的东西有:高、低新竹椅二把,米筛一面,篾笠一顶,加笐(竹编的圆形晒具)一张,花被、褛裯各一条,新木梳、虱篦(捉头虱用的器具)各一把。仪式前,先在神位前摆十二道菜,焚香、点烛、拜祖。厅中点亮"天公灯","中案桌"上摆只"绺头鸡"(公鸡)以及肉、炸枣等。

"绺头"时,"中案桌"上要点"斗灯"。所谓"斗灯",是在斗里盛满春粟,正中放一只升,升四周的谷粒上放十二个铜钿,升上放一只碟子,碟内盛花生油,一条红纱线浸在油里,一头伸出碟沿,点火使之亮。升后插一把木尺、一把剪刀和一面方形镜子。"绺头"完了之后,"斗灯"移放到新娘房的梳妆桌上,要让灯火长明。

"绺头"时。男女穿上称为"绺头衫仔裤"的白布衫、黑裤子,端坐正厅祖先神位前的竹椅上。男子朝内坐,女子朝外坐,意为男子成年掌家,女子成年外嫁。神位前放一大加笐,上铺红毯一条,毯上放一小竹椅,搁脚用。然后由"好命佬"从后面梳头。梳好后,男子用红丝线束发,戴上礼帽。女子"绺头"须先"开面",即用红线绞去脸上汗毛,梳好头后,把凤钗插在发髻上(有"绺头"的女子到老亡后,也要把凤钗插在发髻上)。在梳头时,"好命佬"要对男子念"绡头戴冠已成人,出门坐大位,食人头杯酒,说人头句话",意即新人从此受人敬重。对女子念"头发梳起,坐金交椅。丝线垂下碰到鼻,家庭真顺利,岁寿吃百二,绡头上过来,来年添丁和进财,绡头上得好,夫妻共保老,白头到老",意即将来过好日子的祝福。

"绡头"之后,男的戴帽成了新郎,女的戴上冕旒(凤冠)成了新娘。

(二)拜祖

翔安古民俗,结婚当天,新郎新娘要到宗祠祖庙去祭拜祖先,称"拜祖"。

从婚庆家的厅堂出发,拜祖的队伍蔚为壮观。打头的是两位少年提着写有姓氏的大红灯笼,并行开道;紧接着是四位(两位也可)鼓着腮帮吹唢呐的号手;随后是一大帮挑着"五牲""佳肴",抬着整笼屉"发糕""炸枣"的壮汉。后面便是新郎和新娘。新郎头戴缠着红丝线的礼帽,上方左右各插着一支"金花",身着青蓝色长衫;新娘头戴凤冠,罩着红盖头,上身穿红缎"西衫",下身着又宽又长的红裙,手里还握着折起的"番巾"(黑白方格相间的帕子)。新娘由媒人挽着,边上一群"新娘伴"拥着。紧跟其后的是一位抱着一卷草席的男童。压阵的是亲戚朋友和围观的乡亲邻里。来往穿梭的几个年轻人,手里托着盘子,盘里盛满红糖、饼干、糖果、香烟,一路向观众分发。几个调皮的小孩,故意往拿托盘的人的胳膊一撞,盘里的东西洒落一地,小孩子们蜂拥而上,连滚带爬,抢着东西吃,引起哄堂大笑,好不热闹。

进入祠堂,神主龛前的案桌上点亮两支大红烛,几张八仙桌上摆满供品。看热闹的和吹唢呐的分站大厅两侧。厅堂中间腾出空地,抱草席的小孩在供桌前铺开草席。媒人从香炉取出燃着的香支分给新郎新娘(每人三支,礼拜之后插回香炉)。这时,唢呐声奏起,新郎新娘随着唢呐声的节奏,双双下跪叩拜(须三跪四拜）。跪拜时，媒人除了伺候新娘起落之外，还要念吉祥语"子孙拜祖公，行行（辈辈）丁财旺""媳妇共恁跪，保好脚迹位（走到哪好到哪）"。就在新郎新娘专心跪拜的时候，有些调皮的小青年，故意拉新郎的后腿，让新郎趴倒在地；有的故意拥挤，让新郎新娘撞在一起，引起哄堂大笑。

就在祖祠里，小孩声、唢呐声、议论声响成一片之时，祠堂门口的鞭炮轰然爆响，人们挤挤压压地从祠堂里拥出来，围观的人群散去，拜祖的人群在唢呐声、鞭炮声中，边说边笑地回到喜庆的主人家。

拜祖时，如果新郎的祖父祖母都健在，可以在厅堂摆上交椅（常用太师椅），上铺红毯，让祖父祖母分作两边，连同祖先一起，让新郎新娘跪拜。

二、丧俗

寿终正寝是人生的句号，盖棺而定论。翔安人办丧事，既有凄切恸哭的哀思，又有锣鼓鞭炮的喧闹，真是悲喜难分，故为"红白喜事"。最让人刻苦铭心的是"出山"的场面和"讨人命"的纠结。

（一）出山

翔安人说的"出山"，指的就是出殡（出葬）。国人自古崇尚厚葬习俗，世人有"生要生在苏杭二州，死要葬在福建泉州"之说。同安自古隶属泉州府，传统丧葬历来隆重热烈，后来虽有改革变化，删繁就简，但基本的旧俗流传至今。

旧习采用土葬，因此，"出山"以灵柩为核心，分为"绞棺""转棺""旋棺""启棺"四大程序。

"绞棺"又称"绞龙"。"丧脚"即抬棺木的壮年男人（须是绱过头、结过婚的）腰缠白巾，脚穿草鞋，把长木杠（俗称"独龙杠泉"）用粗麻索绑在灵柩上，木杠两端又连着较小竹杠，每端一般由四人或八人抬。临近"出山"的时刻，孝男、孝妇、丧眷们扶棺痛苦，叫"哭棺材头"。"绞棺"前,由一"丧脚"用棺索使劲朝灵柩上甩三下,告诉死者起灵,实际上是提醒悲痛欲绝的哭丧者不要抱住棺木不放。"绞棺"结束后,在灵柩上覆盖一条红毯,罩上棺罩。棺罩是彩扎的宫殿和古装人物,边垂绣帘至灵柩。顶上有吉祥物昂首挺立,前有五彩斑斓的彩塑昂首龙头,后有龙尾翘起,中间部分男女有别,男性用麒麟,女性用凤凰,象征着死者不死的灵魂由吉祥的麒麟兽或凤凰鸟陪伴着西去,直抵极乐世界。

"转棺",就是灵柩从丧家的厅堂抬出,移至出殡的场地。"转棺"前应在门口"敬轿夫"。所谓"轿夫",都是用竹条和彩纸糊的彩扎,有栩栩如生的大轿,四个轿夫,也有男佣女婢,甚至有"大九架"屋、脚踏车……用"三牲"祭敬后,烧纸钱时连这些彩扎一起烧掉,死者就可全部收到。大通鼓擂响,唢呐齐鸣,"转棺"开始。孝男肩扛"幢幡"(即"招魂幡"),手执"孝杖"(即"哭丧棒",戏称"兔仔尾")和戴着"甘头"的孝妇都紧趴灵柩(棺材头朝前)步出大门,沿途哀嚎恸哭。孝男由于涕泪不能擦拭而低垂着头,任由满面涕泪颤悠悠地垂挂下来。孝子孝女们紧紧跟着,捶胸顿足。媳妇痛不欲生,越是哭得惨烈,越显示对死者孝心。灵柩到了出殡的场地,架在两条事先摆好的长凳上,周边地上铺满稻草,孝男孝女趴柩痛哭,其余子孙跪坐草上哀啼。

"旋棺",就是丧家子孙排成长串,由和尚(或道士)引路绕场三周。这时,灵前已排起三溜供桌,摆放着丧家的"五牲"全席,次为女婿、孙婿的"三牲"或"五牲"祭品,其他亲戚的祭品随后,乡邻宗亲的祭品放在最后。最后的桌子上挂的彩布遮着桌脚,彩布下放一只盆,盆里的土植一颗菅草。"旋棺"之前,和尚(或道士)先要诵经作法,又是念"十月怀胎",又是念咒语;一会摇铃,一会吹牛角,一会儿打大钹。事罢,便引着丧眷们绕场三周,每到供桌前,个个都得叩拜。"旋棺"完毕,孝男孝女们又痛哭嚎啼着扑向灵柩,余者回稻草上席地而坐。"旋棺"绕场时,大通鼓要猛擂,唢呐要劲吹。雇有殡仪队舞狮弄龙的,就轮番登场献艺。表演结束退场后,供桌前的地上铺四条草席,前三条相接,桌前那条上铺红毯;另一条在远处,是"陪拜"的跪席。

祭桌边一左一右站着"站桌头"的司仪,他们点燃一大把香后,熄掉火点,奠祭开始。和尚(或道士)引来本家先进行家祭。拜毕,孝男钻进供桌底下,谢拜送葬祭拜的亲友。祭拜以先亲后疏为序,逝者是男,由女婿先;逝者是女,由"外家"先。旧式祭拜应以古礼形式。执拜者从中央的草席进入,掀起红毯一角,向"站桌头"的司仪取两支香,行香三拜后付还,退至有红毯的草席祭拜;双手贴掌举高不过眉,下跪前放下分开不过脐,起立后再拜再跪,重复"三哀四拜"。接着,跪行至桌前草席,"祭酒"致哀(即双手奉执小酒盅,把酒水浇于桌下盆上的营草土上),三巡过后,起立再拜而后下跪伏地,口中"吠、吠、吠"三声哀嚎,再起立复拜,重复"三哀四拜"。最后退至第三条席,再"三哀四拜"。就在客人拜祭时,远处席上,有一男宗亲跟着同步陪拜。

女宾不必祭拜,但可代替男人祭拜。祭拜时,不罩"甘头",简单叩拜即可,不必下跪。

"启棺",就是抬起灵柩运至墓地。"丧脚"各就各位抬杠上肩,灵柩离凳时,众人应头转别处,不能看(防"煞")。抬离时,"丧脚"应一脚把长凳踢翻(表示不再放棺木)。此时,真正的"出山"才算开始。打头的是两个抱着"草龙"的人,各抱一条又长又粗的草绳,龙头被点燃,火烟升腾,上路疾跑,这是给死者阴间照明的。接着是"灵旌"开道,黑布白字写"×代大父或大母"字样,有子称"三代",有孙称"四代",有曾孙称"五代",都虚增一代。随后是俩女婿并行左右路测沿途"撒金银"(即黄箔、白箔纸钱),相当于付买路钱。没有女儿的,生前要早早认个干女儿,以享受死后的这种待遇。紧跟着的是一大帮扛着"挽联""挽轴"的队伍,"挽联"和"挽轴"都是亲朋好友赠送的。"挽联"上贴对偶句,如"九天来新客，八仙多一人""云天飘渺骑鹤去，桑梓喧腾入梦来"等。"挽轴"上贴四字单句，如"乘龙西归（驾鹤西去）""瑶池添座""百世流芳"等，都有致敬者的落款。和尚（或道士）引着灵柩缓缓而行，孝男举着"幢幡"，握着"孝杖"，伏棺嚎哭，孝妇、孝子、孝女及送葬的人簇拥相伴。

"出山"的行列往往蜿蜒如蟒，更有丧家雇来或是亲友出资雇来助势的锣鼓队、音乐队、舞狮舞龙队、踏跷队，大通鼓队、唢呐队穿梭其间。丧家的招待人员，手提装着糖果和香烟的黑漆竹篮，跟在队伍两旁伴行，不断给送葬的人们递烟送糖。更有那放鞭炮的年轻人，嘴里叼着烟，不停地扔着鞭炮。

孝眷哭声凄切，亲友步履沉重，队伍徐徐而进，气氛肃穆，但那此起彼落的鞭炮声，喧天的锣鼓声，文艺队的出彩表演，却使人又感到气氛是热闹的，真是悲喜难分。这也是人们把人生最大的悲事——死亡和人生最大的喜事——结婚均视为"喜事"（即"白喜"和"红喜"），习惯地把两件性质截然不同的事扯在一起，合称为"红白喜事"。翔安这样的独特丧葬习俗，把"红白喜事"诠释得淋漓尽致。

（二）讨人命

翔安有这样的民俗：女人死亡，不论是年老的寿终正寝，或是年轻的暴病英年早逝，娘家人未到不得装棺入殓，这寓有验尸之意。

要是女人（包括入赘的男子）死得冤，无论上吊或投井自寻短见，娘家人就会纠集一大帮人去"讨人命"。

能人和善者不来，来者不善，兴师问罪来的男男女女中，不乏能言善辩、气粗如牛的莽汉，他们为亲骨肉讨公道而来，是来寻仇，找茬，挑事的。他们群情激愤，怎样让人难受就怎样做，什么最不吉利就说什么，最忌讳啥就干啥。

他们来讨人命，把平日女儿回娘家诉苦、告状的内容全倾泻出来。冤有头，债有主，一定要把逼死女儿的罪魁祸首揪出来惩处，把帮凶找出来问罪。人在悲伤、懊悔、自责之余，婆家还有担忧、害怕。那些与亲人之死有瓜葛的人，自知娘家来人不好惹，早就躲得远远的，只好让邻里有头面的，能说话的人出来招架——解释、劝慰、安托。

主人不敢出来见面，更让"讨人命"的人们找到借口：我们是来"走亲戚"的，难道不值得你一见？于是，呼唤着、簇拥着要把尸体抬到屋里的床上，有的开始砸锅摔碗，有的打翻桌椅……甚至到村里四处寻人，扬言要把凶手捉来和死人一起埋葬！尽管如此，主人绝对不敢露面。

古时候有个媳妇虐待婆婆。有一次，婆婆忍无可忍，与媳妇理论了几句，媳妇不但破口大骂，还拿厨房扒"火灰"的铁叉朝婆婆头上猛击，可怜的婆婆怒火攻心，一命归天。婆婆的娘家前来"讨人命"，把那恶媳妇抓出来示众、咒骂、羞辱……后经乡绅调解，处罚其媳妇穿麻戴孝，披头散发，左手提水桶，放长绳子在地上拖着，右手也拖着锄头，到众人吃水的井里打水，给死去的婆婆洗脸理装，让众人耻笑指责，以示训诫。还罚媳妇每逢初一、十五早晚餐为婆婆供奉饭菜，哭祭亡灵，直至周年，以示痛改前非。从此相沿成俗，不管死的是谁，即使是善终的，也如此办理，成为吊孝的风俗。

其实，即使有真凶，站到了你面前又能如何呢？当时官府也不管这事，即使送官也没用！除了让你数落一番、推推搡搡之外，又能怎样呢？再说，主人真出现在跟前，万一场面失控，"讨人命"的一方与"劝架"的一方争执起来，就会变得不可收拾。

于是，事主一方的乡绅出来打圆场："人死不能复生，再怎样也弥补不了的，还是让逝者先'入土为安'吧，其他一切，事后再理会。"

娘家来的人想想也是，人既已死，活人还得过日子，还有传下的儿女在,往后亲戚还得来往呢,打成死结,日后不好见面!再说,砸也砸了,闹也闹了,还能怎么样?只能适可而止,见好就收。于是,有的嫌给死者穿的寿衣太旧,要换新的;有的喊,我们来了这么久连口水也没有?

乡绅见来人"怒火"稍退,就不失时机也吆喝帮事的端茶递烟,筹办酒菜。就在茶水、酒菜降温的时刻,不知什么时候主人已拖家带口地围着遗体嚎啕痛哭。见状,前来"讨人命"的人们都动了恻隐之心,有的眼圈泛红、喉咙哽咽,有的落泪拭涕,就连那些闹得最凶的也摇头叹息,脸转一旁……

临到末了,帮事的给来者戴上红线,再三递烟道歉,叫来一帮子抬轿的、载车的、牵马的,让来人乘坐,就算鸣金收兵了

三、喜俗

婴儿出生,表示后继有人,是一大喜事。翔安人旧习"重男轻女",生了男孩才算"出丁",最隆重的是"做满月",最奇怪的是"取贱名"。

(一)做满月

"做满月"指婴儿出生后一个月时所行的礼仪。婴儿出生一个月称"满月",旧时谓为"弥月"。"弥月"泛指婴儿出生满月,此时须庆贺一番,谓之"做满月"。

满月这天,主人家请来煮油饭的好手,能一次做数十上百斤糯米油饭,绝无烧焦的,还要煮红鸡蛋。油饭、红蛋要送媒人,送邻里,送"做月内"时送礼祝贺的亲友,尤其要送娘家。送娘家的油饭不只一份,还要备办娘家转赠其亲属的份额。娘家回之以"满月圆"(即红色圆扁的馒头)相贺。娘家贺礼里还要有香蕉,祝愿外孙明年招来小弟弟;染红的熟鸡蛋,祝愿外孙身躯硕壮,脸庞像鸡蛋那样光洁丰润。生女婴的,娘家还要加送猪肚,表示要给女儿"换肚",下一回给婆家生个男婴。婆家就把娘家送来的贺品分搭在各油饭盘里,分赠该送的人家,如数量不足分配,自己再添补。收

到满月油饭的人家,留"油饭头"后,将粳米、面线、面干用红纸包上作为回礼,或以红包一对致贺。满月送油饭的风俗盛行至今。

"做满月"时,要给婴儿剃掉头上的胎毛,叫"剃满月头"。俗信婴儿胎发来自母体,不免带有"汗污",若未剃发就抱至厅堂,其"秽气"将会触犯祖灵、灶神及其他神明,对婴儿不利,故须剃光头,一则剔除秽气,二则希望婴儿头发快快长粗长密。满月剃头不一定要正好满一个月,但剃新头必须是"做满月"的当天。太早剃头孩子比较顺性,超日太多,孩子个性会比较强。男婴选出生后的双数日子,女婴则选单数日。有的选在婴儿出生的第二十四日,意应古代"二十四孝"故事。剃满月头时,主人家多请年高艺精的剃头匠来剃。先将鸡蛋、鸭蛋、荆芥和水煮成"剃头水",蛋黄和青葱汁拌合备用。理完发后,从水中拿起鸡蛋和鸭蛋在婴儿脸上、身上滚动比划,口中吟道"鸡蛋面,鸭蛋身",美言婴儿健美。再将蛋黄葱汁涂抹头顶,可以帮助去掉头上的污垢。加葱是暗喻婴儿将来聪明,"葱"与"聪"谐音。剃下的头发,以石子压重,用红纸包着,放置厝顶,意喻婴儿头顶上将有毛发再生。剃完发,主人家以红包答谢师傅,另馈之红蛋或请吃蛋、线面之类的点心。剃头后,还要为婴儿洗澡,一些地方洗澡盆里要放两片柚叶和蛋壳。洗过澡让孩子穿戴一新,通常是穿外婆家送的衣服,戴外婆家送的帽子,身上的银饰也是外婆家送的。因此,翔安有人把满月时娘家送的帽子称作"剃头帽"。剃完头后,可由女孩背着到邻居家去溜一圈。满月的产妇可以出房走动,抱着婴儿拜祖拜神,展示婴儿的姣容丰姿,阖家充满喜气。

满月当日,家长还要设宴请客,俗称"满月酒"。赴宴的客人要送贺礼。筵至中途,父亲抱出麟子,来客起身,依次抱抱婴儿,说一句吉利的话,如祝贺孩子健康长寿、富贵、聪明,馈赠红包,称"结耳带"。

古时,富有人家,婴儿"做满月",多豪华奢办,家宅张灯结彩,大宴亲友宾客,还请来戏班搭戏棚演戏,热闹非凡,应酬很大。贫穷人家没有这样的排场,但也充满喜庆气氛,量力而行地答谢"做月内"时雪中送炭的亲友。

(二)取贱名

古人的名字不但有姓、名,还有字、号,常人都想方设法取个好听、好叫,文雅有内涵的名字。但是,旧时代的翔安人却习惯取贱名,用又粗又俗的字眼为新生儿取名,认为名字越丑陋越好养。

原来,旧社会经济落后,医术水平又低。当时义盛行"多子多福"的思想,许多夫妻都生了一大群孩子,却又无力抚养,孩子生病了,也没钱医治,许多小孩未成年就夭折。父母伤心失望之余也无能为力,以为孩子的命根不硬,斗不过妖邪,或名字太显眼,让神鬼盯上。于是,取个低调的贱名消灾。

有的以猪、狗、鹅、鸭为名,希望孩子像牲畜那样,"戆戆食,胖胖大",在恶劣的环境中顽强地存活下来。

有的孩子很"金贵"、稀罕,却取名为"九使"(狗屎)、粪扫(垃圾)、涂沙,都是粗俗无用的东西,认为臭臭贱贱,才能无病无恙。

有的孩子明明聪明、灵巧,却取名大呆、"倥坎"(傻子)、戆仔、乌番,心想没头脑,会博得怜悯,不受纷扰。

有的孩子明明长得清秀、靓丽,偏偏取名歪头、凹鼻、阔嘴,以为名字丑陋不会引人注意,省得惹麻烦。

有的对孩子很器重、宠爱,故意为孩子取名"乞食"(乞丐)、唔捽(丢弃),觉得连亲生父母都厌烦、嫌弃的人,谁还会理睬?

有的明明是男孩子,却取女人的名字——"心富仔"(童养媳)、"查某"(女人)。在重男轻女的年代,女人的地位卑贱。

贱名一般只在儿时使用,上学时或长大后便正式命名,时间一久,贱名就渐渐被淡忘了。可也有贱名叫惯了,取了正名少有人叫,贱名跟人一辈子的。这就闹出了不少趣事:媒人给一位姑娘介绍一个叫"金发"的青年,姑娘的父母到准新郎的村子探听,全村竟没人知道有人叫"金发"。媒人这才想起,"金发"小时候叫"大呆"。于是,姑娘的父母又到该村探听"大呆"的情况。进村一问,这村竟然有三个叫"大呆"的。原来,"金发"取了正名后没人叫,让人一直叫贱名。无独有偶,一位久居海外的华侨回故里寻找儿时的玩伴,玩伴叫"大呆",找遍全村,都没有一个叫"大呆"的,老华侨以为也许"大呆"已经过世,心里觉得很是沉重。正在扫兴之余,他看到榕树下有个老人在喝茶,凑前一看,脱口而出"你叫'大呆'吧",那人的额头还留下儿时打架留下的伤疤。原来,那个儿时叫"大呆"的,早已改名叫"福寿"了。

取贱名,这个翔安的古老习俗,包含多少父母的心酸与无奈,它与取昵称一样,也表达父母对子女那份浓浓、深深的爱。真是可怜天下父母心呀!

四、庆俗

"欢庆"翔安方言是"闹热",嫁娶要"闹热","佛生日"更"闹热","闹热"的方式普遍都是"做敬"(设醮)、演戏等,唯独马巷曾林村的四月初八"双佛公"生日,以举办"走帝"最特别。

起初是男孩骑竹马赛跑,跑快者有奖,"走第一"说快了就说成"走帝"。后来,人们觉得骑竹马赛跑太一般,不刺激,于是改成赛骑真马,远近乡民争先恐后来观看。可是,赛马须马匹和骑手,参加者有限,不能普及。赛马很危险,不是骑手摔伤,就是惊吓观众,渐渐改用如今的方式。

曾林村的"走帝"民俗得从信奉"双佛公"讲起。明朝时,蒋姓货郎傍晚回家,路过沈井村前的乌笼溪,遇见两个光着身子、一丝不挂的小孩在溪边戏水。小孩看见货郎就缠着跟他回家。货郎把两个小孩抱进货篮里挑回家,等把盖子打开,孩子成了两尊佛像。那天夜里,货郎梦见那两个孩子,说是纣王的双胞胎儿子,一个叫殷蛟,一个叫殷龙,是"日月二大使",会保护老少安康、五谷丰登。人们把来自溪边泼水嬉戏的佛像称为"相泼公",因为是两尊,干脆称"双佛公"。不知哪位先人根据孩子好动、好胜的特点,创造了"走帝"的祀典形式。

50年代初,赛马再举行过一次,从此就不再举行,只留下通往马巷的"马路沟"(近年填平盖了房屋),而赛跑形式的"走帝"从未间断过。

"走帝"的规则是:参赛者年纪相当,临时凑合,分成两组,每组四人,两前两后,抬着竹椅轿,两边是四米长的竹竿,上有婴儿座位。主持人锣声一响,两组抬着轿跑,先拿到一百多米外的红旗者为胜,胜者每人都可得一份丰厚的奖品,输的那组每人也有一份奖品,只是价值略差一些。

本村外村的人都可以参赛,本村人要让外村人,两组都是外村人时,奖品就特别高档。因此,"走帝"的影响很好很大,十里八乡的人都来大显身手,观看比赛。于是分成两个赛区,"顶份"在松柏园,"下份"在家尾埔,同时举行。

早年比赛只限男孩子,后来连成年女孩也下场较量。新中国成立后,男女平等,女孩子、中年妇女也可参赛,"走帝"更有意义,也更热闹。赛场上,笑声鼎沸、人头攒动;村道上,人来人往,车水马龙。

"走帝"的奖品全部来自善男信女的奉献,早年是糕饼、糖果之类的祭品,红鸡蛋、手帕、毛巾就是上好的奖品。随着人们生活水平的提高,奖品越来越多,越来越高级:玩具、家杂、衣服、童车、工艺品、挂钟、手表、毛毯、洗衣机等各种电器……由于奖品太多,每年"走帝"都要赛三天。

五、节俗

在农耕时代,时令季节的变化与人们的生产、生活息息相关,节庆的时间和过法已然约定俗成。在翔安,有两个节俗独具特色。

(一)元宵节

翔安人过元宵不吃汤圆,也不悬挂花灯,而以更丰富多彩内容和形式欢度良宵。

1.迎灯

小孩子最盼望的是"上元迎灯"。早早地就动手制作各式各样的花灯:有六面体的"斗仔灯",可高举的"关刀灯",还有"莲花灯"和精美又有趣的"走马灯"等。

正月十四到正月十六这三天都是迎灯的时间,每晚吃过晚饭,迎灯就开始了。各家孩子提着灯笼走出家门,走家串户相邀,队伍越结越大。随着远近的鞭炮声,孩子们和着欢快的节拍唱童谣,"上元举灯迎赴赴,饲大猪佮起大厝,家内要啥逐项有,嫁查某仔娶媳妇","上元迎灯锵锵滚,东一阵西一群,到恁兜报好运,今年发财大有春"。当然,也有调皮的孩子恶作剧,故意唱:"上元迎灯迎加蚤,放屁赛葶吼!"

上元迎灯的习俗是由挂花灯演变而来的。相传古时候,天上有一只神鹅降落到人间被猎人射杀,玉皇大帝为此大发脾气。为了替神鹅报仇,玉帝下旨在正月十五这天派天兵天将来人间放火,要把人间的财产全部烧光。天宫中有一个善良的仙女冒险到人间报告这个消息。于是,人们想出个办法,决定正月十五前后三天,家家户户门前挂红灯,同时放火花和火炮,把人间装扮成起火的样子以骗过玉皇大帝。到了正月十五,天兵天将准备下凡放火,一打开天门,就见到凡间处处火光冲天,以为已经着火烧掉了,于是回禀玉皇大帝。这个办法保住人间的生命财产,成为风俗流传至今。

2.点灯

上元节也是祭祖的日子。凡是在过去的一年中结婚的或生了男孩的,都要到祖庙里点灯。结婚的称"成丁",点的灯叫"大灯";喜添新丁的人家,点的灯叫"灯仔"。从正月十四到正月十六这三天,入夜时分,都要举灯到祖庙的祖龛前把灯点亮,摆在案桌上,称"会灯"。这灯一旦点亮,就要让它一直亮着,回家后放在"中案桌"上也不能吹熄,只能等它油枯火自灭,第二晚再点。

正月十五上元这一天，凡是点灯的人家，不论"大灯""灯仔"，都要备办丰盛的祭品到祖庙去"孝祖"。必备的主要祭品有两项：一是满满笼屉半尺厚的超大"甜粿"（年糕）；二是"拾瓯"，即用一个大钵子盛装叠垒得高高的鸡鸭猪肉。祭孝完之后，要把甜粿和猪肉切块分送给邻居和亲戚。正月十五晚上还要请戏班来演"灯戏"，由去年点灯过后第一个生男孩的家当"灯头"，主持操办，费用由添丁的人家分摊。如果是既有"大灯"，又有"灯仔"，那是最有福气的"双灯"，戏钱自然要出双份。有的隔天十六日还要操办宴席，宴请宗亲和亲友，元宵节才算过完。

3.听香

翔安人盛行"听香"的习俗，一年中可供"听香"的日子有三次，元宵节是第一次，还有七夕和中秋。所谓"听香"，就是带着点燃的香到别人家去获取谶语，回来析解。

"听香"应在夜深人静的时刻进行，俗语说："亥时听，最有影（灵验、真实可靠）。"开始时，必须在土地公神位前上香、"博杯"，让土地爷指示"听香"的方位，要连博三"胜"杯才算数。接着，带着点燃的香枝和"杯扣"（借助"神力"），按土地爷指示的地方寻找有动静的人家。路上必须避开过往的人，被人撞见，所获的信息就失灵无效。到了被"听"的人家，要选择在屋外的窗台边，不能在门外，因为门会有人出入，容易被发现。窃听时，要默不作声，不要随意走动，以免让屋里的人警觉。

"听香"的人从人家那里听的第一句话或第一段话是最准、最可靠的，其余的无效。回家后，通过"博杯"，让土地公判断确认信息的真伪。如果连博三次都不是"胜杯"，说明信息是错的，必须重来。连博三次"胜杯"，表示信息是可信的，就可对那听来的谶语进行意会，领悟，推测，俗语称"圆香"。例如：有个大娘独生一女，有人正介绍一男子入赘，大娘很想知道这男的是好是坏，趁元宵也去"听香"。从那家的窗缝里窥视，一个小孩正哭着说，奶奶做的"难抛灯"和人家的比不得。果然,这女婿入赘以后,好吃懒做"天天醉",把好好的家给毁了。

4.敬棕蓑娘

利用元宵节敬棕蓑娘仔,是未婚少女专有的活动(参加者是十至十八岁的女孩)。事先女孩每人要亲手缝制一双黑布料的、不足一寸长的小鞋。

当晚,相邻而居的几位少女一起敬棕蓑娘仔,可在厅口进行,也可在花丛下进行。在一条长板凳上放着各自的"小鞋""桃枝"和两三碗饭菜。女孩们端坐在矮小的椅子上,焚香后小声念着:"棕蓑娘仔来保庇,互阮好命好福气,爸母疼爱真贵气,事事项项都满意。"调皮的男孩总是跟在旁边恶作剧捣乱,在一旁吆喝:"棕蓑娘仔棕戽戽,一手偷食一手勒裤。"

过了一阵子,女孩们用桃枝挑着各自的"小鞋",放在烧着纸钱的火焰上,把"小鞋"烧成灰;接着把带来的供品分着吃掉;最后手拉手到平日舂米的地方去"坐碓",还口中念念有词:"坐碓得富贵。做碓臼,逐项有。坐碓头,会变势。做碓中央,会梳妆。坐碓尾,会蒸粿。"那群臭小子们还是紧跟不放,嘻嘻哈哈地叫喊:"坐碓势放屁……"女孩们在心里骂"讨厌",却都忍不住抿嘴笑。

(二)中秋节

全国各地农历八月十五中秋节,都是用饼祭奉月华,然后吃饼赏月。翔安人不以饼祭月,而用饼当赌注博中秋饼。

据考证,中秋节博"状元饼"的首创者是郑成功。当年,郑成功举起"反清复明"的旗号,以厦门为据点,操练水师,准备挥师收复台湾。那年中秋节,人逢佳节倍思亲,为了稳定军心,安慰士兵思乡情绪,以骰子赌月饼的娱乐形式,让大家在欢乐中消散乡愁。这事影响到民间百姓,相沿成俗至今。

用来赌博的月饼以旧科举制等级来分类,故称"状元饼",每盒为一会,又叫"会饼"。共有六十三块大小不一的饼,依次为:一个"状元",两个"分片",又称"对堂"(探花、榜眼),四个"三会"(即会元),八个"四进"(进士),十六个"二举"(举人),三十二个"一秀"(秀才)。每盒会饼都配有一对红纸做的"金花",中得状元的可兼得。

"博饼"时,用手抓起六粒骰子掷在大碗里,按骰子的等级拿饼归己所有。具体如下:四个红四和两个红一为状元插金花,可得状元和两个对堂且不被追缴;六个红四为六勃红,可得整会的饼,但不能追缴状元插金花所得;六个红一为遍地锦,可得桌上所剩之饼;六个同一黑色为六勃黑,已得之饼由大家吃;五个红四为五红,带六最大,带一最小,待决出状元;五个同一黑为五子,带点多的胜,但得再待决出状元;四个红四为状元,带十二最大,带三最小,要在其他饼均已取完时博得,才能取饼。如再次博得状元,带点大小可进可退计算;从一至六都有,为"分片",可得"对堂"一个;三个红四为三红,可得三红一个;除状元外,凡四个相同的称"四进",可得四进一个,若另有红四可兼得;两个红四为二举,可得二举一个;一个红四为一秀,可得一秀一个。

除了以上规定之外,还有许多细节规则,如掷骰子时,骰子掉落或跳出碗外,或碗里的骰子歪斜,是否视为作废,都需事先"明呼"约定。参加"博饼"的人数不限,依逆时针方向轮流掷骰子。博得状元以后,应拿回"状元饼"上香敬土地公,把"金花"插进香炉,表示幸运。

现在,中秋博"状元饼"已为国家级"非物质文化遗产"。

第三节　礼仪

本节阐述的礼仪是翔安人在遭遇婚、丧、喜、庆时为人处世的基本习俗。在人际交往中,礼仪不分轻重,俗语说,"千里送鹅毛,物轻情义重",礼仪是不断发展变化的。

一、嫁娶诸礼

娶方应付聘礼给嫁方,嫁方应办陪嫁嫁妆。

迎亲时,新郎、新娘和双方的父母应给"担灯舅"送"红包",无男孩充当"担灯舅"可用衣服代替。主人以肉、糕、炸枣回礼答谢。

结婚当天,应给邻居分送汤圆(每户一碗),也有分送"兜面"粥的。

结婚宴客时,母舅桌应设在自家大厅里,母舅坐"大位",母舅未到,宴席不可开始。

嫁孙女时,祖母要"食羊脚",男方应送全羊,祖母应在羊角上挂金项链、手镯等,且不可享用,男方取下金器后再返送才可享用。

岳父请女婿,女婿要"买单"付宴席的费用。宴席应设在大九架的大厅中,宴桌应是两桌合并的,坐的是琴椅。

"头倒客"时,娘家应送"娶路鸡"一对(雄雌各一只),连头带尾的甘蔗两支,甜油饼和花生。

二、丧事诸礼

老人去逝装殓后,邻居主妇应带纸钱前去吊唁,主人应在其头发上系红丝线。男亲戚应从大门跪进边呼"吙、吙、吙"至灵柩前,女亲戚应从村口哭着进门。

祭奠时,邻居应办"三牲"并祭拜,主人在"三牲"上放"糖粿仔"答谢。亲戚应办"三牲""五牲"并到灵前祭拜,主人在祭品上回礼"糖粿仔"、红糖、纸钱和香答谢。

未完婚的准女婿、准媳妇参加祭典不必办祭品,也不必祭拜,主人还要给缀钱的"红绫扮胛"

丧葬时的"鼓吹队"费用和营坟的壳灰款应由女婿支付。

三、喜庆诸礼

婴儿满月剃头,要分送"油饭"和红鸡蛋。邻居每户一碗"油饭"一个蛋,亲戚份量多些,娘家要用篮子盛。做满月须宴请亲戚朋友,赴宴的成人要给婴儿"结耳带"(红包),娘家应送婴儿的衣服、鞋帽和银手镯、银脚环。

修建宫庙(祖祠)落成的庆典,应给亲戚分送"炸枣"(送得越全面越好),亲戚须以水果回礼答谢。嫁出的女儿应回娘家"碧宫角"(祖厝角),即前往宫庙(祠堂)祭拜并"添油",回礼是纪念品或平安符。

四、鸡蛋茶

"鸡蛋茶"与茶无关,所谓"鸡蛋茶",是一碗开水加糖调制而成的甜汤里放两个煮熟去壳的鸡蛋。

"鸡蛋茶"是非常高的礼遇,常用于婚庆和新亲、贵客首次登门拜访时。为了表示欢迎和敬意,主人会在第一时间奉上"鸡蛋茶"。人们赋予"鸡蛋茶"丰富的寓意。新娘上轿前,女方会请新郎及接驾人员食用"鸡蛋茶",寓喜庆、欢迎;新婚夫妻房中坐,首先请吃"鸡蛋茶",寓恩恩爱爱到百岁,早生子女;女儿女婿来做客,请吃"鸡蛋茶",寓平平安安、身体健康、相依到百岁;亲朋好友请吃"鸡蛋茶",寓相帮相扶不言谢。

食用"鸡蛋茶时,一般仅礼节性地喝点甜汤,吃一个蛋,留一个蛋,再用筷子把剩下的蛋夹破成双即可。不想吃蛋时,也可象征性地喝一口甜汤。

五、炒米粉

在翔安,炒米粉是"大礼"。无论是亲戚登门,或是朋友造访,主人都必须煮点心,以"米粉肉"相款待,表示热情、好客和敬重。一般的百姓家里,常年都备有成捆的米粉和腌制的咸肉(早年没冰箱)。

普通的炒米粉用料不是很讲究,只需下足油和味精即可,做法是:热锅放入花生油,待油热后放入葱头,至赤色,再放少量酱油,让其爆成"葱珠油";把"葱珠油"铲出,留少量余油;煎捣成浆的鸡蛋,将蛋煎至黄色薄片,起锅切成条状待用;再放入少量花生油,放入切成片的三层肉和海蛎干(事先要浸透水)加酱油煸炒,再放入包菜(其他菜也可以),翻炒后加水(用量视米粉多少而定,以能吸干为准);水沸后放入米粉,加乌酱调色,下味精,试咸淡;锅中水快干时,放入切成寸段的韭菜和煎蛋,把所有的"葱珠油"都倒入,拌匀后即可起锅。

要是自家吃的,用料主要是蔬菜,荤菜只要下些新鲜海蛎就可以了;要是"年节时"请客或喜庆宴席,那用料就讲究多了:三层肉要换成瘦肉或肉丸(狮子头),要多放些虾仁、土蚝,还要放红烧肉罐,让其香气四溢,这样的炒米粉,色、香、味俱全。

六、送顺风

"送顺风"是闽粤一带侨乡民俗中与华侨有关的专有名词。华侨出国谋生的历史最早可以追溯到秦汉,大规模出洋则是在明清时期。闽南方言"番客"(华侨)即指到"番邦"(南洋群岛)谋生的人。福建、广东沿海是重要侨乡,各县区都有民众远渡重洋谋取生计。早年南洋尚未开发,遍地荒野,"过番"绝非美差,闽南以前的民谣《过番歌》唱"喇狸空,喇狸窟,会得入,不得出;卜想掘金去过番,哪知死得无身骨",可见出洋谋生的无奈和艰辛。初期,前往南洋的交通只靠帆船顺冬季西北风漂流南下,少则十来天,多则一两个月。南中国海,茫茫汪洋,水天一色,前往马来半岛、印尼群岛及大洋洲的路更为遥远,不少移民在途中惨遭风浪袭击而葬身鱼腹。即使后来有了机器为动力的远洋轮船,大为快捷和安全,但旅途亦非总是顺畅。因此,出洋者平安抵达目的地是亲友最大的愿望。"送顺风"的习俗由此而生。

在侨乡,凡有人出洋或者华侨回国后又要返回侨居地,亲朋好友、邻居赠以糖果、饼食等礼品,祝愿离家者一路顺风平安到达南洋,俗语称"送顺风"。出洋前,他们要到祖宗牌位焚香,祈求先人的庇护;要到亲朋好友家登门辞行,接受他们赠送的茶叶、龙眼干等土特产品。有的亲友特地备办酒席为他们饯行,谓之"送顺风桌"。在这种宴会上,如果有全鱼做的菜,吃完上一面后不能将鱼翻过来,"翻鱼身就是翻船",是忌讳,翔安人视为不祥。家人为其打点行装时,定会附上一小包家乡的泥土和一小瓶井水,以示到南洋后不忘故土。有的还让其将"香火"(一种用红布缝制的,约寸半见方,上面用毛笔书写如"观音菩萨镇安"等字样的护身符)随身携带,意为在旅途中能得到神明的保佑。临行前,家人必定煮一碗面线,上有两个染红的熟鸡蛋,象征平安长寿和吉祥,寄托着家人的美好祝愿。

七、脱草鞋

"脱草鞋"习俗由来已久。过去,因生活所迫,许多翔安人到远方谋生、创业,尤其是下南洋,当时人们生活水平低,出门常穿草鞋;出国多年,一旦归来,亲友闻之,便会送去鸡、鸡蛋、面线等礼物,为其接风洗尘,名曰"脱草鞋"。"脱草鞋"意为祝贺亲人顺利、平安归来,劝慰当事人在人生路上好好歇一歇脚。有的人家还会在祖厅摆上香烛、全鸡、全鸭等祭品,让当事人拜谢祖宗,以示安然回归。

"脱草鞋"之后,当事人通常都会向亲朋好友回赠礼品。回赠的礼品一般是从境外专门带来的物品,如毛巾、香皂、衣物、鞋帽、万金油。在外混得较好的华侨,甚至回赠戒指、项链、手镯、手表、金钱。

随着时代的进步,人们生活水平不断提高,出国者已不再穿草鞋。但无论乘船还是坐飞机,长途跋涉回到家后,人们还是会沿用旧习俗,送去礼品或设宴接风洗尘。因为叫习惯了,所以,这种习俗仍称为"脱草鞋"。

"脱草鞋"习俗是翔安地理与人文环境相结合的产物,既有海洋文化(海丝文化)的传承性,又有自身特色的变异性。"脱草鞋"习俗洋溢着浓郁的侨乡特征和文化内涵,蕴含着老百姓对亲人的美好祝愿和无限的深情厚意。正是这种充满人情、人性关怀的风俗活动,维系着海外赤子的故乡情结,使他们身在海外,心怀故国,在支援家乡的建设中发挥着巨大的作用。

八、分年

翔安坊间有一种民俗,腊月二十三之后接近年关,女儿女婿要给岳父岳母送礼,称"分年"。

俚语说"头年担,二年揭,三年讨无食",说的就是"分年"的情况。新婚的第一年,"分年"的礼物特别丰盛,要整大块的猪腿肉、整堆的面线、双数瓶的老酒,还得有香烟、茶叶、果品、糖饼装满两篮成一担,挑着去;第二年,除了猪肉、面线、老酒之外,其他酌情,礼物只要用手提着就行了;从第三年开始,可以不用再"分年",但多数人仍然会割上两三斤肉,扎上几扎面线,拎上两瓶老酒送去。岳父家不论女儿女婿送来的礼品多少,都舍不得"照单全收",往往象征性地收下一点,大部分都返还,还要回赠礼品。一般人家是回赠女人梳妆的用品,如胭脂、春花、香粉、手帕、花露水、香皂、面油;殷实的人家回赠的往往比送来的礼品值钱得多,如布料、金银首饰。

第五章　民间童玩

　　好玩是儿童的天性。旧时,再贫穷的孩子都有欢乐的童年。那个年代,物质匮乏,精神却很丰富;社会飘摇,小孩却很自立。代代相传的玩意儿还真是不少,也很有特色:一是玩具不用花钱买,就地取材,废物利用,就可以玩得很开心;二是玩具都是自己做的,既动手动脑又锻炼身体;三是形式多样,有随季节变化而更换的,有男女专用的,有自娱自乐的,也有多人一起玩的……林林总总不下百种。因为篇幅限制,只能择其一二略加介绍。

第一节　指掌篇

　　旧时的许多童玩简单易行,即使是赤手空拳,也能玩出很多花样。指掌通人体的五脏六腑,"心灵"和"手巧"是相辅相成的。猜拳一类的游戏,既锻炼灵活的指掌,又揣测对方的心思,"得心应手"是取胜的法宝。比划指掌是最初级的运动,又是许多儿戏童玩的开端。

一、加刀剪

　　"加刀剪"应该是老少咸宜、普及度最高的游戏了。许多孩童,还在牙牙学语的时候,父母就教他们这个简单、实用而有趣的猜拳游戏。游戏前先约定奖罚方法,可以约定赢方获得优先权或得到奖励,也可以让输者受到一些小惩罚,如捏鼻子、揪耳朵、贴纸片或罚做游戏。

　　这个游戏两到三人玩较适合,超过三个人,就难以分出胜负了。

玩的时候,用三个不同手势代表三种物品的功能:"全开手掌"代表布,"拳头"代表锤子或石头,"伸出食指与中指,其余三指弯曲"代表剪刀。三样东西相互制约,循环往复:布可以包住锤子,却怕剪刀;锤子可以砸剪刀,却怕布;剪刀可以剪布,却怕锤子。

游戏的时候,两人齐喊"加刀——剪",同时比出手势,锤子赢剪刀,剪刀赢布,布赢锤子,每种手势都有赢的机会,又都有输的可能。

"加刀剪"游戏最关键的环节是猜测对方心理,每个人比手势有一定习惯。有的人会变化手势,但变化有规律;有的人偏好出某一手势。在游戏中仔细观察,留心体会,取胜的机会就多了。

二、佬仔白蚁

"佬仔"在闽南话中是小偷的意思。小偷怎么会与白蚁在一起呢?难道想偷白蚁?还是白蚁想当小偷?其实,佬仔、白蚁是一种划拳游戏的名称,参与游戏的除了佬仔、白蚁外,还有讨利公(也叫土地公)、公鸡和老虎呢。

这个游戏的玩法很简单。首先,伸出一只手,打开手掌,大拇指代表"讨利公";食指代表"公鸡";中指代表"老虎";无名指代表"佬仔";小指就是"白蚁"。根据各自特点,五者之间是强弱关系,适用自然界的恃强凌弱、弱肉强食的法则。它们之间的胜负关系如表5-1:

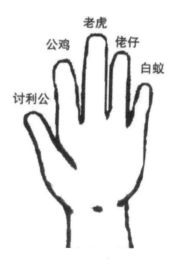

图5-1　佬仔白蚁示意图

表 5-1　佬仔白蚁示意表

手指	代表	胜	缘由	负
大拇指	讨利公	公鸡、老虎	杀鸡拜佛、佛骑猛虎	佬仔、白蚁
食指	公鸡	白蚁	鸡吃白蚁	讨利公、老虎、小偷
中指	老虎	公鸡、佬仔	虎吃鸡也吃人	讨利公、白蚁
无名指	佬仔	讨利公、公鸡、白蚁	佬仔偷佛像和鸡；踩死白蚁	老虎
小指	白蚁	讨利公、老虎	白蚁蛀佛像和虎掌	佬仔、公鸡

　　游戏双方相向而坐,把划拳的手放在身后。心里暗自猜测对方会出什么,然后确定应对方法。估计对方出老虎,就出讨利公或白蚁。

　　两人同时喊"佬仔、白蚁",喊到"蚁"声时,伸出一个手指,其余手指都要合拢。然后对应规则,确定胜负。

　　来不及收拢手指,伸出多根手指,只能让对方从中挑一根算。如果双方比划的手指一样,则重新出拳。如果"蚁"声落时,一方尚未出拳,则算输。

　　出拳时,手指(特别是中指)直接指向别人身体是很不礼貌的,所以应向斜下方比划,才有修养。

　　最常用的是大拇指、食指和小指,无名指最不好比划,特别是节奏很快时,出无名指常常会把小指也伸出来。可以根据这个特点来揣摩对方的心理,胜算就大得多了。

三、拍手轿

　　玩"过家家"是童年必不可少的游戏项目,吃饭睡觉、养猪起厝、娶妻生子、养老送终……几乎所有的生活习俗都可以在儿戏中演绎。其中,娶新娘子是小孩子最爱玩的过家家游戏。游戏时,除了选好新郎和新娘外,最重要的内容是搭轿抬新娘。

　　先选新郎、新娘和两个轿夫。轿夫都蹲下身子,先用左手握住自己右手的手腕,右手握住对方左手的手腕,两人交互搭成井

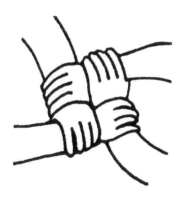

图 5-2　拍手轿

字形(如图 5-2 所示),这就是抬新娘的"轿子"。"新娘子"两脚各踩进两人用双手围起来的臂弯里,双手扶在轿夫的肩膀上,喊一声"起轿喽"。两个轿夫同时站起来,"新娘子"就稳稳当当地坐在两人的手掌上。"轿夫"抬着"新娘子"一摇一晃地走起来,唱闽南童谣:"扛新娘,过户碇。一碗呷,一碗衔(送)。衔不够,新娘汇汇哭。"轿上的新娘舒服着呢,想扮哭,哭不出声,笑嘻嘻地在轿上乐个不停。有时,调皮的轿夫会互相使个眼神,把轿子抬得前后摇晃,新娘子坐不稳,吓得大惊失色,甚至哭出声来。这下,大家满意了,这才是真正的新娘嘛。

把新娘子送到"夫"家后,重新选人,游戏可以接着进行。

四、手影游戏

手影是人手与光线、墙壁的对话,通过人手一次次微妙的变化,组成一组组独特的造型,在光线与墙壁的默契配合下,幻出一幅幅生动活泼、变化多端的图案,让人赏心悦目,浮想联翩。

手影游戏有很多种玩法,有一形多影、一手多变等。

一形多影:在白炽灯或阳光下,将左右手靠近浅色的墙上或地面,按(图 5-3)所示做好手势,影子就像一只鸭子的头。手势不变,略为转动手的角度,"鸭子"便会变瘦,嘴巴变短。稍稍离开墙或地面,"鸭子"即能变得很大。

图 5-3　鸭子手影

一手多变:伸出左手按图 5-4 所示做好手势,影子就成了一只兔子头。手势不变,略为转动手的角度,影子嘴拉长了,耳朵缩短了,"兔子"即成了"狐狸"。

图 5-4　兔子、狐狸手影

(一)手掌的塑形

手掌的面积较大,动物的头或身体的大块影子,大都可由它来塑造。由于大拇指的运动,使得手掌弯曲变形,再加上角度的不同,手掌就有丰富多变的影子。

图 5-5　单手手影造型

图 5-6　双手手影造型

翔安非遗

（二）手指的塑形

除大拇指两节外，其他四指均为三节。手指每节都可随意运动。手指相互间可分开，又可合并。如图 5-7 所示，手指主要塑造动物的嘴、鼻、牙、角、耳朵、舌、四肢、翅膀和尾巴等。

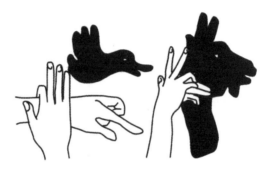

图 5-7　鹅与羊手影造型

（三）单手影

单手也能塑造出好看的手影。手臂，主要是用来塑造动物的脖子影子。长颈鹿和鹅的脖子特别长，就可以用手臂来表现。稍微变动手掌角度和手指的长短，影子就会从一种动物造型变成另一种动物造型。

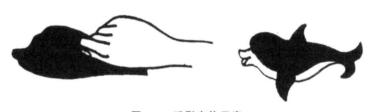

图 5-8　手影变体示意

图 5-9　猴、豹子手影造型

图 5-10　企鹅、狗手影造型

图 5-11　多种手影造型

（四）双手影

有些影子单手很难塑造，因为手指不够用。双手有机组合，就能塑造出外形比较复杂的动物影子。只要掌握各类动物的外形特征，同一题材可用不同手势投影出不同的样子来，塑造出来的影子栩栩如生。

如图 5-12 所示，双手基本重叠，两个拇指叉开，就成了两个耳朵影子；一个手指稍弯曲，就成了嘴中的舌头。如图 5-13 所示，双手部分重叠，两个拇指搭牢或钩住，四指充分展开或微微弯曲，变成一对飞翔着的翅膀。

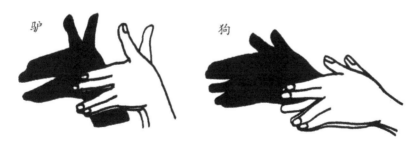

图 5-12　驴和狗的手影造型

翔安非遗

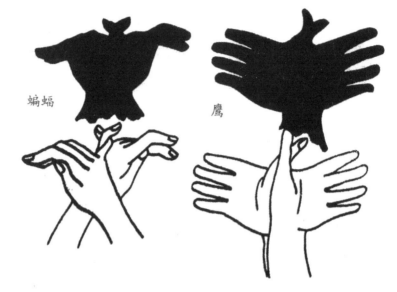

图 5-13　蝙蝠与鹰手影造型

（五）会动的影子

手指时分时合，动物影子的嘴巴便会一张一闭（图5-14）。手指一扇一扇，动物影子就像扇动翅膀在飞行（图5-15）。动物影子的眼睛是靠影子中的空隙来表现的。只要稍稍移动手势位置遮挡光线，动物的眼睛便能一开一合地动起来（图5-16、图5-17）。

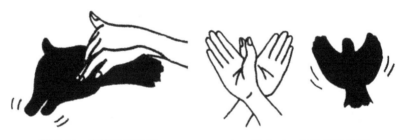

图 5-14　狗的手影造型　　　　图 5-15　鸟的手影造型

图 5-16　兔子手影造型　　　　图 5-17　孔雀头部手影造型

第二节　追逐篇

　　旧时代的孩子少有"宅"在家里的,也少有"小胖墩"。整天大伙"野"在一起,奔跑追逐,充满着生活气息,兴味盎然。既使气喘吁吁,也不觉得脚酸腿软。如此激烈的运动,得耗费多少能量呀!难怪那时的孩子整天喊饿,即使餐餐粗茶淡饭,也从不挑食。

一、救国

　　学校的篮球场很适合玩一种多人的追逐游戏,叫救国。在游戏中可以比速度,斗智谋,排兵布阵,相互照应,有点像战场上的两军混战厮杀,非常惊险刺激,深受争强好胜的男孩子的喜欢。

　　游戏时,双方三至十人,人数多时,场面会更热闹。每方根据人数进行分工:士卒、先锋、大将、主帅。然后站在篮球场的边线上。(如图 5-18)

　　红方先派一名士卒踩边线,大声喊"救国",向绿方挑战。绿方也马上派出一人踩边线,喊"救国",然后来抓捕红方的士卒。要追捕时一定记得踩线并喊"救国",这样才有战斗力,后踩线的人战斗力总是比先踩线的人强,所以可以追捕先踩线的人,只要

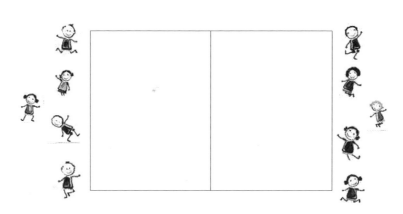

图 5-18　救国

碰到他身体的任何部位,就可以把对方俘虏。被俘虏的人要出局,走到对方的边线。

对方在追捕己方队友时,马上要派人去支援,方法是踩线救国后,反去追逐对方的人。这样,我追你,他追我,别人再追他,如同带鱼咬尾,双方混战成一团。先前跑出去的人,也可以跑回本方边线,重新踩线救国后,就像充电一样,战斗力又增强了,可以反追捕对方的人,追与被追身份瞬息转换。

如果要营救被俘虏的队友,只要在追逐的过程中,能够深入到对方边线,用手拍队友的手,就算是营救了。两人都要迅速往回跑,在返途被对方追到,仍然要当俘虏。

当一方的人全部被俘虏,就输了,游戏结束。

救国是讲究战略战术和团队精神的游戏,主帅的调度指挥很重要,队友之间,有的当诱饵,有的做掩护,有的追捕,有的营救。既要有快速奔跑的能力,又要有临场应变的机智。既要有深入敌营的勇气,又要有保护自己的绝招。全队分工合作,默契配合,才能在救国游戏中百战百胜。

二、过五关

关羽曾经为了寻找义兄刘备,护送两位大嫂,千里走单骑,过五关斩六将,威震江湖,扬名天下,后人尊称为关帝爷,又叫关公。

游戏过五关模仿关公过关斩将的壮举,虽然没有刀光剑影,也没有血雨腥风,却也要斗智斗勇,巧妙配合,别有一番风趣。

游戏分为闯关和守关双方,每方三至五人。玩之前要画一个长十米宽五米"田"字形的关隘,守关方就在横纵线上来回奔跑防守,闯关方则要想方设法避过对方的抓捕,从关隘的前面闯到后面,再从后面回到起点(如图5-19,绿衣人代表闯关者,红衣人代表守关者,双箭头所示位置是守关者的跑动范围)。

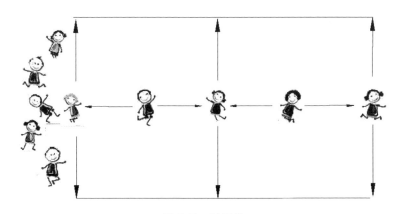

图 5-19　过五关

攻方从左往右进行闯关,中间四处空隙可做为休息调整处,从第一关闯到第五关后,还需从右到左返回起点,才算过关。闯关者不能跑出田字格外,冲关时被守关者触摸到,就算被俘出局。

守关者只能在三横二纵的线上来回奔跑,脚不能离线,要伺机用手脚抓住或触摸闯关者。横纵两人可以联防,但不能离开自己的防线。

攻方闯过一人得一分,被俘不得分。一轮过后,攻守双方互换角色,根据双方得分高低定胜负。

游戏人数不够,可以把纵线的两条防线撤掉。

闯关者要讲究策略,相互配合,分头出击,让守关者顾此失彼。奔跑速度快的人可通过引逗守关者,掩护队友过关后,再伺机冲关。

守关者不能太贪功,想在第一二关内就封杀抓住对方全部。可以盯住对方行动迟缓的一两人,逐个追捕,消减对方有生力量。没有队友的协助,进攻方单枪匹马很难闯关成功。守关者也可以守住一边,另一边放开扣子,让对方进去,这叫"请君入瓮"。对方全部进入一格时,防守三人进行联防,攻方受场所限制,较容易抓住,这就是"瓮中捉鳖"。

三、掩水鱼(瞎子捉跛脚)

掩水鱼就是浑水摸鱼的意思。在乡下的小水沟摸鱼,有一个窍门可以捉到许多鱼。当水沟的水快被汲干时,聪明的鱼儿会往淤泥钻,往草丛里藏,或一动不动让你一时难以发现它们。这时,你就要用锄头或脚把淤泥和水一并搅和,让泥水浑浊一团,鱼儿被搅得晕头转向,纷纷探出头来,你就容易逮住它们。有经验的人一摸到鱼,根据形状与大小就能判断是什么鱼了。鲶鱼鳃边两根刺,身体滑溜溜;刺鲫力气大,背脊会扎人;鲫鱼周身光滑;鳗鱼长得像蛇……抓出来洗净一看,八九不离十。

掩水鱼游戏就是蒙面抓人。抓到人时,还要猜出被抓的人是谁,就像淤泥里摸鱼一样,还未出水就知道捉到什么鱼儿了,这样才算成功。

游戏的人数不限,玩前先划定一个范围当"池塘",只能在"池塘"内进行跳动,否则算犯规。

选一人当"渔翁",用丝巾蒙上他的眼睛。其他人当"鱼儿",可以在"池塘"内任意行动,但不能跑,只能像跛子一样单脚跳。

游戏开始时,"鱼儿"在"池塘"内四处跳动,"渔翁"可以用双手抓"鱼",也可以用脚触"鱼",无论碰到谁,就算抓住。

被抓住的人要屏住呼吸,一动不动,头、手、上身任"渔翁"触摸，"渔翁"根据特征判断是谁后，喊出他的姓名。猜对了，则换被捉住的"鱼儿"当"渔翁"。叫错了，只得放开"鱼儿"，继续摸鱼。其他人不能给"渔翁"提示，否则，猜对了也不算数。

游戏前先观察并记住每个人的外貌特征，如高、矮、胖、瘦、发型、穿着。没有非常明显的特征，猜不出是谁，"渔翁"可以想办法让"鱼儿"发出声音，如挠咯吱窝，让他笑出声来。人的声音各有特点，只要一出声，猜人就容易了。

四、掩孤鸡

月朗星稀的晚上，是乡下孩子玩耍的最好时光。几个孩子凑在一起时，经常玩叫"掩孤鸡"的捉迷藏游戏，游戏人数在三人以上，多者不限。

游戏之前，先通过"黑白切"或"加刀剪"的猜拳游戏决定谁当"孤鸡"，剩下的人推选一人当"母鸡"，其余的人全当"鸡仔"。

游戏开始，"母鸡"用双手蒙住"孤鸡"的双眼，念叨儿歌："掩孤鸡，走白蛋，肉我呷，骨汝舐，大路墘，配剩饭，黑鸡生黑蛋，白鸡生白蛋。咕——鸡仔紧来呷！""母鸡"念叨的时候，"鸡仔"们纷纷找地方躲藏，门板后、粟缸中、果树上、柴堆里，哪里隐秘就往哪里躲藏。"母鸡"看到"鸡仔"们都藏好了，就问"孤鸡"："要吃桃还是要吃米？""孤鸡"若说："要吃桃。""母鸡"就答："放你去迌迌。""孤鸡"若说："要吃米。""母鸡"就答："放你去死。"然后，松开双手。"孤鸡"可以开始抓"鸡仔"了。

"母鸡"为了掩护玩伴，可以用一些暗语来提醒"鸡仔"，看到"孤鸡"走到藏匿处，就大声喊："躲乎密，老鼠在找贼。"[①]看到"孤鸡"走开了，"鸡仔"安全了，"母鸡"就喊："咕，咯咯家！"呼唤"鸡仔"们跑回身边来。

---

① 躲乎密，老鼠仁找贼(vì hô vàd，niáo cì lí cě càd)：躲好一点，老鼠在寻找贼子。

"鸡仔"首先要藏好,不能被"孤鸡"发现,其次要伺机回到"母鸡"身旁,才算安全。被"孤鸡"发现并被捉住,下次游戏只能做"孤鸡",不能做"鸡仔"。"孤鸡"有时一连抓好几只"鸡仔",就从这几只"鸡仔"中挑一只做"孤鸡",有时连一只"鸡仔"也捉不到,只好自个儿再当一回"孤鸡"了。于是,游戏在一浪接一浪的笑声中重新开始。

"孤鸡"可以采用多种策略抓住"鸡仔"。如虚张声势,说"哈哈,不要躲了,我都看见你了!"又如声东击西,假装往一边找,等另一边的鸡仔暴露后,突然杀个回马枪。还可以打草惊蛇,往可能藏身的地方拍几下,惊慌失措的鸡仔就纷纷跑出来了。

反之,"鸡仔"要顺利回到"母鸡"身边也要讲究方法。一要镇静。眼观六路,耳听八方,准确判断"孤鸡"的意图。二要团结。"鸡仔"之间要相互照应,让"孤鸡"首尾不能相顾,就可以伺机逃回大本营。三要灵活。万一被"孤鸡"发现,不要慌张,可以通过技巧与速度逃避"孤鸡"的追捕。

第三节　玩赏篇

大自然为儿童提供无数的玩偶,乡间的昆虫更受孩子的青睐。每当春暖花开、夏日热风吹拂的时候,大地一片喧嚣,草间树梢的小精灵纷至沓来,是儿童们捕捉玩物的丰收季节。为了零距离接触,把它占为己有,就得费尽心思,使尽浑身解数才能如愿以偿。

一、咬猴(斗蟋蟀)

蟋蟀,各地名称不同,有的叫"蛐蛐",有的叫"蝈蝈",翔安方言叫"草猴",简称为"猴"。斗蟋蟀,古今、各地都有,同安方言称"咬猴",因为蟋蟀相斗的时候用嘴里的大牙相互撕咬。

蟋蟀有雄有雌,雌的长得体小而难看;雄的个头大,大腿粗,

图 5-20　咬猴

牙也大,全身色鲜有光泽。雄的才会"斗",可能是为了争配偶,或者为了抢占地盘,才养成好斗的习性。在翔安的地界上,会斗的蟋蟀有三种:金黄色的叫"赤姜",铁褐色的叫"铁板",纯黑色的叫"乌良",都很英勇善战。

咬猴,必须先捉蟋蟀。夏日白天,雄蟋蟀总是不停地颤动着翼翅,发出响亮的"嚁嚁嚁"叫声,那是在招引雌蟋蟀,展示威风。偶尔轻轻抖动翼翅,发出断断续续的"恰恰恰"声音,那是"啐猴母",边上准有一只雌蟋蟀。听到蟋蟀的叫声,就可循声逮到雄蟋蟀,这就叫"听猴"。

夏至过后,地里的"猴"渐渐多了起来,此起彼伏的"嚁嚁嚁"声,挠得孩子们心痒痒的,即使在干农活,也要"偷工拨缝"去捉几只带回家玩。[①] 有的"猴"居无定所,只是躲在草丛或谷秆里,有的虽挖了洞,也在洞口叫。听到"猴"的叫声,要蹑手蹑脚、悄无声息地靠近,它还叫得得意洋洋呢!伸手一扑,它可能跳走,但跳不远,趁它落地的瞬间,一拢手,便逮住了。即使掉头钻入洞里的,

---

①　偷工拨缝(tāo gāng buà pǎng):充分利用时间。

洞一般都不太深，一挖就出来了。把抓到的"猴"放在早就备好带在身上的火柴盒里，或用地瓜叶卷着塞在箬笠的篾眼里，从地里带回家就可以"咬猴"了。

中午歇晌时，榕树下，墙角边，到处开辟"咬猴"的战场。好斗的蟋蟀，仇人相见，分外眼红，就龇开两颗大牙，咬在一起厮杀起来，所以斗蟋蟀才叫"咬猴"。

"咬猴"分明斗和暗斗两种。明斗是放在罐里、盆里，个对个较劲。更有趣的还是暗斗——在地里挖一道槽沟，上面盖上瓦片，或把几个火柴盒接起来，成为管道，就成了"猴"扑斗的战场了。"咬猴"开始时，先放一"猴"入洞，那"猴"入洞后，会警惕地转过身，头朝外，准备格斗。再放入一"猴"，这"猴"见洞里有同类，勇敢的就一蹬腿扑上去，胆怯的就在洞口犹豫，不敢前行。这时，要用草枝轻轻触动它的尾部，它就会毅然迎战。

"咬猴"煞是好看。两只"猴"头顶头，大牙咬大牙，大腿使劲蹬。有时进进退退，有时扭剪起来……简直是"肉搏"战。剧烈的奋战往往把火柴盒挤散，把坑道上的瓦片掀开。直到其中的一只招架不住，灰溜溜地爬出来，落荒而逃；那胜者还要追到洞口，颤抖着翼翅，发出响亮而清脆的"曜曜，曜曜曜"的叫声，嘴里吟唅着自己的长触须，以示炫耀。

在"咬猴"中，小孩子都有一套经验，熟悉各种"猴"的特点，根据特点制定作战方略：乌良的"雄"，铁板的"势"，赤姜的"哺牙"。针对对方"猴"的品色，改变自己下"猴"的角色。要是咬输了，也有补救的办法：揪住"猴"大牙旁的短须，吊起来，让它飘翅发抖，这叫"吊猴瘝"，然后心疼地用手心轮着让它爬动，用嘴对着呵气。完了之后，再投入战斗，经常会反败为胜。要是屡战屡败，"须"都扯光了，就用头发或马尾毛吊住"猴"的大腿腋，让它一会儿展翅漂浮，一会儿瑟瑟发抖，这也叫"吊猴瘝"。接着，再最后一搏，还是输，就喂鸡去了！

那些获胜的,被视为宝贝,备受呵护,用菜瓜花养着,有的用花生仁增加营养,有的用绿豆训练牙的力量⋯⋯准备下次卫冕。

二、纽阿夷(捕蝉)

蝉,翔安人叫"阿夷",从初夏开始,整个夏天都有蝉"咦—咦—咦"叫个不停。盛夏,天气越热,它就唱得越欢。这蝉声让夏日里原本就烦躁的人们听得更是耳燥心烦,可小孩子却喜欢捕蝉,把它捂在手心,放在口袋或小盒里带回家。这样,原本可以安静的屋里也被吵得不得安宁。

图 5-21　纽阿夷

蝉儿总是趴在树干或枝头叫,从黎明一直到入夜,那清脆的声音不是翅翼振动发出来的,它的腹部有两个发音器,内有透明的薄膜,像"天窗",声音就从这儿响出来,"天窗"的膜破了,蝉就"哑"了。

蝉儿只只都很机灵,别看它唱得忘乎所以,它一边把吸管插入树体中吸"汁",一边不停地转动复眼,观察四周的动静,要是发现有异样,就张开翅膀,"呸"的一声,顺便撒出一泡尿,飞走了。

到树上捉蝉是不行的。一是很难捉到,因为树枝一摇,手还没靠近,它就逃之夭夭;二是家长不让,怕从树上摔下来,不死也伤。所以,想要捕蝉,只能智取。常用的方法是纽、粘、网。

纽:取一支长竹竿,竿尾扎一根长头发或马尾毛,那毛发打一个张开的活扣。蝉儿唱得正欢的时候,那竿子从下面伸上来,正好避过蝉的视线。蝉边叫有时还边移动位置,这是套蝉最好时机。蝉的脚有好几对,每只脚都有节,节上还有"齿"样的爪,任何一只脚踩上了发丝的"纽摧",蝉脚就紧张地一缩,这样,蝉就被套住了。

粘:把毛发改为胶。从哪里取胶呢?农村里有松树,那松树渗出的松脂,刚渗出还没干时就极粘,裹一团在小棒上,插在竹杆尾即可。要是没有松树,有乡村的地方必有榕树,老榕树盘根露在地上,用石头的棱角一磕,破了根皮的地方就会渗出乳白色液汁,那液汁也粘性十足。粘蝉比纽蝉容易得多,只要裹了一团粘液的小棒往蝉身上一靠,不管粘到的是脚,是翅,还是蝉身上的任何部位,那蝉就飞不掉了。

网:用铁丝或篾条弯成球拍形状的框,留一把柄插在竹竿尾端,到屋檐下、墙角去绕缠蜘蛛丝(要多缠几层),缠绕好之后,就可以网蝉了。竹竿伸上去,要靠蝉的头部,这样,即使蝉发现危险想逃,也只能自投罗网。有的怕蜘蛛丝太脏,改用废弃的旧蚊帐或透明塑料袋当网罩,也可以捕到蝉,只是目标太明显,效果就差多了。

小孩捉了蝉干什么呢,除了"零距离"接触,满足"占有欲"之外,还可以"捂着""摇着"让它响出不同的声音。闽南乡村曾经有人把蝉当作美食。掐断蝉头,把内脏掏洗干净,往腹部塞几粒黄豆,放在火堆里烘烤,熟后又鲜又香,是一种难得的美味。据说,还是治疗"大肚子病"的偏方呢。

三、掠金龟

夏天到了,相思树上、丝瓜藤上、菜豆叶上总能看到六只脚的小昆虫,有大拇指那么大,披着一身翠绿的甲壳,油金发亮,六条带钩的爪子紧紧抓在叶面上,摆动着两支羽毛般的触角,尽情地享受着美味佳肴。这些可爱的小精灵们就是金龟子,夏天捉金龟子玩也别有一番乐趣。

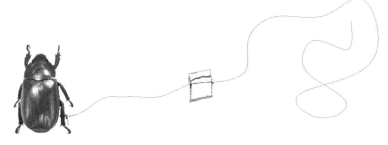

图 5-22 掠金龟

捉金龟子并不是一件容易的事,它们每只都练就四个逃命的绝招。第一招是"飞",你若行动不小心,发出声响,被它们察觉了,一轰而散,一飞了之,让你扑个空。第二招是"假死",当你一掌快扑住它时,它就假死往下掉,还未着地,它就"倏"地一下飞走了。第三招是"反击",若被你扑住了,它就用那六条带钩的爪子狠狠地抓住你,让你皮破血流,你要是忍不住疼,稍一松手,它又溜走了。要是前三招都行不通,它就使出最后杀手锏——"拉屎",拉一条长长的绿绿的屎在你手上,像一条小绿虫似的,恶心极了,一不留神,它就能够逃命了。不过,这些招数对于久经沙场的老猎手来说,已经不管用了。你可以从背后悄悄靠近它们,先用手掌迅速把它紧紧摁住,再腾出两个手指捏住它亮晶晶的甲壳,巧妙地避开它的利爪和臭屁,这样,它再也无法逃脱了。

玩金龟子之前,为了避免再受"攻击",还要做两件事。一是把金龟子带钩的小爪子折掉。它的腿分为上下两部分,上部分圆圆的很光滑,下部分才有钩刺,折的时候要往中间的关节折,把有钩刺的小爪子弄掉了,它就再也不能进攻你了。二是把金龟子的屎挤掉。只要抓住它的身子,让它屁股朝下,轻轻地在地上来回摩擦,边擦边念:"金龟屎瓮,有屎快放;金龟屎瓮,会吃猴放。"念叨几遍,几经折腾,就是有屎也被挤干了。这样,就可以放心拿它来玩了。

最常玩的是"放风筝"。拿一条长线,一头拽在手上,另一头打个活结,系在金龟子的残腿上,然后放开它,它以为能够逃生了,拼命往上飞,真像一只小小的风筝。要是同时放飞好几只,场面很是壮观。

最有趣的是"转陀螺"。在离金龟子一掌宽处再绑一小块瓷片,金龟子飞不上去了,只能绕着小瓷片打转,转的时候会发出"嗡嗡嗡"的声音,犹如一个快速转动的小飞碟。

最有创造性的玩法叫"螺旋桨"。先做一个竹蜻蜓,插在一支竹管里,让它可以自由转动。然后在竹蜻蜓的两头各系一只金龟子,手握住竹管子,转一下竹蜻蜓,两只金龟子就顺着一个方向一直飞,转得飞快,像直升飞机的螺旋桨似的,直转到它精疲力竭,"螺旋桨"才会停下来。聪明的孩子还能想出各式各样的新花样,真是玩味无穷。

四、掠壳仔家(萤火虫)

夏天到了,丝瓜花开了,在翠绿的叶子上,在黄色的花朵中,常常见到豆粒大小黑绿色的小昆虫,外形有点像七星瓢虫,但背上没有星点,又有点像金龟子,只是个头小多了,这就是萤火虫。萤火虫属于鞘翅科,萤科。萤火虫是神奇又美丽的昆虫。修长略扁的身体上带有蓝绿色光泽,头上一对带有小齿的触角分为十一个小节。有三对纤细、善于爬行的足。雄的翅鞘发达,后翅像把扇面,平时折叠在前翅下,飞行才伸展开;雌的翅短或无翅。

图 5-23　掠壳仔家

　　萤火虫喜欢在叶面上和花朵中爬来爬去,它在寻找食物呢。它不像蜜蜂,在花朵里采花粉,也不像金龟子,专爱啃嫩叶。它在做什么呢?原来呀,它在寻找小蜗牛和钉螺,这些是它最喜欢的食物,找到猎物时,萤火虫便用大颚刺入猎物体内,注射毒液使猎物麻痹,注入消化液,将猎物组织消化成液状后吸取汁液。

　　萤火虫从幼虫起就爱吃钉螺和蜗牛。钉螺是血吸虫的帮凶,蜗牛是损害庄稼的害虫,萤火虫专门消灭这些害虫,所以是人们的朋友。

　　萤火虫最神奇的地方就是发光。到夜晚,站在小河边、树荫下、田野间,就会惊喜地发现一盏盏幽绿色的"小灯笼",这就是萤火虫发出的光。科学家研究发现,闪烁的黄绿色荧光是萤火虫互相交流的工具,在特殊条件下,萤火虫还会发出橙色或红色的光。萤火虫发光的原因很多。一是保护自己。它们体内能产生防御性类胆固醇,它们发出的光脉冲会让食虫动物觉得它们不好吃。二是寻求配偶。许多成年萤火虫以其同类特有的模式闪光,区别异性成员。雌雄萤火虫能依据对方的闪光模式特征来决定要不要成亲。

捉萤火虫、玩萤火虫是一件很有趣的事情。

白天可徒手捉。发现萤火虫,悄悄地靠近,双手五指并拢,手掌稍微弯曲,一上一下包围,当接近萤火虫时,迅速包抄,把萤火虫连同叶子一齐包在手心,然后慢慢移动手指,小心翼翼地把萤火虫捉住,不要太用劲,不然就容易把萤火虫捏死。捉住的萤火虫可以先用玻璃瓶子装着。

夜晚可用捕虫网罩。萤火虫虽然个不大,但因为带着"小灯笼",所以目标特别明显,你只要举着捕虫网,瞄准移动的小灯笼,轻易就可以捉住它们了,再用瓶子装起来。

萤火虫发光一闪一闪的,装在瓶子里的虫子多了,整个玻璃瓶就透亮起来,如果装在不同颜色的瓶子里,就像五彩缤纷的闪烁的霓虹灯,漂亮极了。你可以仔细观察萤火虫的发光规律。它们的发光器藏在腹部第六节或第七节的腹面,雄雌萤火虫都会发光。雄虫的亮度大,雌虫的光度稍微弱一些。每次发出的闪光次数和明暗的间隔又都不一样,萤火虫之间在黑夜中就是这样传递信息、查对彼此的身份的,可以根据闪光区别雄雌。

晋朝时候,有一个人叫车胤,很爱读书,因家里贫穷,没有钱买灯油。夏天夜晚,他就捉了许多萤火虫,盛在纱袋里,用萤火虫照亮,夜以继日地学习。这就是囊萤夜读的故事。你如果捉到许多萤火虫,也可以像车胤一样,用荧光来照路,来读书,很有诗情画意呢!

萤火虫是可爱的小精灵,要保护它,玩了一晚上后,要把它放回大自然,让它们自由自在地生活,千万不要伤害它们。

玩萤火虫时还可以边念儿歌:"壳仔家,来呷茶。茶烧烧,呷金蕉。茶冷冷,呷龙眼。龙眼咧开花,瓠仔换冬瓜。冬瓜好煮汤,瓠仔换粟糠。粟糠要起火,俺婶婆啊要炊粿,炊甲臭焦兼着火。"

第四节　弈棋篇

下棋又称博弈或对弈,博大精深,源远流长。上至皇室贵胄,下至平民百姓,乃至乞丐浪人,在茶余饭后,闲暇之时,都热衷博弈游戏。翔安乡间流行的游戏棋,更具有生命力,代代相传,就像野生的番石榴,虽然上不了"三界坛",然滋味甜美,备受喜爱。

一、跌落屎穴

跌落屎穴意思是跌进粪池里。但不是真的把人挤进粪池内,而是一种简单而有趣的弈棋游戏。由于规则简单,一学就会,很适合作为孩童学棋的启蒙项目。

把一个正方形画上对角线,在其中一边画一个圆圈作为屎穴,这就是跌落屎穴的棋盘了。弈棋双方各有两个棋子,一方白,一方黑,各放在正方形的四角上(如图 5-24)。

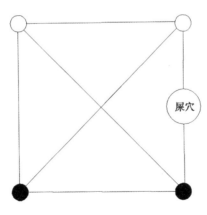

图 5-24　棋盘

棋子以正方形的四条边和两条对角线作为行棋路线,正方形的四角和对角线的交叉点是棋子的落点。行棋时,每次走一步,棋子只能走到没有其他棋子的落点上,不能重叠,也不能跨越。

用"加刀剪"确定先行一方,先行者只能从远离屎穴边的棋子先走到中间的落点上。否则,对方一下子就跌落屎穴里,这样棋就没意思了。

后行一方可以把自己的棋子行走到对方空出的落点上,依此类推。当一方的棋子被包围,只能从画屎穴的边上行走时,就会跌落屎穴,就算输了(如图5-25所示,黑方胜)。

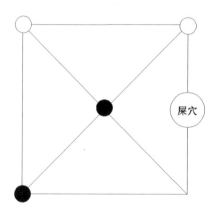

图 5-25　黑方胜的棋局

这种棋的必杀招就只有一种,就是如图5-25所示形状(若白棋胜,形状正好相反),所以,要加快行棋速度,让对方忙中出错,把棋子退回原位,才有机会封杀,否则就难分胜负了。

有人在这种棋的基础上改进为双屎穴的棋盘,双方各有三个棋子,行棋的方法相同,但变化丰富多了,所以下起来更加有趣。不妨也试一试。(如图5-26)

二、五角星棋

画一个五角星,只需要一黑二白三个棋子,就可以玩五角星棋了。没有棋子,拿个纽扣、石子、豆子也可以代替。别看五角星棋棋子少,走法简单,可要取得胜利,非得花心思不可。玩五角星

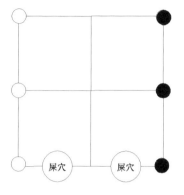

图 5-26　双穴棋盘

棋,既可以锻炼思维能力,又可以培养观察能力,形成初步的空间观念,真是一举多得呢(如图 5-27)。

按(图 5-27)摆好棋子,由黑棋先走,白棋后走。每次只能走一个交叉点,进退自由。

图 5-27　五角星棋一

图 5-28　五角星棋二

只要三个棋子走成一条直线时,黑方胜(图 5-28、图 5-29)。

当三个棋子构成一个三角形时,白方胜(图 5-30、图 5-31)。

白棋移动时,应尽量避免在同一直线上,可分头包围,争取把黑棋逼进死胡同。黑棋应尽量在中间五点移动,寻求胜机。

三、行直

闽南乡村盛行一种弈棋游戏,无论是田间耕种的间隙,还是闲暇无聊之时,有兴趣的人都可以画地为盘,以小石子、小瓦片为

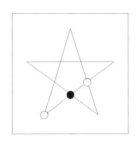 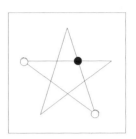

图 5-29　五角星棋三　　图 5-30　五角星棋四　　图 5-31　五角星棋五

棋子,兴高采烈地斗上一盘,这种游戏的名称叫作"行直"。

　　行直的棋盘由三个大小不同正方形组成,把三个正方形的对角线和边中线连接起来,构成方形的网状图形。(如图 5-32)

　　棋盘上二十四个横竖交叉点就是棋子的落点,棋子只有两种颜色,每方各十二子,有条件的可用围棋子,没有条件的就地取材,用小石子、小瓦片代表棋子。

　　谁把对方的棋子吃光,谁就获胜。弈棋时有三种吃法:提子、担子、敲子。

　　提子。当把自己的棋子下成三子一线时,就是"直",就可以任意提取对方一个棋子,这就是提子(如图 5-33,黑方把棋子下在箭头指向的落点时,就构成一条横线"直")。

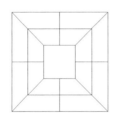 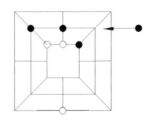

图 5-32　　　　　　　　图 5-33　直

　　担子。当对方的棋子在一条正方形边线的两端时,把自己的棋子下在中间的落点,就可以把对方的两个棋子吃掉。对角线和中线的棋子就不能"担"(如图 5-34,白方把棋子下在实线箭头指示处,就可以把左右的黑棋子吃掉。如果下在虚线箭头指示处,不能吃掉上下两个黑子)。

敲子。当对方棋子处在对角线或中线的中点时,而自己已在上角或下角布下一子,这时只需在对应的下角或上角再下一子,就可以把对方的棋子敲死(图5-35,白方下在箭头指示处,就把中间的黑子敲死)。

下棋要讲究攻守平衡,进攻不能忽视防守。防守时,要针对对方进攻招数采取不同策略,当对方要"直"时,要及时"堵";对方要"敲"时,要注意补子;落子时,还要防止被对方"担"。进攻时,要讲究布局,要综合情势进行判断,即综合运用直、担、敲,让对方顾此失彼、首尾难相顾,只得损兵折将。棋艺精湛的人还通过巧妙布局,形成连环杀,俗称"挨土砻",步步杀招,逼得对方丢盔弃甲,缴械投降(如图5-36。双箭头所指的黑子上下移动,就形成连环杀,可以反复提起白子)。

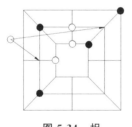
图 5-34　担

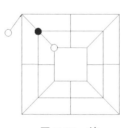
图 5-35　敲

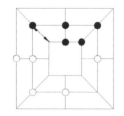
图 5-36　连环杀

四、吥螺[①]

在古时候,吹螺号是战斗冲锋的信号。战士们一听到螺号声,纷纷冲出战壕,杀向敌人。吥螺虽说只是地板游戏棋,但攻击性很强,很适合争强好胜的人对弈厮杀。

游戏时先在一块砖上画一个九宫格,顺着九宫格的四个外角

---

①　吥螺(bū lé):吹响螺号的意思。

添上四个圆，这就是螺，四个螺与九宫格构成漂亮的梅花形状棋盘，这就是吓螺游戏的战场。游戏双方各有 6 个棋子，摆在九宫边框的交叉点上，只留中间一个小正方形的四角用来挪移和走棋（如图 5-37）。

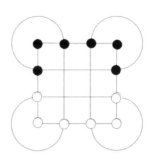

图 5-37　螺的初始状态

棋子在九宫格移动时，每次一步，可以横走或直行，但不能走斜线，也不能不走。单在九宫格行走的棋子没有攻杀力，只能为自己腾出进攻路线或堵住对方的行动路线。

棋子走圆弧与直线的交叉点时，且弧线的另一端没有自己的棋子阻挡，就可以顺圆弧迂回到另一个交叉点的棋位上，这就是"吓螺"，吓螺后的棋子有攻杀力，它可以沿着迂回的方向一直向前，停在任何一个交叉点上。前进时，遇到对方的棋子，就可以把它吃掉，然后停在对方被吃掉棋子的位置上（如图 5-38 所示。黑方先走，黑方 1 号棋子通过顺时针吓螺后，沿直线行走可以吃掉白方 2 号棋子，然后停在该位上；而后行白方的 1 号棋子也可以逆时针吓螺后紧接着把黑方 1 号棋子消灭）。

一次吓螺，未遇到自己的棋子阻挡，也吃对方的棋子，可以第二次吓螺，再前进，第三次吓螺……直至吃掉对方棋子（如图 5-39。黑方 1 号棋子连续两次吓螺后，吃掉白方 1 号棋子）。

当一方的棋子全部被消灭时，游戏结束。

圆弧线与直线的交叉点是游戏双方的兵家必争之地，行棋到

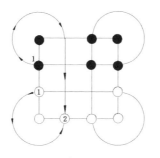

图 5-38　吓螺一

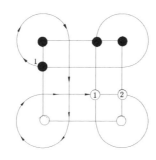

图 5-39　吓螺二

这一点上,才能发起进攻。所以,首先要让自己的棋子走到这个点上,并且不互相阻挡。其次,也可以通过棋子移位,阻挡对方吓螺。

吓螺是对抗性很强的博弈,没有牺牲是不可能的,下到最后,往往是单枪匹马决胜负。所以,对弈双方只能通过精确计算步数,巧妙移动棋子,争取留下最后一个棋子,击垮最后一个敌人,赢取最终胜利。

第五节　竞技篇

好强、好胜、好上是儿童的天性,爱赢不服输的心理人皆有之。因此,儿戏童玩中无处不存在着较劲、比拼。掌握绝招、怪招,甚至是毒招、损招……竞技场上历来是"胜者为王,败者寇","爱拼才会赢"是亘古不变的至理名言,胜不骄,败不馁,才是真正好汉。

一、推肚脐

争强好胜,显示自己身强力壮是男孩子们的专利。男孩子角力的方式有很多,如摔跤、压手霸(掰手腕)、劈砖块、捏土块,在闽南最受欢迎的角力方式是推肚脐和推手尾。这两项比赛方法一样,只是推肚脐比的是腰力,推手尾比的是臂力。力气相差无几的就腰对腰,手对手进行对抗。两人实力悬殊,就可以手臂对腰部角力,所以力气大的人往往自豪地说"唔惊注汝来,手尾对汝脐"(不怕你再来,我用手臂对付你肚脐)。

图 5-40　推肚脐

一把扁担、一条长椅、一根木棍都可以成为推肚脐的道具。比赛时一对一单挑,决出角力王。

比赛前可推选一人当裁判。裁判先在地上画一条横线作中线,把扁担的中点对准中线。比赛双方各站一边,用手掌捂住扁担头,然后垫放在自己的腰部(扁担一定要用手掌垫着,才不会在比赛时伤及内脏），接着搭好弓步，绷直后腿，降低重心，目视对方。

裁判把举起的手臂往下挥，喊一声"开始"，双方便后腿蹬地，前脚抓地，把全身力量集中在腰部，然后在后腿的推动下往前使劲，前身逐步向前移动，力量通过手腕作用在扁担上并传向对方。

有的人爆发力强，一开始就猛一发力，后腿用力蹬，前脚碎步移，步步紧逼，迫使对方节节退让。有的人耐力足，弓好步，屏住气，按兵不动，挨过对方"三板斧"，待他力量减弱时，突然迎前顶，后发制人，杀对方一个措手不及。有时双方势均力敌，推得脸红脖子粗，扁担却纹丝不动，旁观观众就大声鼓掌加油，激起大力士的斗志，两人进进退退推搡数回合，直至气喘吁吁，精疲力尽，最终耐力差的败下阵来。

当其中一人前脚脚尖踩到中线时，就算胜利！

推手尾与推肚脐的比赛规则基本类似。只是扁担的一头直接握在双方的掌中，伸直手臂，通过手臂把全身的力量作用在扁担上，推向对方。

后腿蹬地时，脚掌全面着地，这样摩擦面大，蹬力足。前脚掌的趾头要向下弯，尽量抓住地面。前进时如果抬腿过高，就容易失去重心，会被对方抓住破绽，一举进攻。

身子要尽量向前倾，后背与后腿成一直线，与地面呈45度左右夹角，这样能最大限度地发挥你的实力。

二、独脚仙（斗脚士）

金鸡独立、单脚跳、膝盖撞击这三个动作单独完成时，都挺有难度，三个同时做，会是怎样呢？独脚仙就是要求同时做好这三个动作的游戏，可以锻炼人的平衡感、协调性、技巧性和弹跳力，也是一项男女皆宜的竞技游戏。比赛时用膝盖相互撞击，所以也称作斗脚士。

根据人数的多少画一个大圆圈，这就是独脚仙的竞技场。参

图 5-41　独脚仙

加游戏的人站在圆圈内,单脚独立,用双手抱住另一只脚的小腿或脚掌。

用支撑脚跳跃,收缩起来的脚就像犀牛的独角,用这"独角"相互碰撞,对攻的方式多种多样:正面膝盖撞膝盖,这是火星撞地球,两强相遇勇者胜;由上往下压,犹如泰山压顶,让你来个狗吃屎;由下往上顶,如同推土机,掀个人仰马翻。如果一方失去平衡,双脚着地就算失败。在进攻与退守中,如果支撑脚踏出圈外,也要算输。

失败者出局,获胜者再继续顽强对抗,直到剩下最后一人,就是本场冠军,真正的斗脚士。

比赛时,也可以采用两两对抗的形式,通过层层筛选,最后赛出冠军。

平衡感很重要,人单脚站立时如同陀螺,静止状态下很难站立,运动时却能保持长时间站立,所以要通过支撑脚的前后左右跳跃获得平衡。

进攻时不能用力过猛，否则，容易因惯性而失去重心。

防守时可以通过腾挪躲闪，避开别人的正面进攻，然后来一个借力用力，顺势把对方顶翻。

三、敲跷仔

奥运会上有一种球类竞赛项目，虽然在国内还不普及，但在国外却非常盛行，这就是垒球。垒球分为攻守双方，进攻的击球手把对方投手投掷的垒球击打到规定区域，然后奋力跑向垒位。防守一方的游击手早在接球区恭候，垒球飞来时，用手接住，把它掷回垒位的接应队友，队友接到垒球时，进攻队员还没到达垒位，就可以把他封杀出局。反之，进攻方就上垒成功。这就是垒球比赛的一些基本规则。

敲跷仔游戏类似垒球比赛[①]，只是用短木棒代替垒球，竞赛的规则也略有区别，但游戏的方式非常相似，如果把敲跷仔说成闽南乡村的垒球运动，真一点也不为过。

游戏时在空旷处，如晒谷场、操场、戏场，画一个排球场大小的区域，把场地分为两块——击跷区和接跷区，比例约为1∶2。在击棒区的边沿挖十五厘米长的小沟，用来放短棒（如图5-42）。

游戏分为进攻与防守双方，两边人数均等，一般每方两至五人。

攻方站在击跷区，逐个敲跷仔。击跷手执一根长约五十厘米，直径约一厘米的长木棒，这是敲棒，相当于垒球的球棒。在小沟上放一段十五厘米长的短木棒，这是跷仔，像垒球一样用来被击打。击打时，把长棒伸进小沟内，顶住跷仔的中点，猛地用力，把跷仔向上掀至头顶，顺势抢起敲棒，敲击跷仔中部，使它向接跷区飞去。如果跷仔落在接跷区的范围内，就算有效击打。否则就失败出局。每个击跷手只有一次进攻的机会，轮流敲击。

---

① 敲跷仔（kà kiào a）：用长木棍敲击腾空的小木棍。

图 5-42

防守队员分散在接跷区内,聚精会神地盯住击跷手,当对方的跷仔飞来时,便伸手去接跷仔。如果接住,击跷手要把敲棒放在小沟上,由防守方用跷仔投射,要是投中,直接把击跷手射杀出局;要是没投中,则对方得一分。如果没接住跷仔,让它掉在接跷区内,则对方得两分。

当进攻方所有队员都敲击一轮后,攻守双方互换角色。然后,统计得分,以分数高低定胜负。也可以多轮比赛后,以总分决输赢。

为了增加比赛的趣味性,还可以约定不同的扔跷仔方法。如可以用手直接把跷仔扔向空中,像拍羽毛球一样击打;也可以把跷仔从胯下扔至头顶来一个花样敲打;高难度的是把跷仔的一端伸在小沟上,用长棒敲击跷仔露出的这一端,使之翻跃起来,然后像击打高尔夫球一样敲打。计分的方法也可以多种多样,只要约定俗成,双方认定,就可以比赛了。

敲跷仔是种高难度的竞技游戏。抛跷仔要控制好力度,使之刚好跃至头顶,在跷仔自由坠落时敲击;敲击时要尽量选择中点,跷仔才能飞得平稳,同时要控制好力度,使跷仔落在有效的范围内。水平高超的,还可以根据对方的站位,控制好角度,选择空位,让防守方难以接到。

接跷仔有一定危险,防守时要注意穿插跑位,每人守卫一定范围,避免相互碰撞,要眼疾手快,抓跷仔时避免被跷仔击伤。

四、钉干落(转陀螺)

干落就是陀螺,是圆锥形的木制玩具。因为形状像个实心的漏斗,所以闽南人称为干落。玩的时候用一条麻绳均匀地缠绕在干落上,拽住绳子的一端,把干落用劲往地上甩,在绳子拉力的作用下,干落会旋转落地,并因惯性在地面上快速旋转,就像不倒翁,这就是钉干落,北方人称转陀螺。钉干落是技巧性、趣味性很强的游戏,又是锻炼臂力,促进手指灵活性的好运动,备受孩子们的喜爱。

制作干落的木料要求材质细密坚硬,南方常见的相思树、苦楝树、桃树都是制作干落的上好木材,轻飘飘的杉木、桉树不适合做干落的。选中一段好材料,把它的下部削成圆锥形状,上部削成腰鼓型。削的时候要讲究刀功,干落表面要匀称平顺,尖锥与圆心留在正中,手握时大小胖瘦适中。削好后,在圆锥的尖端钉一枚铁钉,剪掉钉帽,只留半厘米左右露在外面,这就是干落尖。干落坯做好后,还可以做些装饰,如画几道圆圈,涂上颜色和青漆,让干落精致美观,转的时候犹如旋转的彩虹。

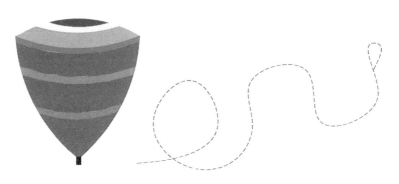

图 5-43　钉干落

玩干落时讲究三字诀:缠、拿、甩。

缠绳子时要先从干落尖缠起,在紧挨钉子的地方绕一圈压住绳头,然后按顺时针方向一圈一圈往上缠绕,每圈要紧紧挨着,但不能重叠,直绕到半腰即可。绳子的另一端系在无名指上。

拿的时候要倒拿干落。干落尖向上,用食指轻轻按住,拇指与中指紧紧捏住干落身。

甩的时候出手要果断。在手掌翻转的瞬间,把干落往前掷,绳子向后提,干落就会顺着绳子抽动的方向旋转,稳稳地落在地面上,快速旋转。

钉干落有三种方法:一是比持久力。看谁的干落转得久。二是比准确度。在地上画一个篮球大小的圆圈,看谁能准确地把干落掷进去,在圆圈内旋转。三是比进攻力。让两个急速旋转的干落互相碰撞,哪个先倒下就是输。输的一方要把干落放在地上,让胜者用干落击大,常常被对方干落的尖端撞击得伤痕累累,面目全非。

钉干落是技巧性很强的游戏,取胜的关键在于经常训练,熟能生巧。当然,材料优质、做工精细的好干落也是取胜的法宝。

第六节　跑跳篇

儿童生性好动,喜欢蹦蹦跳跳,静下来就觉得难受。因此,许多深受欢迎的儿戏童玩都离不开踢、跳、跑。大运动量很能锻炼人,释放潜在的活力,激发热情,即使满头大汗,也觉得舒服;即使跌倒摔伤,也毫不介意……"钢铁"就是这样炼成的。

一、遨车圈

遨车圈是风靡一时的孩童运动,普及程度比现在流行的溜冰鞋、呼啦圈还要高。你瞧:一群光着膀子的"赤脚大仙",手握一根竹棍,驱赶着大大小小的圆圈,或在操场上狂奔,或在街头巷尾穿梭,或在田间小路上耍杂技,或在走廊上玩花样,一个个满头大汗、兴致勃勃,就像舞台上的独轮车表演,更像哪吒戏弄风火轮。这就是集趣味性、表演性、竞技性于一身的遨车圈。

遨车圈所需的器械简单,废弃的自行车钢圈、米筛子的边框、竹制的粗桶箍,甚至是拴牛羊用的小铁圈,只要是圆圈状,宽度在十厘米以内,都可以用来制作车圈。除了车圈外,还要制作一根驱赶的钩棍。先用细钢筋或大号铁丝弯出一个钩子,如同汉字中的"乚",底部要比车圈宽度大一些,若能在钩子上装一个轴承,效果就更好了。然后,把钩子长端插在竹竿上,就大功告成(如5-44)。

图 5-44　遨车圈

右手拿钩棍,左手拿车圈,把钩子对准车圈的右下部,然后左手推动车圈,让它先滚动进来,右手顺势推动钩棍,车圈就开始"遨"起来。拿钩棍的手通过左右细微晃动,控制车圈的行进方向,推力的大小控制车圈的行进速度,这样,车圈就随心所欲地跑起来。

当前进时遇到障碍物,可以把钩子向下移一点,然后把车圈稍微向上托,车圈就会跳过障碍物。

想让车圈速度慢下来或停下来,就把钩子伸进车圈内环,让它与内壁摩擦,如同自行车制动一样,车圈就放慢速度。如果使劲钩住或提起来,车圈自然跑不了。

平常加强训练,熟练掌握技巧,就可以通过启动、加速、转向、跳跃、反向转、转圈圈等玩出各种花样,成为名副其实的"风轮王"。

二、踢毽

踢毽在中国古已有之，从官宦富家到村野草民，都很普及，很盛行。优美的姿势、精湛的技巧，使踢毽成为杂技团里具有中国特色的传统节目，深受世人喜爱。

图 5-45　踢毽

早年踢毽的人都要自己制作毽子，因为毽子没地方买。制作毽子也不太难，谁都可以学会。

纸毽子。取一枚铜钱或硬币，放在方形纸的下端（如图 5-46）应左右距离相等，各两寸左右（纸质薄而韧者为佳）。然后用纸盖着铜钱连续折叠翻转成窄窄的长方形。接着，把铜钱两边的纸条扭转一圈后向中间尽量折卷起来，用一条线扎紧（如图 5-47），最后，把卷成条的纸散开，用剪刀细心地剪成宽度大体一致的小纸条。这样，一只漂亮的纸毽就做成了（如图 5-48）。

毛线毽。材料：铜钱一只，废旧羊毛线或细纱绳备若干。用具：缝棉衣的大号针一根，筷子一支。开始时，先穿线过针眼，把一端绑在筷子上，然后穿针引线从铜钱的方孔钻过，扎成如图 5-49，接着，线绕挂筷子后再钻线孔，缠线后到方孔边打结，线长约一寸半左右。同样方法，一直到毛线把铜钱的表面都包满为止

图 5-46　纸毽制作一　　图 5-47　纸毽制作二　　图 5-48　纸毽制作三

（如图 5-50）。最后，沿筷子把挂着的毛线剪断就可以了。

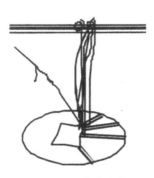

图 5-49　毛线毽制作一　　　　图 5-50　毛线毽制作二

　　纸毽与毛线毽因用料不同，耐用程度也大不相同。纸毽踢一阵子之后，包在铜钱上的纸容易磨破，毽毛也容易断落；毛毽经久耐用，只要毛线不打结成团，可以踢好几个月。男孩子常用纸毽，女孩子则喜欢踢毛线毽。

　　除了常用的纸毽和毛线毽外，只要动脑筋，制作毽的方法还有很多。比如把葡萄糖液瓶的橡皮塞拔起来，插上鸡毛，就成了鸡毛毽；最简单的是葱、蒜登场上架时，把葱、蒜的须根连同一小片根基切下来，就成了天然的毽子了。

　　万事开头难，别把踢毽看得太简单，踢一下两下容易，要连续踢几十下,甚至上百下可就难了。踢毽要先熟悉毽的特性和要领,毽的底盘有铜钱,较重,抛高时,总是底盘朝上,往下掉落时,底盘也总是向下。踢毽就是趁毽子下落离地还有一定高度时,用脚板踢起的。要踢得毽子上升到一定高度,才来得及踢第二下。踢歪了,就不容易接着踢。毽的轻重直接决定毽升降的速度,轻的会飘,降得慢;重的较沉,降得快,应调整好"应接"的准备。

踢毽时,接触毽盘的部位,可以用脚底、脚腰,有的偶尔也用反脚腰或前脚掌。最基本的踢毽是一脚立地,一脚踢,踢的脚踢后赶紧脚掌点地,站稳身子。有了技术的,可以悬脚踢,即踢毽的脚不必着地,连续迎毽就踢。除了单脚踢之外,还可以两脚轮流踢……

学习踢毽,要从生疏到熟练,熟能生巧,高超的毽艺是苦练出来的。通过苦练、尝试、摸索,可以踢出许多新花样。要不,怎能成为杂技的节目呢?

踢毽很好玩,也很好看。即使看踢毽的人那面相、表情,手的划摆,也很有意思,能让你忍不住笑。不信,你试试。

三、跳索

跳绳花样繁多,可简可繁,随时可做,一学就会,是男女老少皆宜的健身运动,也是一项耗时少、耗能大的有趣运动。持续跳绳十分钟,相当于慢跑三十分钟运动量。

从小练跳绳,好处多又多。首先跳绳加快胃肠蠕动和血液循环,促进机体的新陈代谢,有利身体健康成长;其次是跳绳时的动作左右开弓,上下齐动,结合数数,有助于左脑和右脑平衡、协调地发展;在跳绳过程中,有时是单人跳,有时是双人跳,有利于形成准确的方位感,还能够自觉地形成组织纪律性,培养团队精神呢。

(一)短绳跳

短绳跳只要短绳一根,玩法有四种。

1.短绳单人双脚跳

两手分别捏住绳子的两端,手摇绳子由背后(前面)向上绕起,经头部绕至前(后)下方,待绳子快落地时,双脚蹬地跳起,将绳子从脚下绕过,双脚轻轻落地;或一只脚跳起先落地,另一只脚随之落地(蹬车式);可以原地跳,也可以行进跳。

2.短绳单人单脚跳

与双脚跳相同,但始终是一只脚跳起和落地,另一只脚悬空。

3.短绳单人绕花跳

同上面跳法,但手臂在胸前交叉绕绳。可两臂交叉摇绳连续跳;也可以交叉摇一下绳子,跳一下,然后两臂分开摇绳子,跳一下。不断反复。

4.短绳带人跳

一个人摇绳跳,另一个人站在摇绳人身前跳。熟练的话,被带跳的人还可以弯腰从摇绳人的腋下钻过,围着摇绳人绕圈子呢,这需要两人的技巧与默契配合。比如:摇绳人要将双手平举起来摇绳;被带的人要尽量弯下身子,双手抱在胸前或夹在背后,使身体变小些;另外还要注意配合绳子起落的节拍。带人跳,可以一次带一个人,也可以一次同时带两个人(摇绳人前后各带一人跳)。

(二)长绳跳

长绳跳要用一根或两根长绳,玩法有三种。

1.长绳单摇定位跳

先以猜拳游戏决出两人为第一、第二摇绳者。

两个摇绳者分别捏住长绳子的两端,跳者一人或几人站在绳子中间,摇绳者同时往同一方向摇动绳子,跳者随着绳子的起落有节奏地跳。

踩到绳子的人为失误者,要与第一摇绳者换角色,变成第二摇绳者。依此法轮换,能跳者(没有失误)基本不用当摇绳人。

跳者也可以边跳边丢捡小沙包、小石子等物或做些花样动作——单脚跳、弯腰跳、蹲身跳等,增加难度、锻炼技巧。

2.长绳单摇跑动跳

先以猜拳游戏决出两人为第一、第二摇绳者。

两个摇绳者分别捏住长绳子的两端往同一方向摇动起绳子。

跳者跑进摇动的绳子中跳,一定时间后跑出。

可以规定边跳边数到多少数、或边跳边念完一首儿歌最后一个字时,用脚跨下绳子,才算过关,否则为失误者。

参加跳绳者多人时,应该排成一路纵队,一个接着一个,一次跑跳绳。

失误者与摇绳者互换角色。

3.长绳双摇定位跳、跑动跳

基本同上述玩法。

不同的是,摇绳子的更难些,需要摇绳者双手都捏住两根绳子的一端,两人同时双手向内(或向外)依次绕动来摇动两根绳子,让两根绳子此起彼落。而跳绳者要同时注意两根绳子的起落节奏,需要更为精湛的跳绳技能和技巧。

四、跳七星(跳粟仓)

跳七星就是一种跳格子的游戏。玩的时候要投、跳、走、踢多种动作连贯完成,运动量不大,但技巧性很强,所以,深受女孩子的青睐。

玩之前要先画格子,共有七个格子,六个长方形,一个三角形,每个格子以七大星球取名,分别是金星、木星、水星、火星、土星、地球、太阳。七个格子组成粮仓的形状,所以跳七星也叫做跳粟仓(如图 5-51)。

两至六人一起游戏,可以独自算成绩,也可以分两组对抗。

第一个玩的人手拿一块瓦片(木头、砖块、石头也行),站在金星格外的横线上,把瓦片投在格子里(不能扔到格外,也不能压

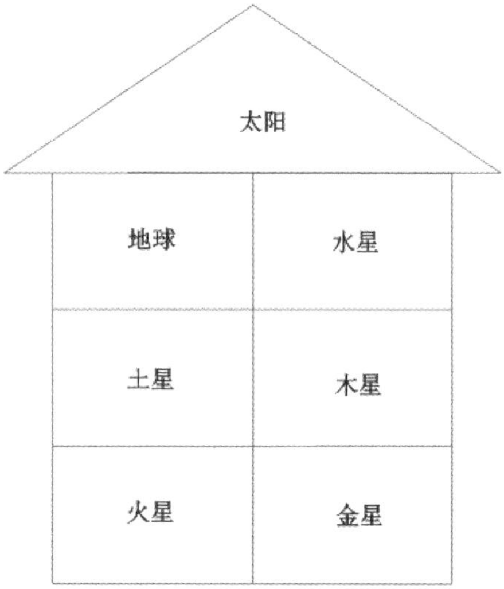

太阳

地球	水星
土星	木星
火星	金星

图 5-51　粟仓状的格子

线),然后,单脚跳进格子里,把瓦片踢回横线外(跳的时候踩线或踢的时候踩住瓦片均算失败)。人跟着跳出格外,双脚落地,伸手拿瓦片(如果拿不到,也算失败)。这样就完成跳第一格的任务。

按照同样方法跳木星格。只是过金星格时要一次跳过,瓦片踢回时也要一次出格,瓦片停在金星格上也算失败。

依次类推,按金、木、水、火、土、地、日的顺序跳。最后跳太阳格,必须从金星格跳进去,绕一圈后,从火星格跳出来。

跳的过程要是失误,就换别人跳,自己等下一轮接着跳没有完成的格子。七星跳完,没有任何失误,就算成功。可以把金星格画一半占为己有。这一半只供自己用,别人不能投瓦片,也不能经过。接着由第二人跳。

每个人都完成任务时,格子也被瓜分一大半,第二轮的游戏难度就增大一倍,对抗性也就更强。

第七节　制作篇

穷人的孩子早当家,自己的玩具自己做,从不求人。既动手又动脑,既饱尝失败的苦闷,又享受成功的愉悦。自制的玩具弥足珍贵,玩起来也更有滋味,谁都爱不释手。这真是,自己动手,丰"玩"足"趣"! 所以有人说:"孩子都是在玩中长大的。"

一、单杠超人

制作单杠超人,既简单又好玩。

材料:较厚硬纸板一片、篾片一尺、较粗纱线约一尺。

工具:针、剪刀。

在硬纸板上分别画人的躯干和四肢,如图 5-52。画好后,用剪刀剪下来。

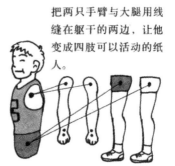

把两只手臂与大腿用线缝在躯干的两边,让他变成四肢可以活动的纸人。

图 5-52　超人部件图

把手和脚的关节装到身体的相关位置上。用针引线穿过,线两端要打结。如图 5-53。

把篾条拗弯成"U"状,再把纸板人安装上去。针引线,先在"U"形一边的上端打结,针带线钻过纸人手掌的上孔,线在"U"的另一端绕过打结。从稍下一点打结后,再针带线钻过纸人手掌的末端的孔,拉线到"U"的一边打结。线的走向如图 5-54。

用手按篾条,让篾条上的线时松时紧。当篾条绷紧线时,纸人双手撑在线上,如单杠的上杠动作。

当拉线松些时,纸人掉下,掉在杠上。

当再放手,让线再绷紧时,奇迹就出现了。由于绷线的松紧和绷起的快慢,那纸人的功夫就尽显出来:有时跨脚上杠;有时倒立杠上,双脚还能叉开呢! 有时前翻劈腿,有时后翻骑杠……真

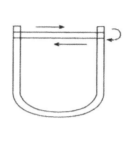
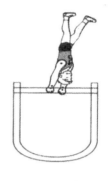

图 5-53　超人安装图　　图 5-54　U 形篾条　　图 5-55　成品

是变化多端,甚至出乎意料做出真人都难以完成的动作哩!

二、拍搏仔

拍搏仔并不是鼓掌,而是以前流行的童玩。搏子用竹子做,利用一根小棒,把"子弹"从竹管中推出"膛",因为空气压力的缘故,"子弹"推出时能响出"暴"的声音。

制作搏子的子弹不可能太大,因此,竹子不能太粗,口径以一粒绿豆大小为宜。平原上房前屋后的竹子,老竹太大,适宜大小的竹子都太嫩,干了以后不是瘪了就是太软变形,不适宜做搏仔管。只有山顶上生长的观音竹最适合,这种竹子再久也长不粗,老竹子只有手指粗细,那管洞最合适填搏仔。

做搏仔枪。选取长得挺直的,大小均匀的观音竹,约五寸长,两端都从"节目"截断。靠节一寸处截断,然后取一支竹筷,削成小棒,插紧在有"节"的一段,外露的部分比四寸长的那一段竹管短一点,粗细以能在管内进出自如为准。这样,搏仔枪就做成了(如图 5-56 所示)。

摘搏仔籽。天造地设,有一种树叫搏仔树,每年四五月间到八九月,树上会结搏仔,都是绿豆大小,密密麻麻,不计其数,折下一支,足以让你打半天。这种搏仔树在农村的田野山间经常见到(梵天寺的大轮山上有好几株)。未成熟的搏仔太小、太嫩(易捣

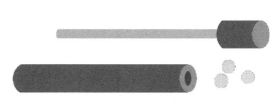

图 5-56　拍搏仔

烂或瘪），当子弹易漏气，拍不响。成熟的搏仔太大了，那没关系，填不进管，往石头上墙上一顶就能压进去，那"籽"的皮、肉破了也没关系，籽核还在，这样密封性更好，往往拍得更响。搏仔采多了，一时用不完，要放在阴凉处或泡在水里，否则时间一久，干瘪或变软就拍不响了。

没有搏仔，可用废纸浸水当子弹。纸要浸透，用时捻一块，捏成小团，把水挤干，就可以上膛了，效果并不比搏仔差。

拍搏子时，先用一枚子弹塞进竹管口，用小棒推到竹管的另一端。第二枚子弹上膛，用木棒推进时，管内的空气受到压缩，气压越来越大，最后压迫管尾的第一枚搏子，那搏子就会飞出去，发出"暴"的响声。推的速度越快，空气瞬间的压力就越大，那搏子就飞得越远，响声也越大。

拍搏仔很好玩，既可比射得准，射得远，也可以当枪使，用来打仗、射击，离两米打上了也不疼，既有趣又安全（玩时不要对着人的眼睛）。

装搏子时不能留有空隙，否则无法压缩空气，搏仔枪就不响了，搏子也弹不出去。用纸作的子弹一定要浸水，干纸会走漏空气。

三、不倒翁

平常把鸡蛋放在桌子上时，稍不小心，就会滚动，甚至掉到桌子下，摔碎了。因为蛋是圆的，与桌子的接触面小，所以立不稳。可是，聪明的孩子稍加改造，能让鸡蛋轻轻松松地立在桌面上，百般按捺，千般旋转，都能耸立不倒，这就是不倒翁。

　　关于不倒翁,有这样一个故事:清朝有个大官,党羽众多,一次,一个自称门生的人来拜见,带来一个大漆盒,打开一看,里面是百十个大小不同的不倒翁。门生说:"家乡的泥土易制此物,技艺亦颇精巧,特送给大人解闷。"大官收下了,暗笑这门生有点儿冒傻气。门生走后,家人都来看玩意儿,发现每个不倒翁背后都贴着写有名字的字条,其中最大的一个贴着那位大官的名字。盒内有一纸条,上写:"头锐能钻,腹空能受,冠带尊严,面和心垢,状似易倒,实立不扑。"此言把不倒翁的形象刻画得惟妙惟肖,且刺之痛切。大官大怒,令手下人细查,才发现自己根本没这样一个门生。

　　不倒翁为什么不倒呢,秘密在肚子里,动手做一个不倒翁,谜底就揭开了。

　　原来,看一个物体稳定有两个条件:一个条件是支持物体的面积的大小,还有一个条件是物体重心的高低。不倒翁就是通过改变重心让它稳稳地站立在桌面的。

　　空蛋壳一个(鸡蛋、鸭蛋、鹅蛋即可)、橡皮泥、小铁块、蜡烛、彩笔。

　　选一个完好的蛋,在桌角轻轻敲打。敲蛋时要敲击椭圆的尖端,不要敲中间。敲开一个小洞后,用筷子伸进去搅一搅,把蛋液倒出来。把蛋壳清洗干净。

　　从小洞塞进一块橡皮泥,小心按实,再把小铁块放在中间,把蛋壳放在桌面上调试,调整铁块位置,使蛋壳能够直立在桌上。

　　点燃蜡烛,把烛泪滴进蛋壳里,把小铁块与橡皮泥固定住。所有填充物的高度不超过蛋壳的三分之一。按捺旋转几次,只要蛋壳在摇摇晃晃中还能恢复到直立姿势,这个不倒翁就算成功了。

　　做一个小帽子或用蛋壳片把小洞掩盖住,再用彩笔在蛋壳外画上自己喜爱的图案,如白鼻子县官、蜡笔小新、哆啦A梦等等,漂亮的不倒翁就大功告成。

图 5-57　不倒翁

玩的时候可以比赛谁的不倒翁站得直,画得美,转得久。

四、做风遨

风车在闽南语中叫风遨。举着风遨,到处招摇,或快速奔跑,让它转个不停,是孩子们乐此不疲的事。把风车插在迎风处,看它"呼呼呼"地直转,心里甭提多舒畅。自制的风遨主要有三种:一是纸风遨,二是树叶风遨,三是易拉罐风遨。

(一)纸风车

材料:硬板方形纸一张,一根小木棍,一枚图钉。

在正方形的硬板纸上画出对角线,用剪刀沿对角线由外向内剪,剪至离中心点约三分之一处,变成四个顶点连在一起的三角形(图 5-58)。

按顺时针方向,每个三角形的后角弯向中心点,重叠在一起。用图钉把四个角连同中心点一起钉在小木棍上。注意不能钉紧了,要让纸板能够转动。

用手拿着木棍,让风车对准来风,它就可以转动起来了。如果用彩条纸制作风车,转动时非常漂亮。

(二)树叶风车

材料:带叶柄的榕树叶六片,小木棍一根,图钉一枚。

先拿五片叶子,正面向上,把叶柄循环插入叶片中,五片叶子

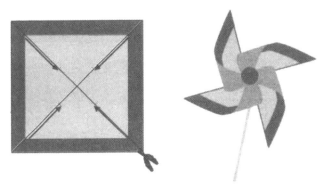

图 5-58　纸风车

构成一个五角星形状。把最后一片叶子垫在下面,五个叶柄又插入这片叶子上。六片叶子就组成一个五叶的风车。

用图钉把风车钉在木棍上,迎着风,风车就可以转动了。

（三）易拉罐风车

材料:易拉罐一个,木棍一支,小铁钉一枚。

图 5-59　树叶风车

方法:

用剪刀把易拉罐剪掉一半,留下底部一半。

把罐壁平均分为五至八份,用剪刀剪至罐底。把剪断的锡片向外展开,在底部折,压平。

用小铁钉穿过罐底中心钉在木棍上,稍微摇动,使它能自由转动,风车就做好了。

第八节　杂耍篇

纵观老一辈人孩提时代的儿戏童玩,只有想不到的,没有做不到的。这些杂耍其实并不复杂,只是较少人玩,不普及;抑或是淡忘得太久,有些陌生。然而,它仍根深蒂固地播种在翔安人的心田里，这些精神遗产朴实无华，蕴味无穷，应让其薪火相传。

一、挤油

早年地球没有"温室效应""气候变暖"，冬天气温很低，下霜、结冰是常有的。那时没有"保暖内衣"，穷人穿的是"棉绩纱"，没有毛衣、长年打赤脚，很难御寒。加上卫生条件不好，营养又差，温饱没有保障，冬天是最难熬的日子。

图 5-60　易拉罐风车

冬末春初，是一年中最寒冷的时候，天寒地冻，脚麻手僵鼻尖红。老人取暖用"火窗"，小孩取暖用"挤油"。挤油，是受农村土法"榨油"的启发，发明的集体游戏。就是几个小孩背靠墙壁肩挨肩，挤来挤去。挤油的人越多，越有趣。

一排人背靠墙壁，肩与肩紧挨着，双脚着地用力蹬，两头都往中间猛挤，边挤边喊"一、二、三"，齐心协力，中间的受不了挤压的，站不稳脚的，就被挤出行列。这就是出"油"。被挤出行列的，有的"助弱不助强"支援快被挤倒的一方，有的"助强不助弱"加入胜方，都是从两端接龙。

这样挤来挤去，不一会儿，就脸红耳赤，身子渗湿，额头冒烟。那寒冷早就消失得无影无踪，浑身上下热乎乎的。

挤油好玩是好玩，可是每次回家，少不了奶奶的唠叨，妈妈的数落。因为背后衣服上沾满泥土灰尘，忘了拍打掉，留下证据。有时衣服磨破了，后果就更严重。

挤油也要讲究技巧：脚一定要站稳，不要太靠墙根，斜一点较有顶力。最关键的是肩头要尽量往左右伙伴的肩后钻，这样可以紧贴着墙。如果被别人的肩头插进来，背离了墙，就没办法使劲了，很容易被挤出局。

二、考水偏(打水漂)

花钱没办成事或买到没用的废品,常说是把钱打了水漂,"打水漂"就是"考水偏",简称"考偏"。要是说把瓦砾投到池塘水里,不会"嘭"的一声沉下去,你信吗?那瓦砾还会在水面上跳跃飞腾,你信吗?说不定那瓦片还会跳上对岸,可能吗?你准会说,这是在白天说梦话吧!过去孩子们玩的"考水偏",就能出现如此的奇观。

"考水偏"讲究选材和技巧。用稍稍弯曲的瓦片"考水偏"效果最好,薄薄的碎碗片也不错,厚重的石头和砖块就差多了。以饼干大小的瓦片最适宜,甩出去时又飘又远,水漂一个连一个,如蜻蜓点水,非常壮观。

图 5-61　考水偏

"考水偏"时,人必须站在靠池边的岸上,尽量贴近水平面。因此,扔的时候身体要向一边倾,使出手时的瓦片与水面的夹角越小越好。捏瓦片的方法很讲究,是能否"考"出好"水偏"的关键。中指和大拇指夹住瓦片的正反面,食指压住瓦片的侧边沿。投向池水时,要让瓦片的前方略微翘起,让后跟切到水面。如果瓦片是弯凹的,要让凹面朝上。这样,摔出手的瓦片旋转着飞贴水面,借助推力,能拍到水面后又跳起来,借着还有余力,又向前拍水继续前行,打出一个、两个、三个……水涡来。当然,随着前进的推力越来越小,弹出水面的高度越来越低,两个水涡的距离也越来越近,最后没力气了,那瓦片才摇摇晃晃地沉了下去。

"考水偏"最适宜平静宽阔的水面,一般是水潭、池塘;没有漩涡激流,默默流淌的河水溪流也行,顺水"考"较容易成功,逆水"考"难度较大。

瓦片脱手时的力气越大,只要角度正确,那瓦片漂在水面的次数就越多,飞得越远,如果还有余力,最后还能跳到对面的岸上。其实,要让瓦片跃到对岸也不难,只要力气足够,而且让瓦片第一次贴水的地方远一些,刚切水的前几下劲头足,跳得高、漂得远,借助这样的冲动,跳到对岸是没问题的。跑到对岸捡起跳上岸的瓦片一看,你会惊讶地发现:那从水里飘上来的瓦片,竟然一面是干的!

刚学"考水偏"时,往往瓦片一入水就沉下去,除了溅起水花之外,一个"涡"也没有。训练久了,掌握了要领,熟能生巧,谁都可以"考"出称心如意的"水偏"来。

三、掠蟙壳

"掠蟙壳"又称"挑绷绷",俗称"翻网",是训练指掌的游戏。玩的过程中,可以不断训练手指的直、曲、分、合、翻、转等功能,使手掌各部分的小肌肉群得到充分有益的锻炼。俗话说"十指连心",指掌无比灵巧时,一定会变得更聪明。

取一根五十厘米长的线绳,将两端相互系结成环状。按图5-62所示步骤进行操作。

图 5-62　掠蛾壳

先由一人将线绳织在手上造型。然后,由他人将线绳移到自己手上造另一种造型。由此依次不断地移织,看谁的造型最美最新。

步骤:

其一,甲先用手掌把绳圈撑开,手心向内。如图 5-63。

其二,双掌绕一圈,除大拇指外,绳圈在手掌上绕一圈。如图 5-64。

其三,用中指分别挑起掌心的线绳,使之交叉。如图 5-65。

图 5-63　翻网一　　　　图 5-64　翻网二　　　　图 5-65　翻网三

其四,调整绳圈的松紧,构成网袋形状。如图 5-66。

其五,乙用拇指与食指捏住十字交叉处,向下绕过底绳,由内往外撑开,其余三指收拢。甲松开双手,完成第一次交替。如图5-67。

图 5-66　翻网四

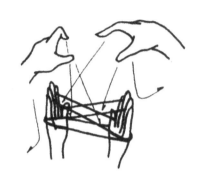

图 5-67　翻网五

其六,甲用拇指与食指捏住网中间两个交叉点,向外拉,绕过边线,再由外向内撑开。如图5-68。

其七,乙用小指勾住里面两条直线,使之交叉,然后,用拇指与食指撑开两条外线。如图5-69。

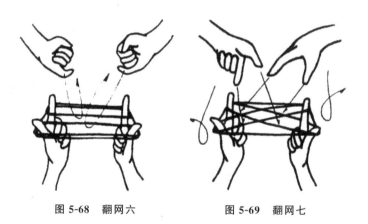

图 5-68　翻网六

图 5-69　翻网七

双方还可以选择不同的挑法,让绳圈变化各种形状。

四、编麦马

麦秸还可以用来编麦马。只需用到四根麦秸就可以编出一只栩栩如生的小马驹来。若发挥想象力,编织时身体、颈部、四肢头部稍加变化,就可以编出不同的动物来,如长颈鹿、梅花鹿、小狗。

没有麦秸,可以用彩色吸管或半厘米宽的彩条纸代替,一样可以编出很漂亮的麦马。

编麦马共有二十多个步骤,请跟着图示学吧。

其一,横放一根麦秸。

其二,竖放一麦秸,构成十字。

其三,再横放一麦秸,压在上面。

其四,把第一根麦秸两头向下折。

其五,中间竖麦秸掀起来。

其六,再塞进一根横麦秸。

其七,把竖麦秸返回,压住第三根横麦秸。

其八,用数字标识。

其九,把 1 折往 3 下面。

其十,3 压住 2(注意数字的变化)。

其十一,掀起 3。

其十二,把 5 向下折。

其十三,1 压住 4。

其十四,同样方法,一上一下,注意穿插,变为图 15。

其十五,掀起 13。

其十六,把 2 向左上方折后,用 3 压住。

其十七,1 向右上方折。

其十八,把 3 再向左上方折。

其十九,把 4 向 2 下方移。

其二十,把右边一根麦秸绕圈绑住马头。

其二十一,把马头扎紧。

其二十二,修剪剩余麦秸的长度。一个栩栩如生的小马驹就编好了!

第六章　民间制作

在翔安人的生活中,民间制作是必不可少的。民间制作丰富多彩,古往今来,由集体,或个体,经营制作,各具特色,是人们谋生的手段。无论平时、家宴或年节,民众制作、购买是自由选择、不受限制的行为。严格地讲,民间制作时对物品和物体的加工过程,是非物质文化遗产,除让人们看到其表象,更重要的是领会其丰富的内涵。本章仅从副食品、建筑材料、福船三个部分简介几种物品的制作过程。

第一节　副食品制作

翔安副食品制作多种多样,随着社会发展,传统的副食品制作已被机械化制作所取代,一些大型的制作,如制糖、土法榨油,已成历史。副食品制作除了本节收集的各种之外,还有很多,诸如豆干、豆腐、面线、米粉、豆糍、马蹄酥、贡糖、桔红糕等等,抑于编者见识的局限性,无法全面收集。本节除"晒盐"是王泗水先生收集之外,大部分以洪水乾老师多年的收集整理为基础,编汇而成。

一、制糖

20世纪50年代,农业合作社以前,翔安农民广泛插种糖蔗,一是糖蔗经得起旱季考验,二是蔗糖可卖点钱来聊补年关。甘蔗榨糖的作坊就叫"糖铺"。①

当时习惯用自己种的甘蔗,自己榨糖。糖铺是大型作坊,不

---

① 　糖铺(tǎg pô):旧时农村中压榨糠蔗,制糖的临时作坊。

可能家家户户都有。到了甘蔗收成季节，一个乡村很多家庭同时要榨糖，只好抽签排先后顺序。到"倒蔗"的那天，主人大清早把甘蔗踩倒，将捆好的甘蔗挑到糖铺附近准备好的位置上，用镰刀剔去蔗叶，削去蔗尾，然后将甘蔗集中堆到糖铺榨轮旁边，一家一堆按顺序摆放。

糖铺里榨甘蔗的器械，主体是两个大青石碾，石碾直径六十到八十厘米，高五十至七十厘米，石碾上下两端圆心处都凿有一个直径约十五厘米的八角形孔，用来安装石碾的上下轴。石碾底部凿有一周石齿，两个石碾的石齿轮互相咬合，转动一个石碾带

图 6-1　青石碾

动另一个石碾。把上下加轴、互相咬合的两个大青石碾，并排竖放在粗大的方木框里，再用大小、长短不一的方木固定在场地上。其中一个青石碾的上轴伸出一根粗长的圆木，在圆木未端并排套上三头牛，赶牛的一吆喝，三头牛就拉着石碾，绕着走，两个石碾转动起来"吱吱"作响。榨糖师傅随即将三支五支甘蔗，塞进两个石碾中间，被挤压过的蔗渣就从石碾的另一边出来，副手们把蔗渣浸入清水里，让蔗渣再过一遍石碾，把当中的糖分充分挤出。蔗汁就如泉水般从石碾中间流进凹槽内，再汇集到一个小池。

把蔗汁挑到旁边的大开口低屋里，屋里灶上排列着五个大锅，俗称"糖铺鼎"。大铁锅按田字形排放着，用来熬煮蔗汁。灶台的灶门设在屋外，灶门宽如普通的房门，只是低矮一些，由于灶

膛太大,烧火时,柴必须一捆一捆地扔进灶膛,在灶门边上放着一支长约三米、甘蔗般粗的长铁条,用于搅动灶内未燃透的柴火。屋里熬煮甘蔗汁的师傅在第一锅蔗汁熬煮到一定程度时,就要用特大的勺子舀到第二锅,然后在第一锅里倒入新鲜的蔗汁,第二锅熬到一定程度,再舀入第三锅,同时把第一锅的蔗汁舀入腾空的第二锅,把先后入锅的蔗汁分开来,不停地捞去蔗汁里的杂质。师傅往往要高声向烧火的人喊话,以控制火势。到第五锅熬成后,蔗汁变成红褐色粘手的糖浆。此时,师傅就用大勺子一勺一勺地把熬成的糖浆泼入糖槽并高喊"完糖啦"!糖槽两米多宽,三米长,七八个蔗工都围着兜巾,赶到糖槽边,用大铲子将逐步凝固的糖水翻来覆去,一会儿变赤、变沙;接着用双手将松散的红糖揉搓成团,如拳头般大小;然后将糖团放入事先准备好的糖清中,滚一滚,整颗糖团的外皮显得光滑明亮。主人会将糖团挑回家,存放在大缸里。

糖铺一开始运作,整个村子的人顿时忙碌起来,糖铺范围,男女老少,穿梭来往,各种声音,不绝于耳。

现在村民们都不种糖蔗了,简易的糖铺也消失了,只留下两个巨大的青石碾,默默地守着流失的岁月。

二、榨油

翔安位于闽南沿海丘陵地带,多高陂沙壤地,适合大面积种植花生,花生油是翔安百姓日常生活主要食用油。每当花生收获季节,村里的油坊也开始准备开工。

油坊榨油的主要工具,俗称"油车",是用一整块长约五米,直径约一米的樟木做成的榨床。榨床上面凿一个一头长约三米,宽约二十厘米,深约二十厘米,另一头凿一个长一米,宽四十厘米的凸形槽,里面树心掏空成接近长三米,直径四十厘米米的圆柱内槽,内槽底部凿一条"V"形汇油小沟,小沟钻一小孔通往榨床外做出油孔。榨床外面用铁箍部箍紧,整座榨床稳稳地安放在油坊的地面上。木制用具还有二十几个大大小小的长方体木垫和三四个长条形的木楔子，木楔子圆的一头用铁环箍紧。一块直径不大于四十厘米的圆形铁饼。榨油用的锤子是边长约二十厘米的方形铁锤，中间插有一把坚固的木手柄，重约七八十斤。几十个直径不大于四十厘米的篾条箍圈和铁丝箍圈。

　　花生榨油工序并不复杂，但涉及的工具很多，先用土砻为花生脱壳，再用风柜把花生仁和花生壳分开。榨油分两个步骤完成：第一步骤，先把花生仁放在大磨盘里用石碾压扁压碎，上蒸笼蒸。蒸好的花生用篾箍圈压实，竹篾箍间隔一定距离，连续压几层，高约三十厘米时，整叠放进油床，如此反复，直到圆柱内槽装满为止。最后用四十厘米直径的铁圆饼封口，在大的矩形槽里放进木块，排上木垫子。用手把木楔往下压紧，金黄的花生油就开始流出来，直到不出油，然后用铁钎把花生饼卸下。这时用刀把花生饼两篾箍切一段，左右分开，以降低温度，再按前面第一步骤上槽持铁锤压榨，直到不出油为止。

　　第二步骤，把花生饼从篾箍圈里卸下，经过石碾粉碎，过筛，把花生粉按每次装一铁箍量倒进大铁锅里，以手掌慢火翻炒，炒出香味就可出锅；把香喷喷、热乎乎的花生粉末倒进地板席子上的铁箍里压实，踩成花生饼，花生粉面向上凸起，然后竖放着盖上棉被保温，炒一次花生粉末压一次铁箍，动作要迅速，边压饼，边用棉被盖住保温，以免温度降低，否则花生饼会沙散，也榨不出油来，这个步骤要由有丰富经验的老师傅来完成，再把一圈圈花生饼套进油床的圆形槽里，外面挡上圆铁饼。以后，像第一步骤那样放进木块、木垫子、木楔子，此时只用手是压不动的。工人们身强体壮，赤裸着上身，举起铁锤逐个锤打着木楔，一锤一声吆喝。打几锤休息一下，退下松了的木楔，再放进矩形木垫，插上木楔子，继续锤打，直到不出油；把一圈圈的花生饼卸下来，两圈一叠左右分开，待温度稍降低，重新装槽打榨，直到把油榨干为止。随着工人的吆喝声，铁锤的锤打声，一股金黄色的花生油潺潺地流出来，经过初步过滤，流进油缸里。榨油结束，退下的花生饼灰黑坚硬，粉碎了是上等的农作物肥料。

路过油坊，吃不到花生，闻到浓浓的香味，也是一种享受。

三、化豆豉^①

豆豉是翔安人吃稀饭时用来佐餐，增强食欲的食品，也是烹饪时用来做炒肉丝、炒菜、清蒸鱼等菜肴的上等佐料。它风味独特、味道香甜，尤其以蒸海鲜最方便，最美味。以前，翔安很多家庭都会自己化豆豉。

根据大豆的不同颜色，可制成黑豆豉、黄豆豉、荫豉。黄豆豉是用黄豆制成的，俗称豆酱。^②黑豆豉、荫豉是用黑豆制成的，主要区别在于，黑豆豉是带酱油的；荫豉是干燥的，荫豉表面附着细小的精盐颗粒。

把大豆按不同颜色放在簸箕里，剔去沙粒，剔去虫子啃过的，表皮不完整的大豆，扬去杂物。选个大好晴天，把选好的大豆放进井水里洗干净，充分浸泡一夜。第二天，把大豆放进锅里加适量的水煮熟煮透，滤去汁液。熟透的大豆均匀铺在大簸箕里，放在烈日下曝晒，六七成干就可以收起。再把煮熟的大豆铺放在阁楼上的大簸箕里，上面盖上相思树枝叶。几天后，大豆表面长出嫩绿的霉菌。以后还要时常观察大豆表面绿霉菌的生长，用手掌试试温度，温度太高，绿霉菌容易烧死，出现其他杂菌。因此，要时常搅动大豆，调节温度，让绿霉菌均匀依附在大豆的表面，这个过程俗称"绿豆豉"。"绿豆豉"一般需六七天时间，绿豆豉还会产生白色、黄色、黑色的霉菌，出现黑色霉菌，化出的豆豉品质就低劣，"绿豆豉"过程中，温度控制非常重要。用黄豆制豆酱，还可拌

---

① 化豆豉(wà dǎo xī)：制作豆豉的过程。
② 豆酱(dǎo jniǔ)：用黄豆化成，有黄色黏稠的汁液，豆形不完整。

入适量蒸熟的大米一起"绿豆"，增加黄豆豉的甜度。

把绿好的大豆倒进水桶里洗去绿霉，不洗净绿霉，制成的豆豉就会有苦涩感。捞出大豆放进笪箩里，盖上布巾，待豆发热发酵后，一般按十斤豆两斤盐比例，拌入食盐，拌匀后装入干净的陶瓷瓮里，装八九成满压实。荫豉加温开水湿润，就可装瓮；黑豆豉、黄豆豉根据需要可以适当加入多一点的温盐开水，盖上大碗，放在翔安古大厝的屋顶砖坪上曝晒、发酵，一般半个月左右，豆豉制成了。有时，打开碗盖发现酱油面长出白色霉点，就要在晴天里，打开碗盖曝晒；发现豆豉里有白色蛆虫蠕动，挑掉就可以了。这些都是"绿豆"过程处理不当造成的，但不大影响豆豉的品质。

从瓮里舀上一汤匙带盐花的荫豉，就可以佐餐。平时用瓶子滤一点黑酱油，放厨房里备用。黄豆豉、黑豆豉是和其他鱼类、肉类一起煮透后佐餐的。"文昌鱼烧黑豆豉"是翔安以前生活较为富裕的家庭餐桌上时常出现的佳肴，爆香了的文昌鱼，油黑发亮的黑豆豉，翠玉般的青蒜，那份香甜，根本无法用语言来形容。

四、做麦芽糖

贡糖是翔安著名的土特产，制作贡糖的原材料是花生和麦芽糖。内厝镇坝上许自然村和新圩桂林村一带，以前就有很多家庭作坊从事麦芽糖制作，精心选料，认真熬制，远近闻名。可惜，虽然现在麦芽糖的应用还相当广泛，但因利薄，一部分家庭放弃生产，改为从事其他职业。

翔安的麦芽糖相当纯正，通常选用纯净。无杂质的糯米和小麦，把麦粒洗净装在袋子里，扛到村边的小溪，埋在干净的溪沙里，当然也可以用家中的木桶、水缸浸泡。一天后，把小麦粒放进箩筐，每天淋水保湿，经过三四天，小麦长出一寸来长、二叶包心的小芽。

糯米淘净，在水中浸泡五小时左右，糯米充分吸水膨胀后，滤干放在大锅里或蒸笼里煮熟蒸透，到无硬心为止，取出摊开，晾到五十摄氏度左右。按五十比三的比例,把麦芽剁碎,越碎越好。五十斤蒸熟的白糯米,拌入三斤破碎的麦芽一齐放进缸内,注入八十斤九十摄氏度的温水搅拌均匀,加盖保温三小时,再翻糊搅匀,继续保温三小时后,取出装入布袋里,扎紧袋口,压干汁液。最后把汁液倒进大锅里熬煮,浓缩到一定程度,麦芽糖就制成了。麦芽糖含水量越少,存放时间越长。

麦芽糖润肺生津,可用于治疗气虚倦怠、虚寒腹痛、肺虚、久咳久喘等症,是老少皆宜的营养品。制作麦芽糖的农户也会兼作点小生意,他们常挑着用陶瓷小罐盛放着麦芽糖的担子,敲着小铜锣,游荡在乡村的小巷子里。小孩子一听到小铜锣"当、当、当"的声音,总会偷偷拿着家中的杂物出来交换。小贩们会根据物品的价值,用食指和拇指抹一下花生油,捏起一小块麦芽糖,拉着黄白相间的麦芽糖丝缠绕在竹签上。小孩子不懂得讨价还价,就尽情地享受起来。

五、晒盐

明嘉庆年间,同安改旧制而设里都,划分为十一里三十五都。翔风里、民安里(即今翔安区)这两里沿海线长,东起珩厝、东园,西至丙洲、琼头,有山有海,物产丰富,是百姓宜居之地,很多人都临海而居。特别是十都珩厝村有一角落,地名叫海下,海下的村民经常遭受台风袭击、海水倒灌之苦,眠床、马桶、水缸等什物都四处飘浮。久而久之,珩厝的煮盐户盐丁发现倒灌海水受风吹日晒,破缸片及地面足印凹坞处有盐花飘浮。盐丁就开始用大缸盖,或在门外埕上围起一个个方格,把海水灌入大缸盖、方格里进行晒盐。这种方式成本低,产盐率高于煮盐。从此,就取消炉灶煮盐。

当时煮盐户,全县只六百户,珩厝村就占八成左右,所以珩厝又称盐社。盐社由盐社长、盐丁组成,众盐丁在社长领头下,生产海盐,公收放运。政府钱款都由社长一人总管,年复年,设备简陋,盐丁生活水平不高。社长就向政府申请补助扩建生产,建涵洞、涵闸,盐丁出工为股分,这叫公助民建。在珩厝东西两侧的海滩,围岸造盐丘(盐田),所以东侧叫东围,西侧叫西围,按股分分配盐丘,一股分十公亩,延续至今。珩厝东围地名有三份仔、五份仔、十一份、八十份,这些盐丘构造简陋,只有三道土埕,一排土坎,每盐坎只有十四五平方,生产出来的海盐又黑又带有泥沙,是劣等盐。为提高盐的质量,盐社就在盐坎上铺上坎片(瓷片缸片),生产出来的海盐感观好,晶亮洁白,不带泥沙。盐社看天吃饭,遇到雨季,海盐产量减少;越是干旱季节,海盐收成越好。有句顺口溜:"大雨小雨落无停,米缸米瓮做铜钟,小旱大旱牵长汛,有佚有饮有通用。"

抗日战争时期,盐价如同金价,一担盐可换四担米,但盐场有盐兵镇守控制盐丘公堆,苛捐杂税多如牛毛。盐民生活困苦,只好千方百计偷盐贩卖,天天都有被责罚吊打的盐工,被枪弹杀伤的也不在少数。更严重的是废去盐坎,开除盐籍,失去生计,流离失所,行乞四方。

解放后,人民政府优惠盐民,由政府贴资,改造旧盐丘。先后围海造田,扩建生产,莲河、霞浯、肖坑、珩厝、东园、茂林、大宅、吕塘、溪尾、刘五店、后村、蔡厝、浦边、前浯、彭厝、欧厝十六个大队,总面积两万两千多亩。珩厝就有六三围、六四围、六八围、七八围,六三围就是 1963 年围起的盐场。1963—1967 年,"东坑围垦"内实用面积为七千多亩,有效面积占七成左右。新店、马巷两个公社各分一半的面积,新店公社分得三千五百亩,其中盐田一千多亩。建设规模扩大,设备改进,产盐技术大大提高。珩厝、东园、霞浯、吕塘均出产优质盐,一单元盐丘(即一分)就有百公亩,每单元有七道盐埕、五排盐坎(每盐坎四公亩),有调节池、龙须沟、正卤池堀、付卤池堀、什莱汤堀、七埕堀、六埕堀、五埕堀、四埕堀、十小坎、头坨、输卤沟、排淡沟等设施,还有两公尺半宽的坎里路。

1.转水

海水盐度一般在波美度表一度半左右,进第一道埕或高水池,开始从上往下转水。开讯又名开晒,从下往上转水,转水时,每道埕都有左右两个水缸,如四道埕放左水缸,五道埕要放右水缸,这样一左一右增长流水线,盐民把转水叫作"落龙起泡,横穿斜走",目的是加快海水水汽蒸发速度。

海水经风吹日晒,到达四道埕、五道埕就有波美度表十四五度,这一度数的海水会吸引一种红苔附着生长,一年可长到七毫米至一公分,非常光滑,赤脚可以溜行。

海水十六七度进入六道埕,二十一度左右进七道埕,这一度数的海水能结晶析出钙,海水盐度达到二十四五度,变成饱和卤,饱和卤储存在调节池,通过输卤沟灌坎或续卤,这叫转水工艺制卤。

2.制盐

饱和卤灌坎后,经风吹日晒就能在盐坎角落漂出白色盐花,这时候,要及时用盐牵扒牵动打破,使卤水变成乳白色,待乳白色盐水沉淀结成颗粒时,再用盐牵扒轻轻翻动,使盐粒方整,雪白晶亮,连续三日如此操作,一直到扒盐。晒盐人把这叫作开长汛,就是大晴天。"惊一雨王,不惊大日公",日头赤炎炎,才要大显身手,大打拼。技术员抬头观天,在盐坎中走来去去,今日续卤须加两公分水,技术员的脚是测水的寸尺,又是测水质好坏的工具,若脚底温高有粘性,盐卤已经三十度以上,氯化钠取完开始生产含氯化镁的老卤(苦卤),必须及时卸开水缸口清除这些苦卤。让苦卤流到什菜汤卤堀,再用水车翻上龙须沟,这个过程叫"回苦卤"。苦卤含有镁、碳、硼等元素,流进一二道埕,可以杀海虫,除烂肚苔及其他破坏丘埕的小蟹(蜡蛤),以上是连续晴天的晒盐操作流程,短汛小晴天另有别论。

短讯,即是短晴天,如正月桃花讯、三月麦头讯、四月闪北、五月龙舟北,都是春雨绵绵连接黄梅雨的季节,突然来了几天东北风的晴天,就要及时把丘埕盐坎内的淡水排掉,这名叫"大排淡"。排淡后,须晒丘埕及盐坎,晒到道埕干、坎发白,开始丘埕进水,盐坎灌水,用水车、戽桶或抽水机,正卤堀灌正坎,副卤堀灌副坎,这名叫"大吊卤"。灌坎的水要薄,使水汽蒸发快,这叫"薄水开晒"。有成盐了,一二日就要扒盐,这是短讯晴天抢收海盐,这时候,要特别注意天气变化。谚语说"坎角吐黑,必来风雨""金门仙山凸肚,会起风雨",雨要来了,盐工扒盐、运盐归坨,人人穿短裤披棕蓑,跑上跑下抢卤水,正卤收入正卤堀,副卤收入副卤堀,其他收入什菜汤堀,各种卤水回归本位。人说"日出而作,日落而息",但是晒盐人就是不一样,有段闽南顺口溜:

> 天刚光,就出门,
> 吊水戽水踏车返,
> 旋盐制盐日中央。
> 坎头吃一顿日晒饭,
> 扫盐就是日要落山日头晚,
> 经常八九点才吃晚饭。
> 雷阵闪电就要起床,
> 抢盐盖盐做到天光。

盐民这样辛勤劳作,一亩最高年产量可达五十担,氯化钠含量达到96%以上的优质日晒细白盐,为国家做出不少贡献。

晒盐技术相差很多,好的晒盐产量高、质地优;差的盐工,没有好的盐工收成的一半,所以盐民有一首诗歌:

> 抬头放眼万里空,
> 舞手蹈脚微波中。

碧海银浪搜宝贝，

白玉珠黛叠成峰！

　　盐的种类很多，有优质细白盐、工业粗盐、渔业用盐、农业用盐，最劣的盐是土盐，所产的盐归公家所有，公家销售。盐民一担盐只抽八分之一盐本（包括工具及费用）。

　　晒盐常用的工具有：

　　庠桶、水车用于吊卤回卤。

　　板车，用于运盐归公堆公收（即国家收盐）。

　　方形铁锹，用于铲盐铲丘土及清理卤沟。

　　盐扫，用于清洗坎内卤渣及污物。

　　起丘牵仔，长四十公分，宽二十五公分，钉番西板（即铁条），用于牵刮盐丘海苔及钙片，名叫"起丘"。

　　盐牵仔，长一百一十公分，宽十八公分。用板车轮胎割条钉嘴口，用于扒盐、牵丘、扫土粥、海土痦仔及什物，全部扫落水沟使其凝固，可卖农户溶田作肥料。

　　卖海土粥有首民谣：

　　盐民真艰苦，淡季挑海土。

　　山顶换茨芋，返来填腹肚。

　　石碾，每年丘埕牵丘后须压沙一两次（一亩用沙三担），使盐丘硬化，增强海水蒸发力。

　　2005 年以来，沿海盐场逐渐改为发展海产养殖，翔安仅剩大嶝盐场还在生产海盐，随着翔安新城建设的不断发展，大嶝盐场也将完成历史使命。

第二节　建筑材料制作

翔安建筑材料制作，随社会需求而兴衰。砖瓦等红料不适用现代钢筋混凝土建筑，蚝壳灰也被石灰石所取代。

一、烧砖瓦

翔安新店镇吕塘有一口大池塘叫七保塘。据说七保塘形成于明代，当时坑园埔一带建有数座瓦窑，烧制红砖红瓦，长年挖土，慢慢形成全长五百三十米，宽二百八十米，深约两米的椭圆形大池塘。显然，早在明代，翔安就有烧制古大厝建筑红料的瓦窑。后来，翔安所有村庄都建有瓦窑，直到20世纪90年代，钢筋混凝土建筑盛行，瓷砖广泛运用，砖瓦销路不畅，瓦窑停产，宽阔的场地大多改为他用，瓦窑逐渐从人们的视线中消失。

烧砖瓦的作坊，统称做瓦窑，可分为砖瓦烧制和砖瓦制坯。

砖瓦烧制场所占地约四十平方米，用土墼环砌成一面直线约五米的马蹄型窑膛①，窑膛下面部分是高约一米的底座，在弧形窑墙中间留一个一米宽，二点五米高的拱形窑门，门内留有一米见方的炉膛。窑膛直墙部分高约四点五米，外面四周用石块砌成近正方形的基座，在石墙与土墼墙之间填土夯实，窑膛直线的一面继续往上砌成约三米高的拱形直墙，墙外留两个烟囱。窑膛拱形部分从三面以弧线形砌法逐渐向拱形直墙顶部收尖。

砖瓦制坯场所要有宽阔的场地。坯房是一列长约三十米，宽约八米的人字形屋盖的瓦房，瓦房三面砌墙，一面敞口。敞口前面是一个篮球场大小的土埕，土埕经过平整，石碾碾压，粘土覆盖，不开裂，不生杂草，是晾砖瓦的场地。坯房每个工作位置前都

---

① 土墼(tô gàd)：泥土混合稻草、蚝壳灰搅拌成泥状，用方形模子压制成长方体土块。

挖一口两米见方、一点五米深的水池，水池五面砌砖，制砖瓦之前，干燥的粘土块要先倒进水池里充分浸泡。

手工制作砖瓦，不同产品用不同的模具，都用木料制成。一次印制两块瓦，模具的深度就是瓦的厚度，制瓦前要先用粘土将模具底部与四周刮平。制砖工具，根据砖的类型、大小，有所不同。颜紫砖、窑口砖、甓的模具是用木板制成的长方形框体，上下通透；尺二砖、尺四砖、七寸的模具和制瓦的模具一样，只是大小深浅不同，尺二砖、尺四砖一次印制一块。

制作砖瓦是体力活，经过充分浸泡的粘土用铁锹铲到瓦房里堆成堆，制砖师傅把用相思树和钢丝弯成的泥弓插进粘土堆里，手握泥弓另一头，左右开弓逐层切割。根据砖瓦产品的用料不同，切割的细腻程度也有所不同。一般来说，瓦的厚度较薄，切割的次数就要多一些。切割后的粘土堆高熟透，准备工作就序了。制作红瓦和尺二砖时，师傅先在模具里面均匀撒上灰黑色的"周仔灰"①，把模具放置地上，用泥弓切下一块粘土，用力甩在模具里；接着两脚相互配合，一脚跳动，同时一脚把粘土从中间往模具四周刮实；然后掀起模具一端靠在小腿上，用泥弓刮下凸出的粘土，再用竹片把切面扫平；最后两手端起模具，走向土埕，把砖坯或瓦坯按顺序轻轻地磕放在地面上。制砖时，用泥弓切下砖坯大小的粘土，奋力甩向砖模里，用手拍实，再用小泥弓刮下凸出的粘土，顺手在切面上抠出两道小沟，最后用砖坯切面大小的木板退模。制砖相对来说比较轻松，可以坐着，制完两块砖后，再一起拿到土埕上竖着晾干。烧窑看火候，制砖瓦要看天气，晾在土埕上的砖瓦到六七分干时就可以收坯，收好的砖瓦坯一筒一筒地整齐堆放在坯房里。

砖瓦入窑烧制前，还要经过一道工序，同样的瓦坯用不同的弧形基座拍出笑瓦和覆瓦，拍瓦时，把一叠一尺来高的瓦坯堆放

---

① 周仔灰(jiū a hū)：一种灰黑色粉末，均匀撒在模具里容易脱模。

在基座上，用木制的拍锤拍成型，阳瓦的弧度比阴瓦大。砖坯入窑前的加工较为复杂，先把七八块尺二、尺四砖整齐叠放在长条椅上拍平，再把砖块一块块平放在椅上，用竹刀把砖面刮平，再用黄釉泥水均匀粉刷在砖面上，晾干收起，堆齐备用。窑口砖不上釉面。入窑前几天，看砖瓦坯的干湿度，有时还要把砖瓦再搬到土埕里晾晒，这个过程俗称"走坯"。

砖瓦入窑烧制，按不同类型，不同规格，把瓦、尺二砖、尺四砖、颜紫砖、六寸、七寸、甓等，按需求，有规律地摆放在窑里，最后堆放粗糙的窑口砖。入窑是经验活，丝毫不能马虎，既要注意堆放的顺序，又要留有火路。瓦窑开烧了，燃料可用木柴、花生壳、谷壳、废橡胶等废弃物。先敞开窑门慢火薰窑。再用土墼封住窑门，窑门下面留一尺见方的灶口，继续烘窑，通过观察烟囱出烟情况，判断烘窑的程度，确定是否大火烧窑，烘窑火势不能太旺，以防倒窑。不分昼夜连续大火烧窑，时常还要靠窑门预留的观察孔和烟囱来观察火候，大概十来天，一窑砖瓦就烧成了。

砖瓦出窑，通常是几个人用接力传送的办法，要忍耐瓦窑内的高温，还要提防从窑顶飘下来的烟灰。

二、烧蚝壳灰

翔安红砖石墙古大厝的营造，离不开蚝壳灰的完美结合。翔安从莲河到琼头一带漫长的海岸线和大、小嶝等渔村，普遍在沿海滩涂上养殖海蛎，渔民一年四季下海采蚝，村里剖蚝后的蚝壳堆积如山，蚝壳晒干后可以加于利用。

蚝壳灰的利用要经过几个过程，首先要把蚝壳集中起来煅烧，烧蚝壳不像烧砖瓦那样，需要建造一个瓦窑，只要选择一处几平方米见方的地方，用条石砌造长方体石坑，底下留一个通风口，就是一个灰窑了，灰窑大小没有一定的比例。烧蚝壳时，在坑底铺上一层干稻草或干燥的树枝叶做起火燃料，燃料上铺一层木炭后，就可以在上面放置拌有谷壳或花生壳的干燥蚝壳。点燃坑底的稻草或木柴,用风柜或鼓风机从通风口鼓风,一会儿,灰窑就开始"噼噼啪啪"燃烧起来。五六小时以后,等到燃料烧尽,一窑蚝壳灰就烧好了。烧好的蚝壳冷却后呈灰黑色,看不出与白壳灰有多大的联系,因此还要"化灰"[①]。"化灰"过程操作简单,把烧好的蚝壳摊开在房间里的地板上,几个人互相配合,一个人手拿水瓢舀水泼在蚝壳上,其他几个人用铁铲迅速搅拌,蚝壳发热后堆起来,一会儿蚝壳堆发热冒烟,可以在上面放置竹器杀虫,可以把鸡蛋埋入灰堆里烧熟。堆高的蚝壳堆经过反应后,完整的蚝壳逐渐"化"成白色的粉末,蚝壳灰"化"好了。由于蚝壳烧制过程中,不可能全部烧透,化好的蚝壳灰还要过筛去掉杂质,洁白的壳灰粉就可以装袋备用。

蚝壳灰用途广泛,是翔安古大厝建筑所不可缺少的建筑材料。蚝壳灰按一定的比例配上细溪沙搅匀,用于古大厝填石缝和抹墙;蚝壳灰配上粗沙、蒸熟糯米、红糖水,是牢固程度不亚于水泥的三合土;蚝壳灰还可以与沙泥、稻草搅拌制土墼、土夯墙等等。蚝壳灰调桐油制成桐油灰,填堵木制桶类农具、家具,经久耐用,牢固不漏水。煅烧的蚝壳灰还是改良土壤的上等肥料。

由于烧蚝壳灰产生大量浓烟,气味难闻,污染环境,加上翔安现在的建筑物大多采用钢筋混凝土结构,就是抹墙也使用石灰石煅烧的石灰或其他高级涂料。虽然烧蚝壳灰过程简单,成本低,但用的人少,蚝壳灰窑就弃而不用了。

第三节　福船制作

沿海先民以渔猎和捕捞为生,活动范围仅局限于离水很近的区域,他们急需工具猎取更多的食物,运载更多的物品,抵御洪涝灾害。因此,无论是内河船还是航海船,造船都有了一定的制式。

[①]　化灰(wà hē):煅烧过的蚝壳加水搅拌,产生化学反应的过程。

　　霞浯古船坞曾经是闽南一带繁荣的造船基地，据史料记载，这一带的制船工匠曾为郑成功、施琅提供大量战船。随着先进造船技术的发展，制造古船的传统技艺逐渐消失。2014 年 7 月 20 日，在霞浯古军事码头的一片喜庆鞭炮声中，由造船老师傅吴知识花了一个多月时间精心打造的长十二米、重八吨的福船试水成功。吴知识从十四岁就开始学造船，他的造船技艺水平高，至今已造了近四十年的船，少说也有几百艘。现在往返鼓浪屿和轮渡码头的一艘大旅游船就是老吴带队造的。据老吴介绍，现在能造福船的人已经很少了，很多年轻人觉得传统手工造船已经过时，他招收过几个徒弟，因为受不了苦都不干了，不久的将来，这一传统技艺即将失传。

　　虽说造的都是福船，但随着时间的推移，造船所用的材料不断发生变化。以前造船用的龙骨大多采用樟木，由于樟木价格昂贵，现在都改用松木和杉木。本地引种白皮桉树以后，拥有笔直树干的白皮桉就成为造船的好材料。相思木也可以用来造船，不过要选用较直较粗大的。造船前先备料，造多大的船用多少立方木料，用多少铁钉等，老师傅都心中有数。载重二十吨的小福船要准备二十八立方的木料和两千斤铁钉。

　　吴知识造福船有各种规格，大的可装载五十五吨以上，小的也能装载二十吨。造船之前常常要花一周以上的时间精心设计，打好草图。以载重二十吨的小福船为例，船体长十二米五，宽三米三，深一米四，最深一米七四。龙骨长八米五，两侧排骨二十四对。排骨之间的距离都有一定的尺寸，从船尾开始，一至六号排骨相互之间距离四十七点五厘米，七号三十五厘米，八号四十五厘米，八号和九号之间距离五十厘米，是安装动力的位置，十号四十六厘米，十一号五十厘米。十二号三十八厘米，十三号四十厘米，十四、十五号四十九厘米，十六号四十厘米，十七至十九号四十九厘米，二十至二十四号四十五厘米。造福船最主要的是设计排骨的弯曲度,吴知识根据船体的水线和纵线,把船体的二十四支排骨分两部分进行设计,右边设计十一支是船尾到船体中部的排骨,左边十三支是船体中部到船头的排骨。排骨又分成船底排骨与两侧排骨组成。根据设计图样,准备好四十八支两侧排骨和二十四支船底排骨。

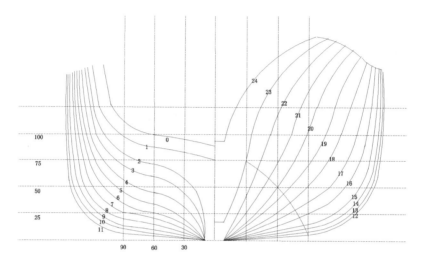

图 6-2　福船二十四支排骨设计图

　　小福船的龙骨是八米五长、二十厘米宽、二十四厘米高的方形木料,两端微翘。造船时,先把龙骨暂时固定在工场上,再把准备好的排骨按编号固定在龙骨上。固定排骨的方法也有所变化,古代福船有榫卯结构,虽说是榫卯结构,但在大风大浪中,不仅不会散架,而且越来越紧,这是福船的一大特点;后来改用一头尖端的方形长铁钉把排骨与龙骨钉在一起,敲弯露出的铁钉头,也能起到很好的固定作用;现在吴师傅的造船工艺又有改进,他用螺丝钉把龙骨与排骨连接在一起。木船支架固定好以后,紧接着装钉隔舱板。船舷舷板安装要从船底开始向两侧装钉,每块舷板也都有一定的样式,直线用墨斗绳准,曲线取顺弯木料用曲尺画准,每块舷板古代用竹签拼接,现在也改用方形铁钉。

　　福船初步成形,还要进一步斧正、清理,用桐油灰填缝。古代斧正船体也有一定的工具,带柄的铲斧尤如一把锄头,斧嘴宽五六厘米,斧柄长约一米,吴师傅的家中至今仍保留着一把老旧的铲斧。随着技术革新,现在吴师傅造福船都使用现代电动木工工具。

　　舷板安装完成以后,接着是安装甲板、船舷、动力,最后上漆,下水试航。

　　自改革开放以后,木船逐渐被机帆船所替代。翔安区除了霞浯兴万发吴知识福船制造点之外,新店镇欧厝社区也有五六家造船坊,他们大多临时租用场地造船。改革开放以前,欧厝就有好几十对自己制造的双桅、三桅大机航远洋船只,在东海海域从事渔业生产,远洋三桅杆机帆双拖网船,载重量超 500 吨。自翔安区成立以来,由于大开发、大建设和海域退养,祖祖辈辈以海为生的沿海渔民们"洗脚上岸",木帆船或机帆船大都退出历史舞台。纵观翔安木帆船的制造史,从无到有,从有到兴旺,从兴旺到衰退,但这一传统的福船制造技艺,不能让它失传。

第七章　民间工具

　　翔安的百姓以农业、渔业生产为主，在漫长的生活生产中，随着经济的发展，科学技术日新月异，劳作工具也越来越先进。比如，旋耕机代替耕牛挽犁，播种机代替人工点种，收割机取代镰刀。本着劳动人民的智慧，各种各样的新机器出现在田野上，古老的农耕工具渐渐消失，这些工具一旦失去使用价值，随时都有消失的可能。洪水乾老师经多年努力，收集了农具、用具部分简介；邱奕清老师生活在海岛上，对渔具了如指掌。本章虽不能囊括所有民间工具，但可以从中看出一个大概，至于如锄头、扁担之类，因使用广泛，本章不再赘述。

第一节　农耕工具

　　农业生产离不开生产工具，2 000多年前，我们的祖先就创造出许多劳动工具。这些农具是农民在生产中，播种、管理、收获时使用的，有些农具现在还在使用，有些早已成为摆设。

一、木犁

　　木犁是古老的耕作农具。翔安地处闽南丘陵地带，耕地高低不平，大小不一，形状多样，现代机械化农机，基本派不上用场。当前，农民耕种，犁的使用还很普遍，但木制农具必竟不如铁制农具牢固耐用，木犁已基本上被铁犁取代。铁犁也仿造木犁的结构制作。

　　木犁主要由犁辕、犁底、犁梢、犁箭等部分组成，大多选结实的老松木和坚韧的相思木为原材料。一般用松木作犁底和犁梢。

制作时，选长六十公分、直径二十公分左右的松木作犁底（俗称犁床），用斧头劈成前小后大的长梯形体。在靠近犁铧（俗称犁尖、犁头）的上面凿一个长约五厘米、宽约一点五厘米、深约三厘米的方孔，用半榫方式牢牢固定好犁箭。犁箭选长约五十厘米、直径五厘米笔直的相思木，先剖成长方体的形状，两头锯榫，底下榫头用于固定在犁底，上面榫头较长，犁辕套在长长的榫头上，在凸出犁辕的榫头上凿一个小方孔，楔一块小木条，暂时固定犁辕。在犁底的后部上面凿一个斜方孔，也用半榫方式固定犁梢，使犁底和犁梢成约一百二十度夹角。犁梢选用直径十厘米、长一米五的松木，下部锯成平行四边形榫头，斜着固定在犁底，在距犁底约三十厘米的正面上凿一个比犁辕榫头长的方孔，狭长方孔以上部分是手把，要逐渐削成适合的大小。木犁的犁底、犁箭和犁梢固定成一体，上面弯曲套入的是犁辕。选自然长成"S"型，直径约十二厘米的相思木作犁辕。犁辕可以随时拆下来，所以犁辕套在犁箭上的方孔要比犁箭的榫头大，犁辕后面锯成长榫，长榫插过犁梢的方孔，在方孔空出的小方孔里，暂时楔上小木条，通过上下增减小木条，调节犁辕与犁底的距离，以控制犁地的深浅。犁辕前端下面钻一小孔，孔与未端凿一条小槽，约十五厘米，用一端弯成直角，一端弯成半螺旋状的方形铁条（俗称鸭型钩），直角部分插入孔中，顺着小槽用铁皮箍紧，半螺旋部分伸出犁辕，向上弯起，用来钩住枷车的"后座"。

　　木犁的主结构是木的，还要在犁底的前面套上犁铧，在犁铧与犁箭之间套上犁壁。犁铧和犁壁用翻沙铁铸成。犁铧成等腰三角形状，用来插土，底面有一条五厘米长的梯形凹槽。把犁铧固定在凿有同样梯形榫头的犁底前斜面，成三十度尖角。犁壁又叫犁镜，长年与土壤摩擦，光滑似镜，用来翻土，把杂草翻压在土下做肥料。犁壁是活动的，不翻土只开沟，可以卸下，底下直的一边扣在犁铧上，壁面顺着一定的弧度往外弯。犁壁后面有两个三角形耳,两耳套在犁箭上,两耳之间穿上小木条,再在犁壁与犁箭之间从上面插入木楔固定住犁壁,可以通过控制犁壁与犁箭的距离和犁壁镜面的倾斜度来调节翻土的高低远近。

翔安农民大多靠黄牛拉犁耕地,犁需配一副套住耕牛的用具。这套用具主要由木材和绳子组成,套在牛后颈上的木枷,俗称"枷车"。枷车用自然成弓形的相思木做成,把接触牛后颈的部分充分磨光,两端钻孔系上手指粗的麻绳,两条麻绳一端打个活扣,扣在耕牛后面横木的两头。横木俗称"后座",长约 50 厘米(俗语"后座磕到脚后跟"),也用相思木做成。[①] 再用一条短绳,绕过牛的胸部,把两条麻绳连接起来,以防耕牛脱枷。横木中间固定一个铁扣,与犁辕前面的铁钩连在一起。

老农耕地时,一手扶着犁梢,一手拉着牛绳,"架"的一声,黄牛往前用力拉着,通过操纵犁梢来控制犁地的路线。

图 7-1　缺犁梢和犁铧、犁壁的木犁

---

① 　后座磕到脚后跟(ǎo zo kàm diǒ kā ǎo dni):遇到紧急事情,不及时处理不行。

随着社会的发展，木犁完成使命，逐步退出历史舞台。

二、铁耙

铁耙是农民耙平、耙松田地的铁制农具。地用犁翻松后，往往需要再用铁耙扫平，铁耙除了能把翻起的土块耙散耙细，还可以把高处的土壤带到低处，还可以把土壤里的杂草集中起来。如果未及时下种，翻松的土壤经铁耙扫平后，可较久地保持湿度。

翔安农村的铁耙，不是光靠人力，还用耕牛拉，人在后面把握，所以比较宽，比较重。一张铁耙可以整体用铁做成，在古代铁比较缺少的情况下，耙的支架是木制的。铁耙宽约一米二，铁件部分是一个整体，在扁形"同字框"里，均匀锻接着十二支平行的铁质四方棱耙齿，耙齿长二十厘米左右。在铁耙前面第一齿与第二齿之间锻接两个向前、向下弯的铁柄，铁柄里套着合适的小木桩(有的没有)，"枷车"卸下横木(后座)后，绳子就扣在小木桩上。同字框架上在第二齿与第三齿之间向上锻接两个铁柄用来插牢两根齐腰高的木制耙柱，两根耙柱顶部横着榫接一根木手柄。

耕完地以后，卸下木犁，松开套住后座两端的绳扣，取下后座，把铁耙横放在耕牛后面，绳扣分别扣在铁耙前面的小木桩上，调节好铁耙与枷车之间绳子的长度，以免耙齿伤到耕牛的后脚跟。老农一手把稳铁耙，一手轻拂牛绳，耕牛走动时，再两手握紧手柄两端进行耙地。耙地时一般从较高处一圈一圈往低处耙，第一圈耙成一个长椭圆形的大圈，这圈耙痕称为"大花"，第二圈从椭圆形大圈的中间耙过，两边留有没有耙到的长条形耕地，俗称"小花"。通过把控铁耙与耕地的角度和提、压铁耙来控制铁耙的带土量，一般"大花"载土，"小花"耙平。水稻播种前，水田经过耕、耙后还不够平整，这时，就要用一块一米八长、十五厘米宽、三厘米厚的条木，把条木两端的两个铁扣套在铁耙两端第二个耙齿上进行平整。

有一种较小的铁耙，因为它有六个以上的铁齿，所以翔安人就统称为六齿。① 六齿是农民用来碎土,平整畦面,清除杂草,堆肥的带长柄的农具。在六齿的横杠上面有一个拱门形的箍,手柄拱门形截面的一头插在箍里,截面用斧形铁制的楔子钉牢,样子像"二师兄"的兵器。还有一种更小、更薄的铁耙,只有三四个铁齿,铁齿平面无棱,耙面手掌大小,手柄不足一米,俗称"狗屎耙",是农闲时,农民"巡肥",收拾牲畜粪便的用具。②

图 7-2　没有耙柱和手柄的铁耙

三、乌杆

泉水竭了,池塘水干了,小溪断流了,为了抗旱,农民开始挖井,向地下要水。可是,怎样让井水流到田里呢?我们的祖先自有办法,桔槔出现了。

翔安多丘陵,长年飞沙走石,虽有陂塘蓄水,一年四季也常常缺水灌溉。明末池显方作有《大同赋》,里头说:"引清洩卤,桔槔

---

① 六齿(làr ki a):六齿小铁耙,用于清除杂草,平整畦面。
② 狗屎耙(gāo sái běi a):四齿拾粪小铁耙。

不施。"桔槔，在翔安叫做乌杆柱，是由乌柱、乌杆、水缠、乌桶等构成的深水井汲水农具。[①] 它运用杠杆原理将井里的水拉上岸来灌溉农田。乌杆柱取水的速度仅次于水车、戽桶，使用时要用较大的气力，由于它是垂直地把井底的水提出地面，所以水车、戽桶无法取代，尤其是在高坡地带，干旱季节。

乌杆柱的结构简单。乌柱是一根直径二十五厘米、高四米的杉木柱子，把乌柱竖在离井口不到三米的地方，上端横装一根一尺多长的小横木，叫"乌牙"。乌杆是一根长五米左右的杉木或青竹，比乌柱细长，乌杆横在乌柱顶部，靠轴（乌牙）把乌杆与乌柱连在一起，末端指向井口。乌杆末端绑一条绳子，"水缠"的尾端就系在绳子上。所谓"水缠"，是一根笔直的竹竿，长六米左右，大小要适合人的手把，头端挖个小圆洞，用木栓把"水缠"与乌桶的横轴上两耳连在一起。乌桶是面阔约四十厘米的木桶，桶墙对称两片木板，高出桶沿约十厘米，两耳各凿一个三厘米直径的圆孔，两耳之间宽松地横着一根木轴，木轴中间两侧再向上榫接两个桶耳，两耳之间放入"水缠"头部。乌杆头部插一个树杈，叫"乌头杈"，树杈上捆一块二十多斤重的石头，以增加向下的压力。

用乌杆柱取水时，需要一个人两脚叉开站在井沿上，手握"水缠"进行操作。先拉下乌杆末端的绳子，根据井水的深浅调节好绳子的长度，把绳子、水缠、乌桶连在一起，手握水缠，把"乌桶"送入井底，当桶底接触水面时，桶身一倾，井水马上涌入桶里，待乌桶满水后，双手捏紧"水缠"迅速奋力往上提，然后把满桶的井水倒进水沟。为节省力气，可以在"乌头杈"处再绑条大麻绳，增加一个人在乌杆柱旁边拉绳子。把竿人手握"水缠"往井里送的时候，另一个人放松手中的绳子，把竿人往上提水时，另一个人尽力往下拉。两人配合默契，提水的速度也快了。

乌杆柱现在已经极少看到了，被抽水机等机械所代替。

---

① 水缠（zuǐ dni）：连接乌杆和水桶的竹竿。

四、水车

在农业生产工具中,水车是灌溉系统农具中最先进,取水效率最高,但结构最为复杂,制作最精良的。直到 20 世纪 70 年代,水车仍然随处可见,随着社会发展,逐渐被抽水机、电水泵取代。如今,仅在翔安大嶝盐场水车还能派上用场,因为水车为木结构,不怕风吹雨淋,海水腐蚀,具有抽水机、电水泵没有的优势。

水车分为车身和车头两个部分。车身龙骨架长五米至六米二,宽约十五厘米,高约四十厘米,用四条长五米、三厘米见方的长木条和无数四十厘米、十五厘米长的短木条榫接成长方体。五米多长的木条,都用全榫榫接,很容易断掉,所以要全榫和半榫相结合。有经验的木匠根据龙骨架木条的榫接位置灵活处理。有的水车,龙骨架上面二条长木条在靠近车头的部分还要逐渐向上翘起,以防水车运作时,水车叶从水车的通道跳出车身。水车身又分上下两个部分,中间用长约四米五、宽约八厘米、厚约三毫米的杉木片隔开,上半部两边不加装薄杉木片,是水车叶通过隔板进入池塘的通道;下半部三面装有厚约三毫米的薄杉木片,是水车叶把池塘里的水往上带的水道。水车叶大小不超过通水道,叶片长约二十五厘米,宽约十厘米,叶片中间凿一个长二点五厘米、宽一厘米的方孔,木条穿过孔中,成十字形结构,木条前端较窄,后端是前端的两倍多,留有"U"形接口,两端都钻有小孔,把五六十个的水车叶用小铁栓连接起来,形成链条状。水车头部是水车的支座,这个支座必须非常牢固,要能承得起两个成年人的重量。先用约长六十厘米、宽二十厘米、高十厘米的杉木条做底座,底座中间连接水车龙骨,两端榫接放置车头的支架,再用几根杉木条以三角形结构连接水车身,支架下面榫接在底座的两端,中部用木条与车身相连,斜着向上向前伸展,顶部榫接一块脚踏板,踏车前先把脚踩在踏板上。脚踏板前面钻一个三厘米直径的圆孔,中间凿一条半圆柱形的凹槽,用以放置水车头的铁轴。水车尾部安装一个六叶的木叶转向轮,叫车尾轮。车尾轮连接车身的木柄留有好几组调节水车叶松紧度的方形插孔,一叶叶通向水里的水车叶通过车尾轮,转为反向往上带水。

水车车头是水车的带动部件,水车头必须选择经久耐用的木材,以相思木为主,中轴长约一米,在长橄榄形的中轴中间凿八个长方体方孔,固定榫上八个带动叶片;两边距离二十厘米左右,按四个方向各凿两个通透的方孔,方孔穿插木条,木条两端榫上木榔头,两端各有四个木榔头,是水车脚踩的部件;中轴两端圆形截面中心还要插牢直径一厘米的铁条,铁条露出外面部分约三厘米做轴心。

水车是做工非常复杂的木制农具,要精心选择制作木材,由于水车部件多,各部分尺寸相配不能有丝毫的马虎。

使用水车时,先把水车尾放进池塘里,有时水深,还可以在水车尾部放上两个木桶,支撑起车尾(两个木桶之间用木条连接,是水车的附属部分)。再把水车支座稳稳地放置在池塘岸上,把车头两端的铁轴放进脚踏板的凹槽里,水车叶顺着车头的带动叶片连接起来;取两根准备好的树杈,通过左右支架脚踏板前面的圆孔,插在地面上,树杈上横架着锄头柄;两人同时踩上支架,一脚踏上脚踏板,一脚踩上车头的木榔头,先在靠带动叶的木榔头上踩上六七次,在通水道里的水相当于人的重量时,收起脚踏板的脚,两脚轮流踩着木榔头。车头向池塘方向转动起来,带动水车叶,把水从池塘里汲到岸上,水就源源不断地从车头涌出。两脚踩踏木榔头的速度,决定出水量。如果是单人“踏车”,就要控制好水车叶的带水量,可以通过车尾浮桶来调节水车尾入水的深浅,否则水车叶带水越重,车身吃水越深,车头倒转,踏车人就会从前面摔下来。加长的水车车身大约有六米二,这种水车车头也特别大,上面装有四组脚踩的木榔头,车身加长了,所带的水也重了,要四个人一起踏水。踏水时由靠中间的两个人先踏,当水到一定重量时,外面的两个人接着踏,四个人配合要相当默契,稍有疏忽,很容易摔下来。

　　搬运水车不是一件容易的事,通常两人搭配,前面的人把树杈横搭在脚踏板下面挑起,后面的人用锄头一头挑着水车尾,一头挂着水车头,不过在蜿蜒的田间小路上两人合作,不如一个人灵便,有经验且身强体壮的老农,会两手抓住车身,用力往上一提,把水车搁在肩上,在另一肩用锄头柄支撑在车身下控制平衡,五米多长的水车也可以轻松地扛到池塘边了。

五、戽桶

　　翔安一带的池塘很多,但不是很大很深,都适合用戽桶。翔安农村的灌溉农具中,最简单的莫过于戽桶,直到今天,戽桶仍然是农民喜爱的灌溉工具。它构成简单,制造成本低,使用轻便,容易携带,几乎各家各户都有。戽桶正逐步消失,存量越来越少。以前戽桶都是木制的,后来使用塑料。

　　木制戽桶是椭圆形的,少量也有圆形的。戽桶大小不一,敞口大于桶底,以椭圆形戽桶为例,一般敞口最大径为三十五厘米至四十厘米,最小径为二十五厘米;底部最大径为二十八厘米至三十五厘米,最小径为二十厘米。桶墙由数片弧形的木板拼成,由最大径平分成两半,其中一半木板的长度较短,长度一样;另一半是戽桶的入水部分,长短不一,桶沿形成如帽舌一样的弧形,再用铁皮或铅线按顺序把这些杉木板围成桶,箍紧,套进椭圆形的底板。戽桶敞口最大径上还要横一根手指粗的竹子。在竹子位置,桶墙木板的敞口与靠近底部处各钻两个小圆孔,用绳子穿过靠近敞口的圆孔把竹子与桶身绑紧固定,靠底部的圆孔穿绳,在内侧打结。两端的两条绳子长五米以上,根据两个人操作的距离,把绳子缠在小树枝上做手把。戽桶桶沿入水部分做成帽舌一样的弧形,有利于增加戽水量。

　　用戽桶戽水,一般选择池塘的"U"形出水口。使用前,桶身要充分浸水，以免散架。戽水时，两人各在对岸站好脚步，先调节好绳子的长度，双手抓紧戽桶一侧的两条绳子，让戽桶隔空在水面上晃两晃，俯身绷紧桶底的绳子，稍微放松桶口的绳子，把戽桶甩向池塘里，让戽桶底部侧向朝天，弧形桶沿侵入水中，戽桶里的顿时就满了。此时，两人要及时抓紧敞口处的绳子，放松底部绳子，配合身体后仰，双手向上，向池塘出水口方向扬。在戽桶靠近出水口时，两人及时绷紧底部绳子，让水冲向水沟里，再顺势把戽桶甩向池塘里，如此循环往复，沟里的水潺潺地流向田里。小俩口隔岸相向，身体恭敬地一俯一仰，前弓步，后弓步，配合着双手优美的拂袖动作，可以聊天，可以对歌，戽多久也不觉得累。

有时人手不够，就在对岸打上小木桩，把一侧的两条绳子栓在木桩上，一个人也可以操作自如。

六、摔桶

翔安一年可播种两季水稻，有"春头""下冬"之分①，收成的时间分别在六月、十月，相应地称为"六月冬"和"十月冬"。以前水稻收割后就靠"摔桶"脱粒，所以"摔桶"是至关重要的农具。

摔桶是可容四五百斤谷物的大桶，桶体呈马蹄形或椭圆形，桶高约八十公分，口径一百公分至一百五十公分。桶墙是由同样长短，不一样宽窄的弧形杉板，先在杉板的侧面，用竹签一片一片拼合起来，再用竹条编成大竹圈（俗称桶箍）或用铁皮箍紧，围成敞口较大的桶身，靠近桶底的桶墙内部，要凿一圈凹形槽，箍桶时牢固地嵌住桶底。桶底的杉料不但要厚实，而且要在紧贴田地的底部凸出三条棱，以减少拖移时摔桶与水田的磨擦力。桶墙的里边分布五个小铁扣，供插桶篷的竹竿。桶篷用以防止摔稻时谷粒四溅跳出。使用摔桶脱粒，还需要一个"桶梯"。桶梯由两根弯弯

---

① 春头、下冬（cūn táo、ē dāng）：春头，春天播种的水稻。下冬，夏天播种的水稻。

的梯柱和横隔镶嵌着距离约五公分的十几片竹板制成。使用时，将桶梯的一端放进桶里，抵住桶底，另一端搁在没有桶篷部分的桶沿上，不用时可以把桶梯随意地取下来。

水稻脱粒是体力活。农民俯身双手箍住整齐摆放在田间的水稻，握紧稻茎，然后仰身轻拂过肩，再用力摔在桶梯上。"啪"地一声，谷子就哗哗啦啦地脱落在摔桶里，一般三四下，就可以完成一大把水稻脱粒。

摔桶的大小没有一定的尺寸，由于桶面较大，要运到田间，通常选择一根适长的扁担，一头顶住桶底，一头顶在桶墙，将桶反扣，挑在肩上，双手控制着桶身的平衡，人的上半身就扣在桶里，远远望去，倒扣在摔桶下面的人，只能看到两只脚行走在弯弯曲曲的田埂上。

摔桶这种古老的农具，不仅用于水稻脱粒，也可以存放谷物，还可以放在池塘水面上供小孩游泳嬉戏；平时放在家里，劳作了一天的农民，挑上几担水，倒进桶里，加点热水，趁热泡在水里，一天的劳累会随着慢慢升腾的水汽烟消云散。

摔桶是一种多用途的生产工具。由于使用起来比较费体力，且脱粒速度慢，自从打谷机出现以来，摔桶就逐步弃用。现在，偶尔看到农家有个摔桶，也只是放在房间里存放东西而已。

七、麦梳

到了大麦收成时节，一种不常用的农具就要登场了。这是一种形状像"六齿"的铁制梳子形农具，俗名叫麦梳。麦梳的铁齿是三角形的，三角形底的一面靠操作的人，尖的一面靠外，齿与齿之间的距离半厘米，齿长约十五厘米，齿的上部稍向外弯。

使用麦梳时要把齿儿朝上绑在长条椅上的一头，操作的人跨马式坐在长条椅上，双手握紧大麦，把麦穗扣在齿儿上，靠身一拉，梳上几梳，麦穗就与麦杆脱离，再晒到埕上用连枷捶麦脱粒。

大麦产量较低，没有什么经济价值，翔安农民早就不种，所以麦梳也就难得一见。

八、榉仔

榉仔又名连枷，是为麦穗去壳脱粒的人力劳动农具。

制作连枷的材料很简单，只要一根不到两米长的木柄，一块约五十公分长、十公分宽、六公分厚的坚实硬木和一支指头粗的、圆滑且一头带有权的小木栓即可。

将木柄的一端和硬木的一头各挖个小圆洞，用带权的小木栓将它们串联成可灵活转动的整体。小木栓的直径必须小于硬木的圆洞，硬木才能转动轻松自如，串通一体后，小木栓没有带权的一头必须用铁钉固定在木棍上，未免使用时硬木转动致使脱节。

用连枷敲打麦穗去壳脱粒，叫作"捶麦"。捶麦要两脚一前一后站稳，握紧把柄的双手要与脚配合。右手在前，右脚也应向前跨出，且略微弯曲，人的重心必须随着连枷的起落稍作前俯后仰，仰时把连枷举到一定的高度，硬木的一端自然下垂；俯时把木柄向前下方打压下去，硬木向前转个半圈，平稳地打在地面的麦穗上。这样轮番捶打，麦粒就脱壳而出。

连枷是简易的农具，在麦季收成时不可缺少。很长一段时间里，人们一直使用连枷，但随着脱谷机等先进农具的出现，连枷销声匿迹了。

九、风柜

风柜是翔安农村常见的家用农具。这种农具靠手力摇动风叶，用风力扬去谷屑、秕子以及碾米时产生的谷糠。在水稻、小麦、花生等收成季节，风柜就能派上用场。

风柜都用木料制成，有一人多高，四支脚架和几根横梁都比较结实粗壮。风柜的上部分是主体，右上边是个圆形的风箱，所以有人将它称为"风鼓"。圆形风箱半封闭式，中央有个圆洞，可看到里面。风箱里横穿一根带四个长方形风叶的轴,轴的一头通到风箱外,外加一把摇手,与轴成"S"形状。风柜左边最上方有漏斗,漏斗下面有阀门,用来控制粮食往下的流量。一旦摇起风来,粮食经过风箱吹过的风,饱满的颗粒落在底部斜放着过滤网的出料槽,从畚斗形出口,流入篓筐里,其他轻浮无用杂物就被摇动风箱产生的风吹出左边的风口。

操作风柜时,把东西倒入漏斗里,人叉开双脚站稳,右手先摇动风箱的手柄,左手控制好漏斗底下的阀门,这样"吱吱"作响,风柜就开始鼓风作业了。

图 7-3　风柜

第二节　生活工具

生活工具多种多样,数不胜数,新旧更替,一些古老的生活工具,已不适合现代生活的需要。本节仅介绍翔安几种近于消失的工具。

一、石碓①

在碾米机进入农村之前,石碓在翔安百姓日常生活中是不可缺少的粮食加工工具,它与人们的生活息息相关,具有悠久的历史。

翔安的碓,由石臼、碓身、碓头三个主要部件组成,是石木结

①　石碓(jiǒ duì):一种舂捣谷物的工具。

构的工具。石臼,形状如同底朝天的草帽,在石头边长约六十厘米正方形的一面凿一个直径约四十厘米的圆形窟窿,把它固定在略高于地面的小平台上,四周用条石围起,高于石臼面约十厘米。在石臼一侧立两块条石做为碓身的支架,条石相向的面各凿一个小圆孔,直径约十厘米,用来放置碓身的轴。碓身是用一块长两米五左右的硬实杂木做成的方形体,靠碓头的一侧正面凿一个长二十厘米、宽十厘米左右的方孔,用来固定碓头,在碓身中间部分的侧面凿一个通透的孔,孔中穿插一根固定的轴。轴与碓头的距离,看石臼与石支架的距离而定,碓身的尾部从下向上收口。碓头是用一块条石把一端雕琢成不大于长二十厘米、宽十厘米的长方体,另一端雕琢成直径不大于十五厘米的半球体,长方体部分插入碓身的方孔中,用木楔沿四周楔牢。把碓身的轴放在石头支架的圆孔,碓头总是在石臼里,碓身尾部向上翘着。碓身尾部两旁还可以放石头做踏台。

碓的用途很多,农家把收成的稻谷晒好,放进碓里捣去外壳,叫"舂米"。碓可以用来舂高粱麸皮,舂地瓜取薯粉,甚至可以将浸泡过的糯米舂成细粉做糕点。每当逢年过节,家家户户要先把炸枣的原料糯米粉、煮熟的地瓜、红糖搅拌均匀,再放进碓里捣成团,这时也是碓场最忙碌的时刻,后来的人要排长队等候着。

捣大豆做豆腐,捣小麦煮麦糊,舂谷子取粉,三者用碓的方法不同。捣大豆、小麦是和着水捣的,为防止浆水四溅,碓头离开臼底的距离不能太大,只要一个人站在碓尾,手撑木棍或竹竿,前脚站在靠近碓轴的地方,后脚轻踩碓尾,及时腾起,让碓头与石臼短距离接触。给谷物去皮,人站在碓身上踩碓,一手撑着木棍,一手还要拿着一木棍或竹竿探到石臼里翻动谷物;有时由两三个人一齐站在踏台上,一脚踩住踏台,一脚上下踩动碓尾,动作要整齐划一;有时还要一个人蹲在石臼旁边翻动原料,这个人就要掌握好碓头出臼、入臼的时间,该出手时出手。泡过的糯米舂成糯米粉时，舂一段时间后，踩起碓头，用勺子舀取糯米碎屑倒进筛斗里过筛，过不了筛目的放进石臼里继续舂，反复几次，直到舂完为止。

二、石磨

石磨用石头雕琢而成，人们靠手力推拉旋转加工食物。

石磨分上下两个石盘。下盘由较大而厚实的石头制成，石头中间凿一个圆形平面，圆形平面四周凿一条环形的出料槽，出料槽向外凿一个出料口。下盘的圆心凿一个小方形的洞，装上耐磨的小木块。木块向上露出一寸高的小圆柱，让上盘圆心中的小洞扣入，以确保操作时上下两个盘保持平稳。上盘是一个短圆柱体，圆周与下盘中间圆平面一样大小，根据普通人手的推拉力来确定厚度。上盘底面圆心凿一个圆孔，孔的大小正好可以套在下盘的圆木柱上，上面凿出下凹的平面，在圆心与圆周之间再凿一个或两个通透的直径约三厘米的小圆孔，作为进料孔。在上盘的侧面凿一个方孔，插上一块几寸长的硬木块，硬木上钻一个小圆洞。推动石磨的手把是用木料做成"T"字形的，木头的一端插一根弯成"L"形的铁条，铁条钩住硬木的小圆孔。"T"字形手把两端用绳子悬在房子的横梁上，让手把与地面平行。

操作时，人在手把前站稳，两脚一前一后，两手抓紧扶把，以适当的速度向前推，当石磨转过半圈后，再顺势往回拉，一推一拉石磨就旋转起来。这时，要有一个人将豆类或谷物从上盘的圆洞加入，磨细了的粉沫就顺着上盘与下盘的交界处挤落在环形的出料槽里。小形石磨可以一个人操作，在上盘硬木板上树一根向上的手把，操作时，一手握紧手把转动石磨，一手用勺子往进料孔添料。

翔安新圩镇东寮豆干闻名厦门，为了保留豆干历史的原汁原味，直到现代，一些家庭作坊仍坚持用石磨磨豆浆。厦门地方民间歌舞艺术——车鼓弄，就以老公婆推石磨磨豆浆时自编歌词逗乐解闷为原型。

三、土砻

在碾米机尚未出现之前,翔安百姓以地瓜、麦类为主食,大米较稀罕。古翔安虽有九溪,但流域不广,水田面积小,丘陵地带,高坡沙地,只好种上耐旱的地瓜、麦类。除了过年节、祖宗祭祀,百姓家里很难吃上一餐干饭,平时只在地瓜汤、麦糊汤里加上一小把大米。米的用量再少,也离不开稻谷去壳这道工序。通常把稻谷倒进较大的石臼里,用木杵舂;舂去稻壳后,再舂成大米。翔安内厝镇曾厝村以前就有一个老人,建了一座简易作坊,在作坊里安装一个土砻。乡亲们知道后都到他家使用土砻碾稻谷,不用花钱,只要把稻壳留给他就可以。

土砻就是用土做成石磨的形状。主要材料是当地产的红土、红糖、稻壳、盐,这四种材料充分搅拌均匀,加水和成泥,然后在箩筐里固定成型;再在上下层土砻的接触圆面上由圆心向周围均匀而有规律地,用三厘米长的小木块有间隔地钉上一条条弧形的齿,在上层土砻留几个通透的小圆孔,这是稻谷进入土砻之间的通道,上层底面圆心留一个轴孔,下层底面圆心插上圆木块做土砻的轴,轴的长短可以控制两层之间的间隙;最后在土砻外面套上篾条编成的箍,箍里每次可倒进半篮稻谷。土砻的上层侧面,也要像石磨那样楔一段硬木块,在硬木块的小圆孔里扣上和石磨一样的手把。

风干了的土砻安放在磨坊里,推拉起来和石磨一模一样,上面有装稻谷的篾箱,省去一道逐渐加料的工序。经过土砻的稻谷去壳以后,要经过风柜,吹出的是稻壳,流进篮子里的是糙米,糙米还要过碓舂去表皮,过筛后,白白的大米就可下锅了。

四、蓑衣

蓑衣,习惯上叫“棕蓑”,因为它以棕榈树的棕丝为材料制成,雨天老农到田间劳作时可穿在身上防雨。蓑衣穿在身上,大雨淋不透,冬天能保暖,在田野、山林里,用棕蓑当坐垫,蛇类、蜈蚣等不敢靠近。雨天,农民穿上蓑衣溶田、插秧,不怕泥浆,不碍操作,既耐用又实惠,所以深受欢迎。赤着上身穿蓑衣,浑身会针刺般难受,所以有句闽南语歇后语叫"脱体穿棕蓑——够赤"①。

蓑衣靠手工将棕丝绳细密地缝制成没有袖子的上衣,像战甲。蓑衣的领口和两条对襟是用棕片包着棕丝包边缝合而成,胸口及齐腰处都有短短的棕绳扣子。蓑衣的肩、背、腰等部位都以棕丝片为材料,用细小棕绳,按一厘米左右的针眼密密缝紧,为使整件蓑衣笔挺,主要部位里边还垫有稍硬的棕榈片。蓑衣的肩部棒直,延伸过上肘。蓑衣长盖过臀部以至大腿的上半端,下摆边沿都有密密麻麻的棕丝,供雨水顺着棕丝往下滴,这样既能确保身体的主要部位不淋雨,活动起来又方便自如。

蓑衣还有另外一种制法,即分成上下两件,上身如一短衣,下身似一短裙,穿在身上,整体一看,与完整的蓑衣没有多大区别。这种制法让人体活动更加自如,尤其是腰、背扭转活动时,免受任何窒碍。

五、木屐

以前翔安农村百姓生活艰苦,人们穿不起鞋,常年打赤脚。晚上睡觉前,人们洗脚后,穿的就是木屐。木屐没有左右脚之分,但有两种:男人穿的是素胚的,女人和孩子穿的会在木屐胚上油漆彩绘。

木屐用较轻的木材做底,一般选用桐木、苦楝木……先把木料削成脚掌的样子,前掌部分,往屐头削成斜面,在前掌与后跟之间凿横梯形槽。木屐的带子只有一条,选条形塑料或条状牛皮,用铁钉钉在木屐前掌两侧,穿脚掌部分形成拱形的门。有时为了

---

① 脱体穿棕蓑——够赤(tùng tê qing zāng sui—gào qià):赤裸上身穿蓑衣,棕针刺得难受。形容家庭相当贫困。赤,贫穷。刺与赤,闽南读音相同。

穿得舒服一点,还在前掌与后跟处,凿平缓的凹面,以适应脚掌的形状。

木屐虽然粗糙,但在特定时代里还很珍贵,姑娘出嫁,有的父母还把它当成嫁妆。人们珍惜木屐,到亲戚家做客,往往木屐先拿在手里,快到村口了,在溪边、池塘边洗了脚才穿上;回来时,见送客的亲戚一转身,马上把木屐脱下来,在路边的草上擦擦,又舍不得穿,拿在手上带回家。木屐穿得磨薄透底了,也舍不得扔掉,几只老木屐钉在一起,可以再穿了。

穿着木屐"咯吱"作响,人未到声先到。近年来,消失了几十年的木屐又悄然出现,一些年轻人赶时髦,穿上木屐觉得很新潮,看到影视里日本人穿和服,拖木屐,还以为木屐是从日本传入中国的呢!

其实,木屐的鼻祖在中国,史书上记载着一个悲壮的故事。春秋时期,晋文公流亡列国十九年,即位之后,便封赏追随者。晋文公的好友介子推不肯受赏,隐居深山,晋文公再三敦请,就是不肯下山做官。晋文公不得已放火烧山,以为这样可以把介子推逼下山来,但是介子推还是不肯逃出来,宁可抱着树被活活烧死。事后,文公非常哀惜,厚葬了介子推,并砍下那棵树,削制成世上第一双木屐。从此,文公天天穿着木屐,以示怀念。这也是"足下"一词的来历。

民间百姓竟相仿效,削制木屐穿,相沿成俗。

六、斗升

斗与升是以前家庭中常用的容器,十升为一斗,平时不用称杆时,就以斗和升来衡量。年节时,炸枣、做年糕等也用斗、升为计量单位。斗与升现代基本不作为计量单位了,但斗与升这两种容器依然还有用途,遇有婚嫁、上梁等喜事,点斗灯是不可缺少的仪式。

斗一般是倒圆台形的容器,底部圆面较小,敞口较大,升与斗的形状相同。直墙的圆台形斗、升,一般用竹篾条编成箍圈,大箍圈箍在离斗口四厘米的地方，小箍圈箍在斗底边缘；有一种鼓形的斗，它的铁箍圈不箍在斗墙的中间，而是箍住斗的上下边缘。

图 7-5　斗升

七、碟框

翔安人宴请亲朋好友，都很讲究礼节。从婚嫁喜庆到平时迎来送往，主人丝毫不敢怠慢客人。特别是请女婿，要用合桌（两张长方形桌合并成一张八仙桌）、"琴椅"，倒酒要用酒壶。其中，端菜上桌不能双手直接端上，也不能用方盘端上，只能用碟框。

碟框是用薄木片做成底部圆形，侧面圆圈的圆盘。提手用竹片薰弯成"同字形"，底下两端用籐条皮按"人字形"固定在圆盘直径两端的圆圈上，再在手把处用籐条皮向上扎一个碟框挂。为了牢固，在碟框盘底底面还要沿直径再附上一根木条。

图 7-6　碟框

八、吊篮

不要说以前翔安人缺衣少食,但一日三餐也有吃剩的时候。人们把吃剩的饭菜,暂时存放在吊篮里,为避免鸡、猫、狗等偷吃,还要把吊篮仔挂在巷头上。

吊篮仔用篾片编制而成。吊篮盖和吊篮体都用带表皮的篾片编制,三条篾片组成一个眼。所不同的是,为了让灰尘不落入篮里,篮盖编制密集,几乎不留孔隙;为了让篮里的饭菜通风透气,吊篮体就要编制稀疏,留有篾眼。篮盖从中间往四周编制,到直径约四十厘米时,已成接近圆形的弧面;再用细篾条编制三圈,就可以用细篾条绞编盖沿了;最后在篮盖下编制一圈箍,以便扣进篮里。吊篮体是一个扁圆柱体,收口处用三或四条细篾条绞成篮沿,底部同样用细篾条绞编成篮底。吊篮体编成后,还要在篮口直径两端插入弯成弧形的厚篾片作篮挂,篮挂内侧套入四条篾条,也分别插入吊篮两侧,与厚篾片五点固定篮挂,最后在篮挂上缠上籐条皮,既加固篮挂,又起点缀作用。

图 7-7 吊篮

九、笼床

在厨房里蒸食物的木蒸笼，翔安人叫做笼床。蒸笼大小不一，平时用的较小，一般二三层；办大筵席用的蒸笼要大得多，直径可以是小蒸笼的两倍，通常四层叠在一起。

以前，翔安用的蒸笼基本上是莆田师傅过来就地做成的。蒸笼笼墙分内外两层，每层用五六片长长的薄木片叠圈成短圆柱圈，内层上面高出外层约二厘米，下面比外层凹进约二厘米，这样叠起的蒸笼紧密结合，密不透气。每层蒸笼笼底用五至七条长短不一的木条作支架，支架上面铺上十字形编制成的竹片作笼底。最底层蒸笼高度相当于上面几层的两倍，蒸菜肴时，底层蒸笼浸在沸水里，以免烧坏。制作最复杂的是上面的笼盖，笼盖除了用薄木片圈成以外，还要在上面套上一个用细篾片编成的圆锥。

村乡里的厨师们要选有责任心的帮厨，看好蒸笼，既要注意铁锅里的水，随时做好加水的准备，又要注意灶里的火，随时加减木柴控制火势。

蒸笼两侧要用棕丝结成绳作笼耳，起笼时，双手拍打笼盖两侧，把笼盖里面朝外掀起，然后两手抓住笼耳，一层层拆下来。

第三节　渔业工具

生活的地理位置不同、环境不同，所接触、所使用的生产工具各不相同。翔安区域海岸线长，生活在海边的渔民，以讨海为生，自然创造出各式各样的生产工具。

一、"加水"缶

翔安大小嶝海域广袤，栖息着各种各样的章鱼，它们大小不一，习性各异。俗话说"近山识鸟音，近水识鱼性"，在长期的大海捕捞实践中，三岛渔民掌握各类章鱼的习性，用不同的渔具来捕捉它们。

有一种大不盈两的小章鱼，它的腕足粗短有力，喜欢栖息在贝壳里，渔民称这种章鱼为"加水"①。根据加水的这一习性，三岛渔民就利用放瓦缶来捕捉它们，方法巧妙有效。瓦缶是特制的，成批定制，成本低，人们叫它"加水缶"。加水缶口小肚大，高约四点五厘米，缶口直径约五厘米，中间肚子最大直径十厘米。加水缶有一个耳状的把，缶底留一个小透孔，整个加水缶就像泡茶的小茶壶。

加水缶不是一个一个单独放，而是几十个甚至一百多个系在一起放入海里，这样就需要一条绳子把加水缶连在一起。过去这种绳子用稻草搓成，虽然成本低，但容易断，得经常换，影响捕捞。现在改用比小手指还细的尼龙绳，轻便耐用。先用更细的尼龙绳一头系在加水缶把上，另一头系在大线上，两个加水缶间隔六十厘米，一条绳子一般系上百个加水缶，最后在绳子的两端系上石碇，以防瓦缶被潮水冲走。

放加水缶捉章鱼，关键是选准放瓦缶的海区。小章鱼喜欢栖息在泥沙参半且有零碎小礁石分布的低潮区，因此，要把加水缶放在这种区域。大潮时，海水哗啦哗啦退得很远，渔民就把系着加水缶的尼龙绳盘在扁担上，挑下海去，到了选定的海区，摊开尼龙绳，把加水缶一个个口朝上在海底摆好，两端用石碇固定。三岛渔民称这一过程叫"放加水"。

随着潮起潮落，加水便陆续"入住"瓦缶。瓦缶里的加水，造型优美，八条腕足吸盘朝外抱着脑袋，头朝下紧紧地吸住瓦缶，样子就像一朵盛开的白牡丹。过了十多天，又到大潮时候，渔民就背着鱼篓，带把蚝刀下海捕加水，找到放加水的母线，沿着母线顺藤摸瓜，取出一个个加水缶，如果发现里面住着加水，就放在鱼篓口，用蚝刀一剜，加水便撑直八足，"嗖"的一声，一头撞进鱼篓里。

---

① 加水(gā zui a)：海洋中，类似章鱼的软体动物，八条脚较章鱼短。

二、七星网

七星网是翔安沿海渔民长期使用的大型定置网。七星网布置于潮流湍急、风高浪大的深水区,网系在固定网柱上。每当大潮时,渔民就开着网艚载着七星网下海挂网,渔民称之为"下水"。为了让网浮在水面上,用七段去掉表皮的毛竹筒当浮标。在渔网和潮流共同作用下,毛竹筒仅露一点头,七个浮标在风浪中时隐时现,远远望去,就像天上掉下七颗小星星,渔民称之为"七星坠海",故叫"七星网"。

这种定置网由网柱和渔网两部分组成。网柱选用十来米长的大口径毛竹加工而成,然后把它树在海底,使之固定成为网柱。网柱要树得又深又牢,才能经得起大风大浪的冲击。因此,打桩前要先用特制的钻杆打引孔,再把毛竹顺着引孔深深地打入海底。过去,七星网用棉、麻等植物的纤维织成,为了防止海水腐蚀,延长渔网使用寿命,下水之前要先用"薯榔汁"把渔网染成红褐色。现在的七星网都改用尼龙丝加工织成,耐磨抗腐蚀,不用再染网了。

七星网是大型渔具,全长二十三米,网口张开宽约三十四米。渔网从网口向网尾逐渐收网,网口网眼很大,越靠近网尾网越窄,网眼也越小。网尾是个打活套的网袋,网袋的网眼细得连丁香鱼那样的小鱼也漏不出去,网袋系有浮子。固定在海里的七星网,随着滚滚浪潮的冲击下,网口大开,吞噬着随潮往来的鱼虾。渔民出海作业时,用搭钩钩起浮子,把网袋拉到网艚甲板上,解开活套,把鱼虾倒出来。

关于七星网,还有"罗隐谶破"这样一个美丽传说。古时候,有个读书人叫罗隐,他能"出语成谶",因身份特殊,所以民间称他"乞丐身,皇帝嘴"。有一次,几位渔姑正在沙滩上挑拣鱼虾。他来到小岛上,看到鱼篓里大虾又大又新鲜,就向她们讨几条大虾吃。渔姑舍不得给他,他并不赖乞,只扔下一句"入网臭",转身就走了。说来奇怪,第二天,渔民从七星网里打上来的鱼虾都腐臭不堪,即使当潮捕捞的渔获也是如此。渔姑说起昨天遇到乞丐的蹊跷事,渔民们就猜想这件事跟那位乞丐有关,于是就四处寻找,终于找到罗隐。渔民们好好地招待他一番,临别时,罗隐说了句"臭臭香"。果然,捕到的鱼虾虽然仍有股臭味,但煮熟了还是腥香味美。

三、手网

在长期的大海捕捞实践过程中,翔安渔民使用很多渔具,手网就是其中一种。

以前的手网用棉线织成,海水碱性大,很容易受到腐蚀,使用一两个月后就要保养一次。渔民用鸭蛋的蛋清来保养手网,称"染手网"。每染一次网要打十多个鸭蛋,将鸭蛋打在脸盆里,捞出蛋黄,手网分部分蘸蛋清,边蘸边用手柔搓手网,好让蛋清渗进棉线里,直至把整张手网染完。现在的手网用尼龙丝织成,韧性好,耐腐蚀,无须再像过去那样保养了。

无论是棉线还是尼龙丝织成的手网,织网的方法都一样。织网前,渔民根据网眼的大小,先做一个小直尺,其宽度等于网眼的长度。然后以此为网眼的大小规格,从手网的上端织起,最初一层织六十个网眼,织了六层后,从第七层起再加六十个网眼,再连续织六层后,从第十三层起又加六十个网眼……按这样规律一层一层地往下织。普通手网长度三米多,织好的手网,张开后整个形状就像一个圆锥体。最后在手网的底摆系一些铅粒作坠子,这样,渔网入水后才会迅速沉入水底,将鱼罩在网内。

手网轻便实用,深受渔民欢迎,至今沿海渔民还广为使用。用手网打渔,能捕到一些经济价值较高的鱼类,比如黄翅鲷、鲈鱼、大乌。有时候,渔民在撒网捕鱼之前,先在礁石上刮破藤壶、海蛎作鱼饵,把鱼吸引过来,待潮水涨到一定程度时,才开始撒网。经验老到的渔民,撒出去的手网圆得像十五的月亮,这样张开,网的面积最大,能最大限度地把鱼罩在网里。

四、罾

罾是古老的捕鱼网具,三岛渔民使用的罾是在长期的捕捞实践中发明创造出来的。

罾由罾网、罾篙、"土地公"、罾担等部件组成,其主体是罾网。罾网根据网眼的大小疏密大概可分两种,一种叫"密罾",一种叫"透罾",但不管是密罾还是透罾,网形都一样,张开时都呈等腰梯形。以前罾网用棉线织成,现在改用尼龙丝。织网时先根据网眼的疏密做一支小尺叫"梗子",其宽度相等于网眼的长度,然后以"梗子"作规矩来织网。以密罾为例,密罾网眼只有一厘米大小,织密罾时先从梯形的下底织起,第一层织四百眼,也就是说罾网底宽四百厘米。往上罾幅逐渐收窄,每层收一眼,这样一层一层地织,一直织到第二百五十层,也就是织到等腰梯形的上底,这时罾网总长约二百五十厘米,一张罾网就算织成了。

罾是一种绑扎在两支竹篙上的网具。这两支竹篙渔民叫"罾篙"。罾篙长约四米,用绿竹加工制成,必须非常笔直,若稍有弯曲,要用炭火烘烤烤直。罾担是木制的,有两个功能,一是稳定罾张开时的形状,二是举罾的手把。所谓的"土地公",用质地比较坚硬的木头削成,其状为半球形,共有两个,套在罾篙顶端。有了"土地公",作业时推动罾篙才不会插进泥沙里。

用罾捕鱼叫"举鱼"。举鱼时,先在滩涂上把罾网绑扎在罾篙上,这叫张网,然后固定好罾担,最后套上"土地公",一切打点好后,就可以举鱼了。举鱼要选择一处"好位头",潮水漫上滩涂时,将罾篙压入水底,耐心地等待。鱼儿随潮水游入罾里,水面会出现涟漪,发现罾里有动静,迅速提起网担,罾网出水时握罾担的手使劲一抖,鱼就会顺势滚跳到网袋里,再操起罾捞将鱼舀进背篓里。在翔安,一年四季都可以举鱼,特别是冬至一过,夜里的最低潮就天天退到中潮区以下,这时大海里的鲻鱼肥鲈鱼美,是举罾捕鱼的最好时节。三岛渔谚有："冬至瞑,瞑瞑窟仔垃。"①

五、掠鱼篓

用竹篾编成各种各样讨海用具的过程,翔安的方言称"掠",这些用具包括蚝筛、蚝篮和鱼篓等。② 用的材料只是几条竹篾,工具也只是一把锋利的蔑刀和一支剜海蚝的蚝刀。

掠鱼篓用细蔑条,按鱼篓的大小,篾条的宽度大小不等,一般宽不到半厘米。用蔑刀从新毛竹上剖下竹皮,然后削成细蔑条。

掠鱼篓有如下五道工序:

其一,编织鱼篓底。先按所需长度截取十三条细篾条,分成两组,一组六条,一组七条,六纵七横两两交叉相叠编织成经纬状,竹皮统一朝下。再根据鱼篓的大小截取与篓底的长宽等长的短篾条,分别插入六横七纵之间,用蚝刀调整篾条的疏密,鱼篓底就编好了。

其二,编勒鱼篓肚。每次取两条宽厚各三毫米的长篾条,按照一上一下的规矩盘入篓底六纵七横篾条之间,绕一圈后,两手各捏住蔑条的一端,用力勒紧。如法再盘入再勒……六纵七横的篾条就会逐渐煞扎竖立起来,就像地球仪的经线,盘入的篾条像纬线,相互交织形成鱼篓肚,用蚝刀调整经纬。鱼篓肚横截面略呈椭圆形。

其三,编勒仙侣骨。仙侣骨也叫"鱼篓颈"。取三条蔑条盘入经线,盘一圈之后勒紧,再盘入一圈再勒紧,直至所需高度,使截面从原来的椭圆形收缩成圆形。用三条蔑条,这样才能勒出"仙侣骨",如果是两条一勒,就会打结成股。

其四,盘编鱼篓口。待鱼篓颈编到一定高度时,接下来要盘鱼篓嘴。取四条宽厚各三毫米的篾条。第一条的一端从某个"篓

---

① 冬至瞑,瞑瞑窟仔垃(dāng zuè mí, mí mí kùd a gni):冬至过后,天天都到海里捕鱼。

② 掠(liǎ):编织。

眼"由内向外插出扣住。篾条顺右边由内向外经过四个"目",由"目'后的第一个"篓眼"插入。二、三、四条依次递减一个"篓眼",依法编织,盘两圈,把鱼篓嘴包起来。

其五,是插"甲"。鱼篓甲就是系鱼篓背带的两条竹片,插在鱼篓椭圆截面对应的长轴两侧、根据鱼篓的大小,竹片大小长短不同。以三十二厘米高可装二十来斤渔获的鱼篓为例,甲长约二十八厘米,宽二厘米。选取这样两条带竹皮的竹片,用蔑刀把竹片修薄,将一端削尖,然后尖端从鱼篓唇下方由内向外插进,透出鱼篓后再由外向内从仙侣骨下方插入直至接近鱼篓底。

六、编蚝篮①

二十世纪八十年代前,翔安人的生计要用到蚝篮,所以就要编蚝篮。

编蚝篮有八道工序,所需材料不同。

第一道是按所需长度截取二十七条篾条,三条中心条,其余六条为一批,共四批。各条都要修整成适中的厚度和宽度,修掉毛刺。编织时表皮统一面向,在地板上操作。

第二道是"踏篮底"。先将中心条各中心点相压,叠成"水"字形,形成的各个角度要大致相等,用脚踩着固定。接着按逆时针方向依"一层起一层落"的原则编各批。一、三批的每条分别依序从两条中心条之间插下去,二、四批的每条则插上来。各批编完都要整理一下"目"(交叉点各为"目"。注意中心条都要被夹在中间)。编织完,以中心点再次调整疏密、长度。然后"勤细蔑",即把一些细蔑条穿过各条的下一个"目"中间,"勤"(绕)两圈,成为一个圆,调整一下"目"。

第三道是"吹篮肚"。取一条约一厘米宽的篾条穿过"目"中

---

① 本文发表于《厦门日报》2013 年 11 月 15 日《城市副刊》上,作者陈水滔。

间,绕两圈,两手各攥紧此篾条的一端,用力"吹"(即绑扎)成"篮肚",调整一下"目"。如法再编,如编"蚝筛"要编两层(次),编蚝篮则要编四层。编第二层时,在六个地方个要补上一条短篾条。这道工序称"插角"。

第四道是"掠仙侣骨"。取三条宽厚各约三毫米的长篾条,第一条的一端从某个"篮眼"插入扣住,篾条再顺右边过两个"目"后的篮眼插入,由下一个"篮眼"穿出,二、三条起始处各比前一条减少一个"篮眼"按顺序掠(编)两圈成"仙侣骨"。调整篮的高度,各篾条尾端须高出"仙侣骨"。

第五道是"续篮嘴"。将高过"仙侣骨"的篾条逐一去掉内表皮,把外表皮撕成两三条,将其向篮外侧绕过一条添加的篾条往前面的网眼插入扣住。

第六道是"盘篮唇"。取四条宽厚各五毫米的篾条。第一条的一端从某个"篮眼"由内向外插出扣住。篾条顺右边由内向外经过四个"目",在"目'后的第一个"篮眼"插入。二、三、四条依次递减一个"篮眼",依法编织。要"盘"两圈,把篮嘴包起来。

第七道是"盘篮耳"。在"篮唇"上对应的两侧,用篾条逐个编织一个圆。下半圆连在"篮肚"上,上半圆凸出"篮唇"成为"篮耳",即提手。

第八道是"盘篮部"。用篾条打一个圆部,再用篾条把圆部编连在篮底上,起保护作用。

第八章　民间美食

翔安依山襟海，人杰地灵，素有"海滨邹鲁"之称，拥有丰富的乡土文化积淀，是闽南文化的重要组成部分。

翔安菜谱涵盖闽南菜系之精华，其餐饮烹饪植根于丰富的自然资源。翔安地处滨海，历史上设过马巷厅，管辖过金门，与金门、澎湖，乃至台湾、南洋关系密切，来往频繁，这使得翔安的餐饮更具包容性和多样性，播扬至台湾和海外，具有辐射性和扩大性。

第一节　饮食文化民间传说

本节由饮食文化民间传说与美食制作两部分组成。这两部分既各自独立又互相联系。饮食文化民间传说收集和整理有关餐饮的乡间趣闻，可读性和趣味性强；美食制作也是翔安美食的菜谱，随着菜谱的整理，提升了民间制作的科学性和艺术性。

1.豆仁、好吃糖及其他

过去，马巷只有一条里许长的街道。两旁的骑楼有米店、布庄、食杂铺、油坊和烟丝店，人流浮躁，声浪喧嚣。一年四季，从早到晚，有各种吆喝声，响彻大半条街。居民们，无论大人小孩，男的女的，穿制服的，打工的，早已稔熟商贩的吆喝声。

"豆——仁也！——"

清晨，脆脆的叫卖声，破空而来，他把"豆"字的呼叫声，尽量牵长，似一团钢丝抛向天际，颤咝咝，悠悠然；接着，吐出嘎然欲止的"仁"字，又拉长"也"字，似有余韵不尽之感。

这是一个男人叫卖炒花生的声音。

花生,是翔安的土特产。带壳的,叫"土豆";因落花而根部结果实,又名"落花生"。剥壳的,叫"豆仁"。花生既是老孺喜爱的四时果品,又是经济价值很高的油料作物。在翔安,花生还是吉祥的象征。当地的风俗,新娘首次回娘家,娘家要送她一篮甜糯米糕和带壳花生,祝愿女儿生活比蜜甜并早生贵子。炒花生,香又脆,大人小孩都喜欢。虽说家家都能炒,但炒咸脆的花生却要有功夫。过去,马巷有户人家,一家三口,丈夫瞎眼,名叫溪仔。夫妻俩只有一个独生女。他家以卖炒花生为业。每天下午,弱女牵扶着瞎仔溪穿街过巷,沿途吆卖。斜阳西照,拉长父女俩的身影,他那低沉苍老的声音,浑厚悲凉地喊叫着:

"咸——炒脆的——豆仁也!"

无论是暑气逼人的夏天,还是北风凛冽的寒冬,父女俩相依为命,踽踽独行,吆卖声声咽。有时,瞎仔溪还兼敲锣。谁家丢了东西,便请他沿街敲锣寻找。

"哐!哐!哐!"锣声响过,瞎仔溪便叫喊着:

"众大家——请注意,五甲有人丢了一头小猪,知道下落的……"

"哐!哐!哐!"……

还有一种肩挑小贩,沿途用手指夹住刀具和小铁槌,上三下四地敲打着,发出"铿铿铿,铿铿铿"的响声,招揽生意。这是卖"好吃糖"的,他们将白砂糖或红糖熬煮成糊状,即倒入事先铺好竹叶的圆盘上,稍待冷却,糖面上再撒些咸油葱或捣碎的柑桔皮,吃起来有甜、咸、酸的味道,很可口。一两分钱就能买上一小块,有的还可以用废铜旧铁兑换。这多半是被老阿婆叫住,从内兜里掏出硬币,买给她的小孙子吃的。小贩卸下担子,把刀具按在糖面上,用小铁槌轻轻敲打,"咔"的一声,便敲了一小块。小孩子含在嘴里,吃得津津有味。吃完了,还甜甜吮吸小指头呢。

街上唢呐奏起"嗒嘀嘟——嗒嘀嘟——"的响声,卖咸酸甜的小贩,肩挂一个活动木架和一个长方形木框玻璃柜。柜里分为五六格,每格放进桃李不同蜜饯,每到热闹的地点,他便打开木架,架上蜜饯柜,拿起小唢呐吹奏着,孩子们便围拢过来……

不一会儿,"铿铿铿"的声响从小巷那头款款传来,历历听得到叫卖声是福州腔。这是卖扁食的小贩,用汤匙敲打瓷碗招徕顾客:

铿铿铿,铿铿铿……

家乡的叫卖声就这样在大街小巷里荡漾着,时常令人陶醉在乡俗的文化氛围之中。

2.宫口消夜

黄昏以后,宫口的小吃摊沸沸扬扬。卖烧肉粽、芋包的,卖蚵仔煎的,卖五香、卤豆干的,卖碗仔粿的,还有卖鱼丸、肉汤圆的……盏油火灯、臭土灯,滋滋作响,照得如同白昼。到处氤氲白濛濛的热气,茴香八角散发出香喷喷的气味。

有个卖卤味的,满脸络腮胡,人们都叫他"胡须波"。他的卤味担里,除了卤豆腐干之外,主要是五香、灌肠和猪头肉。卤过的猪头肉,抹上乌酱,赤黄赤黄的,十分诱人。现买现切,要什么,切什么,放在递过来的盘子里,抓一把萝卜、芫荽,再浇一勺卤酱。到了晚饭时候,"胡须波"的生意就应接不暇了。只见他拿了刀不停地切,一面还忙着收钱,包五香,炸卤豆腐干,很少有歇一歇的时候。他最拿手的,是炸五香,用豆膜皮包裹卤料,然后油炸酥。他的卤料气味与众不同,至于掺什么料,谁也不懂得。

这些耳熟的叫卖声,此起彼落:

"烧肉粽——"

"碗仔粿——烧的——碗仔粿!"

……

这时,围在小吃摊的大都是老头子。他们出门溜溜,想喝两盅,一副鸭掌、两条五香再加一撮咸炒脆豆仁,便能解馋。酒一喝,话就多。说东家,道西家,品头论足,自得其乐。

在这些食客中,有个绰号"鳗棍"的,给人留下很深的印象。他高挑身材,瘦长的脸,嘴边留一撮八字胡,六七十岁。他走路一跛一拐的,出门挂着一根拐杖。这根拐杖乌黑发亮,大概是乌木头做的,长约三尺,头大身细。头部挖了一个小窟窿,镶上白铜,套上翡翠嘴,既是拐杖又是烟斗。他一出门,拐杖点地,发出"笃、笃、笃"的声响。稍息时他捏了一小撮烟丝塞进烟孔,凑近翡翠嘴"吧嗒吧嗒"吸烟。

听说,他先前"阔"得很,后来家道中落,却死皮要脸的出门仍穿着油滋滋的长衫。人们一听到"笃笃"的声响,便知道他出来溜溜。他乜斜着眼,走过宫口,人们不得不招呼他:

"棍伯仔,喝一盅。"

"棍叔公,坐,坐……

他也不谦让,大大咧咧地坐下来,举起筷子就吃,人们只好笑脸作陪。他吃饱了,喝足了,站了起来,又"笃笃笃"扬长而去。

夜,渐渐深了,宫口的小吃摊早就打烊了,街道显得冷清。偶尔,还有几个夜归人匆匆走着。

这样的夜晚,这样的夜宵,怎么不令人回味,又怎不令人心中常常涌起一股暖意?

如今,随着岁月的流徙,肩挑小贩的吆卖声渐渐稀少了,有些甚至被尘封多时了。取而代之的是熙熙攘攘的大街,挨肩接踵的广告林林总总;电视机荧光屏上,大腕明星笑脸相迎,插科打诨地推销商品;收音机里嗲声嗲气的广告声……在信息时代,商品的促销,靠的是高新技术,绚丽诱人的画面,已不是土里土气的叫卖声,但总令人觉得缺点什么。在城市变奏曲中,若能添些清新、朴实、带点泥土气息的叫卖声,总让人感到几多真切、几多温馨!这也许是种怀旧,但不也是人们的需求吗?

3.封肉

封肉,原名方肉(闽南语"封"与"方"同音)。是以形取名,就是大方块肉之意。因此,翔安马巷地区有大方肉、小方肉之说。大方肉就是如今的封肉,小方肉就是红烧肉块。

封肉这道菜出自官厨之手。乾隆四十一年(1776),泉州府直属通判移驻同安县马家巷(即今马巷镇),置马巷厅,厅衙门置马巷镇内,俗称三府衙。清末年间,三府衙曾聘一大厨,名曰阿驳师。此人师艺超群,做得一手佳肴,颇受官方人士赞赏,其中有一道名菜流入民间,就是大方肉(即封肉)。

传说,马巷三乡卧龙边有位小青年名叫陈剑貌,俗名"猴貌",自小酷爱厨艺,听说三府衙官厨阿驳师厨艺高超,就主动拜托有关人士认识阿驳大师,尔后经常到三府衙干粗活帮厨。他的老实、勤快、好学感动了阿驳师,就收之为徒,传授部分厨艺给他,其中有一道大菜就是大方肉。大方肉原汁原味,不添加任何现代调味精料,色泽金黄,口感滑嫩,做法独特,色香味俱全,吃起来肥而不腻,瘦肉香而不涩,很受广大群众喜欢,一时成为马巷地区婚嫁宴席必上的大菜。陈剑貌厨艺学成出名后,又招收徒弟陈企巷、朱云泊(阿驳师还有另一传人是其儿子黑局师)。解放后,民间宴席不怎么讲究,有一段时间大方肉销声匿迹。改革开放后,老百姓的经济收入提高了,人们又讲究起饮食文化,经陈火巷等老一辈厨师传授,大方肉又出现在百姓宴席上,培养出不少做大方肉的厨师,比较具有代表性的有黄福丽、陈全成。此菜肴随之流传到全国各地。由于闽南语"方"与"封"谐音,方肉也就误写为"封肉",也自然形成人们习惯性的写法和叫法。"封"有包的含义,封肉制作工艺也要用纱巾包起来,这样的命名也较科学性。"封肉"之名也就此确定。

4.美人薄饼

薄饼有一个美丽的传说。相传明朝万历年间,同安出了一个才子名叫蔡复一。他七岁过目成诵,可惜天生破相,一生下来便驼背、独眼又跛脚,其长相和刘罗锅有些相似。人们取笑他,他不卑不亢，反唇相讥："我——龟背真天子，一目观天象，一足登龙门。"当时有位佳人，是嘉靖年间曾任过潮州太守李春芳的孙女，养在深闺人未识。有人牵线做媒，但其父李璋一口拒绝，可是李小姐重才不重貌，暗中送花给蔡复一。后蔡复一寒窗苦读，名登龙榜，奉旨与李小姐完婚。蔡复一官高权重，奸臣嫉贤妒能，千方百计要陷害他，在皇帝面前极力举荐他在四十九日内整理抄完朝廷历年来九大箱文书。浩瀚卷帙，要在短时期内抄完，谈何容易？蔡复一废寝忘食，夜以继日地抄写，忙得顾不上吃饭。蔡夫人十分怜惜丈夫，深恐长此下去有损健康。于是，她用面皮把香甜可口的油饭和香醇多味的菜烩卷成圆筒状，双手捧着送到丈夫的嘴边，让他边吃边抄，既不耽误写字又不耽误吃饭，且喷香可口，富有营养，可谓两全其美。在蔡夫人关心照料下，蔡复一终于如期完成使命。蔡复一不但自己吃，还用它招待部下，部下仿效甚至流传到民间，一时美名"夫人薄饼"，也叫"美人薄饼"。

俗话说"二月肥蟳肥韭菜"，二月正当蟳肥韭壮，家庭主妇们提篮小买，沽蟳称韭，再买些各色菜蔬，家家户户喜滋滋地吃薄饼。这时，马巷旧街热闹非凡。骑楼下，炉灶一个个摆开，上面置放生铁铸成的平底锅。别小看一张张薄薄的饼皮，全靠硬功夫，要有娴熟的技艺啊！先要和面，精粉不行，要含有面筋的，才有韧性，经过拌、揉、抟，和好的面既柔又韧，捏在手里似一团弹簧，伸缩自如。平底锅一热，手里捏的面团在锅上轻轻一抹，马上又缩回去，瞬时，薄如透明纸的面皮便熟了。在马巷一带，抹薄饼皮的树师嫂手艺首屈一指。她抹的饼皮薄如蝉翼，同样一斤，她做的要多人家几张，又很柔韧，卷薄饼菜不易破。她这手绝活，得之丈夫树师的真传。当年树师的功夫，人人称口叫绝，可惜过早病逝，抛下寡妇弱女。为生活计，树师嫂便操丈夫旧业。她四十开外，身材丰腴，虽徐娘半老，却风韵犹存。她抹薄饼皮，女儿阿翠做她的下手。阿翠十五六岁，出落得像朵花，身材、脸盘都像妈，瓜子

脸,一边有个迷人的酒窝。长长的睫毛掩得一对凤眼常常显得眯
眯。一有顾客买薄饼皮,她忽然抬头,两眼睁得大大的,水汪汪,
惹人喜爱。树师嫂坐在暖烘烘的炉火旁抹饼皮,虽春寒料峭,额
头却沁出晶莹的汗珠。她整身暖烘烘的,索性脱下外套,淡红的
内衣崩得紧紧的,那饱满的胸脯随着身子的抖动,似波浪起伏不
平。围在她摊点的顾客,与其说是冲着她抹的薄饼皮,倒不如说
是冲着她的嫩脸皮和有股诱人香味的胴体。美人做的薄饼皮嘛,
自然格外吸引人啰!

薄饼的菜料精挑细选,将三层肉、豆干、冬笋、包菜、豌豆荚、
红萝卜、鲜蒜加工成丝状,芹菜切成粒状;肉丝热锅快炒,再掺进
豆干丝、虾仁、鲜蠔炒熟;然后,将各种丝状杂菜倒入热油锅里翻
炒,注入骨汤,佐以调料拌均后微火焖烂。一掀开锅盖,左邻右舍
都闻到香气。用餐的时候,桌面放一盆柔嫩鲜美的薄饼菜,四周
放几个小碟,放甜辣酱、芥辣、酥油,还有几色小菜,如海苔、芫荽、
肉松、花生酥作佐料,再放进菜料,然后卷起来,双手捧着慢慢地
吃。

菜料精美、制作讲究是富贵人家的吃法,如今马巷薄饼雅俗
共赏。家境贫困的人家只要蒸碗蠔仔油饭,买些蠔、菜蔬和三层
肉,斫成肉丁,掺在切成丝的杂菜里焖烂。后用面皮将蠔仔油饭
和菜料卷成圆筒双手捧着吃。吃过后,喝姜母甜茶助消化。生活
水准较好的人家也可学着富贵人家的吃法,尽可以吃得讲究,吃
得文雅。薄饼之所以走入寻常百姓家,在于它兼容并蓄,集蔬菜、
海鲜和肉丁于一锅,互济互补。

5.洪厝"番薯粉粿"

洪朝选字舜臣,号芳洲,是新店洪厝人。他中了进士以后,马
上做户部主事。这年春天,他奉命赴任,恰好家乡准备过三月节。
他母亲留他过三月节后再走,但他一天也不敢多留,收拾行装,准
备启程。母亲也不敢留他,只想煮一碗好料的让他吃。但乡村人

家,也只能拿现成的东西来煮,他母亲从灶头上抓了一把切好的地瓜粉条,配上猪油、葱花、文昌鱼、海蛎等,煮了一大碗香喷喷的番薯粉粿。洪朝选临出家门,吃了母亲亲手做的家乡饭,感到特别香甜可口。

后来洪朝选做了刑部侍郎。有一年回家省亲,村里人为庆贺他当了大官,备办了丰盛的宴席。海里的嘉腊鱼(真鲷)、山中的鹧鸪鸟、外地的鹌鹑蛋……好菜一碗一碗端出来,可洪朝选不敢多伸筷子,留着肚子等待吃那番薯粉粿。三十六碗菜肴过后,最后一道甜汤出来了,意味着宴毕,洪朝选赶忙低声问道:"番薯粉粿不是压席菜吗?"他这一问,大家都傻了,因为宴席没有准备这一道菜,大家以为这是农村常吃的东西——"番石榴上不得三界坛",所以根本没有准备。洪大人这样一问,大家慌忙准备,好在配料是现成的,不多久就端上了一大碗热气腾腾的番薯粉粿。洪朝选边吃边夸:"还是番薯粉粿好吃,还是番薯粉粿好吃!"

从那以后,洪厝这一带人家,宴请客人的席桌首道菜是番薯粉粿,大家都这样办,相沿成俗。清朝同治年间,洪厝村就有十一个人到印度尼西亚开发峇眼亚比,至今那里的洪氏华侨华裔还沿袭着家乡吃番薯粉粿的习俗。

番薯粉粿的做法,是将地瓜粉拌上稀粥和适量的清水充分揉搓,搅成糊状,在热锅中用油煎成片状,凉后切成长条。煮时先将佐料鲜海蛎、瘦肉丝、香菇、白菜、青葱等炒热,加入适量开水,再将粿条放入,就成了清香爽口的地瓜粉粿了。

现在,新店(洪厝)番薯粉粿传统小吃技艺已被列入厦门市非物质文化遗产保护名录。

6.兜面

传说古时候翔安有个秀才家境贫穷,但才学兼优,李家小姐慧眼识人才,说服父母下嫁与他。

结婚后,第二天,娘家的人要来请姑爷和新娘到娘家做客。

姑爷家要先办酒席款待娘家客人。可是,秀才确实贫穷,第一天结婚请客的酒菜已所剩无几,很难拿出手。但不管怎么样,最起码也要煮顿白米饭,炒几个菜让客人吃个饱。但翔安是个丘陵地,绝大部分农田是靠天吃饭的旱地,地里都是种植耐旱的地瓜、芋头,农家想吃一顿白米饭实在不易,家中大芋头已经卖完,只剩几个鸡蛋大小的小槟榔芋。此时,娘家客人已到,全家为招待客人的事急得团团转,束手无策。

这时,心灵手巧的李家小姐急中生智,就地取材操办菜肴。她先将小芋头去皮洗净,用水煮熟备用;接着油炸一些葱珠(葱头切成片)及花生米装碗待用,用水把地瓜粉拌成糊状;锅中倒入食油,将煮熟的小芋头和预先切好的杂菜一并倒入锅中翻炒,倒入地瓜粉糊、盐等,在小火炖煮中搅拌,粉糊粘稠于小芋头和杂菜,即盛入盆中和葱油及炸花生米一起端上桌招待客人。

娘家客人从未见过此等菜肴,各自舀上一碗浇上葱油,撒上花生米,慢慢品尝,吃起来粘糊粘糊,槟榔芋喷香喷香,配上油葱和油炸花生,细品慢嚼更是满口留香、余韵无穷。娘家客人吃后咂嘴称奇问道:"没吃过这等佳肴,不知菜名怎叫?"李家小姐随意回话说:"菜名叫兜面。菜名不重要,关键在于它是一道吉利菜。"此菜特征是诸食品粘连在一起,象征两家联姻亲连亲,家庭和睦共处,邻里团结友爱。李家小姐这一道饮食小创举,即不失体面,又让娘家客人吃饱,还图个吉利。

翔安风俗,不同时节,家家都会做兜面,以象征凝聚作用。农历九月初九煮兜面"粘骨头"。农历十二月十六日"尾牙",做生意的煮兜面"粘顾客"。农历正月二十三日(接财神日)煮兜面"粘钱财",还有除夕煮兜面祭祖,表示不忘祖宗,辈辈紧连,脉脉相传。

7.沃头蠔干粥

相传,嘉靖帝生母,兴献王朱祐杬元妃蒋氏喜食海蚝,因吃海蚝能令人细肌肤，美颜色。这在李时珍《本草纲目》书中已有介绍。蒋氏身怀六甲时，害口病很严重，茶米不思，见山珍海味就恶心呕吐。兴献王心急如焚，召集多名御厨让他们烹调出各种口味的饭菜，但均不合蒋氏口味，兴献王大怒。时有一位厨师急中生智，他回忆蒋氏生平喜欢吃海蚝，却又因肥腻而反胃恶心。他认为可晒干去除肥腻，干蚝又可"调中，补气血"，极为养生，于是该御厨立即精选肥大的海蚝，经过烘干制成蚝干。煮粥时加入猪大骨汤和养了四百天以上的老母鸡汤，姜丝及几十种性平佐料熬煮，奇香无比，口感甚佳。蒋氏吃了果然食欲大增，兴献王大悦，奖赏该御厨。不久，兴献王喜得麟儿。太子朱厚熜（即嘉靖帝）自小就聪慧，人见人爱，从此蚝干粥称为御膳养生之美食。朱厚熜登基后，以此粥为健身养生的御食，称"天下奇粥"。宫中太后、妃嫔则以食此粥美容润肤，极为有效。蒋氏父为中兴兵马指挥使蒋敩，进宫前来探望，蒋氏请其父尝试，果然其味无穷，口感甚佳。其父请求把此粥的做法传授，从此蚝干粥成为蒋家祖传秘方。后因避免配方遗落被窃，便将该配方置于蒋家祖祠中梁之上，一度失传。直到乾隆十五年（1750），蒋氏的后人（新店澳头第七世传人蒋才建之先辈）翻修祖祠时，偶得此秘方，表示要重振祖业，且告诫此方只传男不传女，世代子孙不得外泄。蒋才建祖父在抗战前即长期在澳头妈祖宫前经营蚝干粥摊，深受在码头待渡的过客的喜爱。传至蒋才建，时逢改革开放，蒋才建一心恢宏祖业，决心以"一碗粥走天下"。在同安、翔安设店经营的基础上，于2000年注册成立"厦门沃头中餐有限公司"，自任董事长进行规模化经营。2005年，沃头蚝干粥发展进入"井喷"时期，连锁加盟店达到百余家，2007年上了"厦门名菜排行榜"。"九八"期间通过连锁业对接会，把连锁店网络扩大到福建、广东、浙江、安徽、江西六省市。2010年5月还聚焦北京、上海两个国内超级大城市，把这一明代宫廷美食的品牌继续做大。

翔安非遗

现在,沃头蟹干粥传统手工技艺已被列为厦门市非物质文化遗产保护项目。

8.碗仔粿

翔安小吃种类繁多,但要论最乡土的,当属碗仔粿。

巴掌大小的洁白粿体,包裹着由肥瘦适中的猪肉碎、清脆爽口的荸荠粒和香甜弹牙的鹌鹑蛋组成的馅料团,静静地躺在一个个古朴粗犷的浅口碗里,等待着它们的老主顾或新食客的到来。少不了的还有碗仔粿的浇头——蒜蓉、蛋沫、油葱、辣椒、沙茶酱,在调料罐里闪烁着诱人的光泽,选择丰富,供君自行调配。

吃碗仔粿,不能不提的是它独特的餐具——一柄呈扁平状、比圆珠笔略短、一头削尖、一头磨平的竹片。拿削尖那头将粿体切成小块,均匀抹上浇头,挑着送入口中。一口咬下,辣滑的浇头,Q弹的米粿,令人惊喜连连的馅料团,都在口腔中雀跃。还真比用筷子、勺子顺手得多。

似乎已经说不清碗仔粿起于何时,更无从考证它的发源地。印象中,它常在流动小摊上出没。一支长扁担挑上两只大篮筐,满满当当地装着粿碗、调料罐。在露天集市的一角,就地摆开大篮筐,再围上一圈塑料矮凳,俨然就是一个碗仔粿摊。遇上酷暑、雨天,若能撑起一杆遮风挡雨的大阳伞,就算得上高级摊位了。偶尔也有一两个小店经营碗仔粿,但店面极小极不起眼,甚至连招牌都不挂,几把简单桌椅留客即可。

老板或是只身一人或是夫妻档,默默地摆摊布坐,送粿,收碗。起早收菜的大伯、行色匆匆的职员、赶着上学的小孩,往摊前矮凳上一坐,老板就知道生意来啦。因为只卖碗仔粿,往来的语言也是极简。

"老板,两块粿,不加蛋。"

"好嘞。"

"来一块加蛋的。"

"马上来。"

外带也是可以的,老板会用竹片把碗仔粿从浅口碗里挑出来,装进食品袋,再手脚麻利地打包上一小袋酱料浇头,保你吃得一样香甜。

偶有住在附近的老主顾来买,老板也会连碗带粿打包好让顾客带走,只是不忘加一句:"记得还碗,碗比粿贵啊!"老主顾就回:"知啦知啦,哪次没还你啦!"一来一去,交情伴着买粿还碗,就浓厚了。

9.麦氏

传说农历四月初一是"灶君公"神的生日,翔安家家户户都要煎"麦氏"敬"灶君公",祈求全家平平安安,财源广进。

相传古时候翔安某村有一对夫妻,男的朴实勤劳,女的贤惠灵巧,他们男耕女织,虽生活清苦,但家庭和和睦睦,家事一顺百顺,日子过得殷实、乐观、幸福,令人羡慕。每年的"四交五月"正是闽南收麦春耕的季节。这一年麦子丰收,全家皆大欢喜,因前一年干旱粮食欠收,到了"四交五月"已是柴空粮尽。麦子丰收后,贤惠的妻子为了不让丈夫春耕挨饿,就将麦子碾成麦粉,再加入少量红糖和适量水,在油锅煎成麦饼,煎熟后一块一块叠在盆里,放在灶台上,丈夫从田里回来,饥饿难忍,闻到厨房香喷喷的麦饼味,就冲进厨房,见灶台放着煎好的东西,就问妻子盆里所放何物,妻子随口回答说:"好吃的麦氏。"听到是好吃的东西,丈夫就伸出满是泥巴的脏手,妻子见状,拨开丈夫的脏手说:"去洗手,今天是"灶君公"生日,没看到放在灶台上敬神吗?洗完手敬完神再吃也不迟。"妻子的用意是让丈夫洗手后吃比较卫生,后来讹传为妻子是贪吃"查某",背着丈夫在灶房偷煎东西吃,被丈夫发现,就谎称"灶君公"生日,欺骗丈夫。

在那男尊女卑的时代,劳动妇女在社会和家庭完全没有地位,也是男人耻笑的对象,所以农历四月初一也被戏称为贪吃"查某"节。传说归传说,麦氏可口好吃,携带方便是不争的事实。翔安农民到田间劳作中午不回家,煎几块麦氏,用布一包,带上一壶水,就是一顿好午餐。此后,每逢农历四月初一,农家都要煎麦氏供奉"灶君公",麦氏也成为翔安的美味小吃。

10.马蹄酥

传说,明朝万历癸未年,朝廷武科取士,同安武举庄渭阳进京赴考时,备带"马蹄酥"作干粮,抵京后投宿在"高陞馆"客栈。时有某王爷微服私访入京,因避雨入高陞馆歇足,刚好庄生在烹茶品赏"马蹄酥",见有客至,就请他共赏。王爷吃后,感到又新奇又可口,称赞不已,并探询其来历,庄生告以是家乡的土特产。接着两人就谈文论武,王爷觉得庄生是个人才,心想真是地灵人杰物美,两人遂成萍水知交。临别时,庄生赠送四大包马蹄酥作见面礼,王爷很喜欢,就说:"今日幸会,无物相赠,三天后,武科开场,我有白马雕鞍系于左槐树下,你可乘此马进场,于你有助,但无须告人。"

开科之日,庄欲进场,果见槐树下栓一匹金鞍白骏马,就真的解下来骑进科场。顿时,倍增威风,旁观者都很羡慕,此子能骑"王爷马",定非一般,主考官更是注目。未考前,先在名册上点下硃笔为记。试后,又见庄生颇有真才实学,就批点庄生高中进士。

后来,庄生得知白骏马是王爷所送,心想没有"马蹄酥"就不能骑"王爷马",没有"王爷马",就不一定高中了,就再备一批"马蹄酥",专程到王府拜谢。从此,"马蹄酥"就名噪京师。

民间还流传一个与马蹄酥有关的故事。有一次,船要出海,艄公带些马蹄酥当点心。船走了一天一夜,老艄公又累又饿,便让副手掌舵。忽然,海面弥漫浓雾,副手心里不踏实,忙问老艄公:"吃什么?"——"吃"是行白,过去行船靠罗庚,刻盘是以天干配地支成二十四"山",每"山"十五度。副手问"吃"什么,意思是舵要转什么"山"。恰巧,老艄公正津津有味吃马蹄酥,剩些饼屑也舍不得扔,便把包纸卷成圆筒往嘴里倒。副手一问,就顺口答道:"吃饼屑"。要知道,闽南语"饼屑"与六十甲子中的"丙戌"是同音的。话音一落,副手不知所措,因从无这种走法,只得依葫画瓢,船在海面打转转,摇晃不定。老艄公定眼一看,"啊"了一声,抢上前去,拨正了航线。因吃丁点儿饼屑,差点误了大事,老艄公也不便责怪副手了。虽说是笑话,却也说明了家乡的马蹄酥确实好吃。

马蹄酥,一出炉,酥脆酥脆的,很好吃。来了平常的客人,过去没有方便面,泡一碗,也算点心,既方便又亲切。尤其天寒地冻,泡一碗宵夜,暖和身子。但它与外地区的泡饼却不同,开水一冲,外地的泡饼就黏黏糊糊的,而家乡马蹄酥虽膨胀而形不散,含在嘴里立即溶化,香甜又爽口。

蜚声在外的马蹄酥,用的却是普普通通的原料:面粉、白糖、麦芽糖和猪油或花生油。分酥、皮、馅三道制作工序,揉合后贴在竖炉壁上烘烤而成。

马蹄酥的馅,不是一般的白糖,而是麦芽糖。相传宋朝时,同安县白礁吴夲给当朝皇后治"乳虎",忌食糖,但皇后又嗜好甜食,他便用出芽的大麦,压榨浆汁,熬成麦芽糖。皇后吃了这种糖,既消脂又健脾养胃。皇帝大喜,赐他一支奏板挖麦芽糖。相沿至今,卖麦芽糖的小贩,肩挑担子,手腕挂一面小锣,手指夹支小锣锤,"哐哐哐"(鸣锣开道)走街串巷招徕生意;用支一尺来长的竹片(代替奏板)半蹲半跪(表示对皇帝的敬意)挖麦芽糖。而今,那"哐哐"的锣声,不禁令人想起儿时的童趣。

烘烤的马蹄酥,性本燥热,又加上馅心麦芽糖富有营养,家乡妇女"坐月子"常吃麻油炸过的马蹄酥。因此,东南亚华侨又称它为"老婆饼"。

马蹄酥携带方便,是人们外出旅行喜带的轻便食品,也是人们日常用来馈赠亲友的常见礼品。家乡侨居海外的亲人很多,常有亲人回来探亲。给亲人接风,当地叫"脱草鞋"。尽管携带的礼物各有不同,但马蹄酥却是常见之物。

11.烧炸枣

炸枣与翔安人是有缘分的,富有家乡风味,的确好吃。每逢过年,家家户户总要蒸糕炸枣。一粒粒炸枣,像门球那么大,金黄色的,外酥内嫩。馅心甜甜的,常用芝麻、花生或豆沙做馅。过去穷苦人家买不起芝麻之类,只能用地瓜干粉凑和着。有一种咸炸枣,内馅包豆干、蚵和蒜。这种咸炸枣,要趁热吃,又甜又咸,别有风味。还有一种没包馅的,揉搓成椭圆形。没包馅的炸枣,放滚汤,清甜爽口。

平时,为了年兜的炸枣,家家户户省吃俭用,早早粒积好糯米、糖和花生油。① 快到年底,大家忙着淘洗糯米,晾干,舂米粉。

炸枣时,最怕小孩子讲犯忌的话。因炸枣总跟喜事相连,不是过年啦,就是娶媳妇,或是"佛生日",供品中不可或缺的就是炸枣。神的供品,非同一般,总想选个好日子炸。油炸的东西,若火候掌握不好,过猛了,枣便炸焦,像"黑脸包公",或是皮爆裂露了馅,就怪罪东怪罪西。

炸枣时要先把糯米粉揉合成米团。这道工序关键在于地瓜泥要掺得适中。少了,炸枣太硬不好吃;多了,炸枣虽软,耗油却多。这要看"头手师"的功夫啰。

和好糯米粉,一家大小围在桌旁搓枣。捏一块糯米粉团,中间挖空,填上馅,撮上口,放在掌心上,双手反复揉搓成圆形。"头手师"坐在油锅旁,油在锅里沸扬。他撮了一小块糯米粉团,手一捏、一压、一搓,片刻功夫,便捏出小鸭和小狗,火候一到,佘进油锅试炸。滚烫的油锅里,小鸭"呷呷"叫,小狗狂吠直追,煞是好看。试验成功了,便将一粒粒炸枣胚佘进沸腾的油锅,"头手师"

---

① 粒积(Liàm jiá):积攒。

轻轻摇动网勺,枣胚慢慢地膨胀,颜色由白变黄,再呈金黄色,浮出油面,金灿灿的,捞起来沥干,就是香甜可口的炸枣。

12.东寮豆干

新圩镇白云飞山脚下有个东寮村,全村有近五成的村民以制作豆干为业。现该村的豆干已注册"新圩豆干",成为翔安区的知名品牌而且闻名周边县市。

东寮豆干历史悠久,长盛不衰。提起豆干,要先说豆腐干的由来:春秋战国时期,魏国大将军庞涓嫉妒孙膑的才能,想陷害孙膑。孙膑得知庞涓的企图后,便装疯卖傻流落街头,以便早日回到齐国。当时有个富有正义感的卖豆腐的少年名叫小福,每天偷偷送给孙膑几块豆腐,孙膑怕被庞涓发现,便将吃剩的豆腐压在石头下,时间一久,孙膑发现压在石头下的豆腐很好吃。后来,孙膑回到齐国,对齐王说:"用石头压豆腐干好吃。"于是,齐桓公派人把小福找来开了个"玉堂号"豆腐店,专门做豆腐干,他将挤压的豆腐干再加以佐料、酱油煮晒腌制,味道果然鲜美可口,由此豆腐干的制作方法便流传开来。

东寮豆干具有肉质细嫩、韧而不硬的特点,它口感细腻绵滑,营养丰富;外观细若凝脂,洁白如玉;托于手中晃动而不散塌,掷于汤中久煮而不沉碎,深受世人喜欢。每方豆干上盖上红红的一个"香"字,"香连豆干"也由此得名。

东寮豆干之所以闻名,主要是用盐卤制作,而不用石膏制作。东寮村由于地处山清水秀的白云飞脚下,环境优美,没有工业污染,股股山泉汩汩流淌,水质优良,适合做豆干的特殊要求。东寮村的村民具有山里人勤劳、强壮的特点,乐于承担推磨制作豆干的重活。

13.文昌鱼

翔安刘五店盛产一种世上稀有的鱼——文昌鱼。

文昌鱼有"鱼类的祖先"之称,据科学考证,最早的鱼类是古代文昌鱼,现在的文昌鱼也基本保持古代文昌鱼的特征和生活习性,是研究脊椎动物进化的宝贵标本。无怪乎,德国动物学家巴来斯发现文昌鱼时,轰动西方科学界。刘五店一带周围海区,是世界唯一的文昌鱼渔场,产量为世界之冠。

文昌鱼,形状似鱼,细长寸许,头尖尾尖,状似樵夫挑柴的扁担,俗称"薪担物"。它善于钻沙,便于游泳,人们以"鱼"称之,实是没头、无鳍、无鳞、无脊椎,甚至连眼睛、耳朵、鼻子等器官都没有。称之为鱼,其实难符。可是家乡一带的人偏偏把那些卤莽、说话做事毛手毛脚的"愣头青",戏谑为"文昌鱼——没鼻没目"。虽非鱼,但它有鳃裂、脊索和空心神经管,比起无脊椎动物却是略高一筹。在动物进化系统上,文昌鱼介乎脊椎动物和无脊椎动物之间,兼有两者的特征,是生物进化过程的重要环节。难怪二十世纪二十年代,英、美等国的许多学者远涉重洋,途经厦门到刘五店采集文昌鱼标本和从事文昌鱼研究。刘五店因出产文昌鱼而闻明,同安又因刘五店而闻名,更因华侨领袖陈嘉庚是同安人,南洋一带又把文昌鱼称为"嘉庚鱼"。

文昌鱼生在浅海沙质地带,刘五店周围海区得天独厚具备这一条件。相传很久以前,同安刘五店海里有一条鳄鱼得道成精。每过三年,鳄鱼精便要兴风作浪,吞吃百姓。朱熹任同安主簿时,有一天,在县衙伏案疾书,忽闻人声鼎沸,抬头一看,只见鳄鱼张开血盆大口追逐百姓,朱熹见状,怒从心中起,恨不得杀死它。为民除害,然又手无寸铁,只得将朱笔朝鳄鱼精头部掷去。只听霹雳一声,朱笔似长剑,插进鳄鱼精头部。鳄鱼精受伤逃回海里,不久就在琼头对面的海面死去。后来,它的骨骸便化成了一个小岛屿,叫"鳄鱼屿"。它的肌肉腐烂,长出许多小虫,变成文昌鱼,当地渔民又称"鳄鱼虫"。

第二节　美食的制作技艺

同样的食材,没有熟练的烹饪技艺,制作不出风味独特的美食。翔安美食具有地方特色,很多美食是经营者历代相承,长期经验积累的食品。制作技艺包括选材备料、制作工序、烹饪火候。

一、风味小吃类

1.薄饼

原料如下:

主料:五花肉 800 克、净冬笋 800 克、薄饼皮 30 张。

辅料:去皮胡萝卜 800 克、高丽菜 600 克、红萝卜 500 克、大蒜 1000 克、豆干 600 克、海蛎 800 克、荷兰豆 500 克、水发香菇 50 克、土芹菜 600 克、韭菜 100 克。

调料:味精 10 克、糯米 1000 克、熟肉油 100 克、花生油 200 克、芥末、辣椒酱。

制法如下:

其一,上述各种菜分别摘洗干净,连同五花肉、豆干分别切成细丝,海蛎、糯米洗干净沥干备用。

其二,把各种菜分别用中火炒至断生,最后炒锅加入一半熟猪油下一半的五花肉及一半的海蛎先翻炒(旺火)而后把所有菜加入一同翻炒(用中火),最后加入味精、韭菜。

其三,做海蛎油饭(做法与八宝油饭相同)。吃时取一张薄饼皮,展开于干净的圆盘内(粗糙一面向上)先舀入适量的油饭铺于一端成条状,然后再舀薄饼菜摊在油饭上,抹上芥末辣、辣椒酱,最后卷起成手电筒状手捧食用。

2.碗仔粿

原料如下:

主料:上早米 500 克。

辅料:猪去皮腿肉 500 克、海蛎干 50 克、水发香菇 20 克、去皮荸荠 100 克、干扁鱼 10 克、葱白 150 克、干葱头少许、板栗仁 150 克、碱少许、干虾仁 50 克。

调料:精盐 4 克、硼砂少许、熟猪油 50 克、白糖 5 克。

制法如下,五个步骤:

其一,将早米洗净,放入清水中浸泡一个小时,捞出后加上清水 700 克,磨细成米浆,盛于干净盆里。

其二,锅倒入清水 300 克,加入硼砂、碱、精盐,搅匀,在旺火上煮沸后,舀入米浆 80 克调匀,待再次煮沸后起锅内倒入盆里的米浆中,然后再搅拌均匀。

其三,猪腿肉洗净剁成肉泥,葱白切丁,荸荠用刀面拍成碎末,干虾米、海蛎干洗净,用清水浸泡 15 分钟取出切碎,板栗仁煮熟,干扁鱼用热油炸酥,取出研成末,干葱头去根须和皮、膜切成片,下油锅炸至呈金黄色捞出待用。

其四,猪肉泥用精盐、白糖、扁鱼末拌匀然后加入葱白丁,荸荠末,拌匀搅成馅料,再分成等量的 10 粒馅团,分别放入 10 只直径约四寸的浅碗中。

其五,栗仁、香菇、虾米、海蛎干、油葱均分成 10 份,分别放在肉馅团的四周。用勺子将盆里的米浆搅匀,然后舀起徐徐盛入每只碗内,使香菇、油葱浮上面来,米浆均盛至接近碗面水平。装好上笼用旺火蒸 30 分钟至熟取出即成"碗仔粿"。

3.面线糊

原料如下:

主料:手工制作的粗面线 100 克。

辅料:熟大肠 150 克、猪血块 200 克、水发香菇 10 克、芹菜秧 50 克、地瓜粉 50 克、葱珠油适量。

调料:上汤 400 克、味精 5 克、胡椒粉 2 克。

制作如下,三个步骤:

其一,大肠、猪血块切成粗丝,水发香菇切成细丝,芹菜秧洗净切细。

其二,烧锅加上汤及水,把面线团捏碎,同凉水下锅,加入大肠、猪血块、水发香菇烧至熟,用地瓜粉上糊,加入味精即成。

其三,上桌前撒上胡椒粉、芹菜沫,淋上葱珠油。

4.麦氏

原料如下:

主料:带皮麦粉 300 克。

辅料:海蛎 200 克,韭菜 100 克。

调料:花生油 100 克,精盐 4 克,味精 5 克。

制法如下,三个步骤:

其一,将鲜海蛎洗净,韭菜洗净切成寸段。

其二,把海蛎、韭菜、麦粉、味精、精盐倒入汤盆加上少许清水,用筷子拌匀成糊。

其三,炒锅置于旺火,烧热下入花生油,将调好的麦糊下锅,不断翻煎约十分钟左右,成金黄色即可装盘。

5.甜麦氏

原料如下:

主料:带皮麦粉 400 克。

辅料:红糖 120 克。

调料:花生油 100 克。

制法如下,三个步骤:

其一,先将红糖溶成糖水。

其二,取汤盆一只将麦粉与红糖水拌匀。

其三,炒锅置于旺火,烧热下入花生油,将调好的麦糊下锅,不断翻煎约 10 分钟左右,成金黄色即可装盘。

6.蠔仔圆

原料如下:

主料:蠔肉 500 克。

辅料:地瓜粉 400 克、水发香菇 10 克、大蒜 100 克。

调料:味精 3 克、葱油花 20 克、上汤 200 克、食盐 5 克。

制法如下,五个步骤:

其一,将蠔肉洗净捞在加篓里沥去水分、地瓜粉碾成细粉、大蒜切细备用。

其二,把一半地瓜粉撒在海蠔上,用米筛摇晃至海蠔都沾上地瓜粉,几分钟后,再上一半地瓜粉。

其三,再次筛晃使蠔表面匀挂地瓜粉后,再将密筛里挂粉的蠔倒入粗漏筛,再筛动几下,使蠔挂粉更均匀。

其四,炒锅置旺火上,下清水 1000 克及上汤 200 克,倒入挂粉的蠔,加旺火,煮至蠔浮上水面,加入味精,食盐调匀。

其五,上桌前掺入蒜、葱油花、胡椒粉即成。

7.海蛎炸

原料如下:

主料:海蛎肉 400 克。

辅料:干淀粉 200 克、面粉 200 克、青葱 500 克、鸡蛋 1 粒。

调料:花生油 1000 克、蚝油 300 克、味精 5 克、白糖 4 克、食盐 2 克。

制法如下,三个步骤:

其一,海蛎洗净沥干,青葱去葱尾和根须,外膜洗净,切成 1cm 长葱珠。

其二,海蛎、鸡蛋、味精、葱珠、食盐、面粉、淀粉、倒入盆中拌均备用。

其三,油锅放在旺火上,加入花生油烧至五成熟,将上述拌好的海蛎用小勺舀入油锅,炸至浮上油面,呈浅棕色,捞起装盘即可。

8.海蛎煎

原料如下:

主料:海蛎肉 400 克。

辅料:淀粉 100 克,鸭蛋 2 粒,韭菜 250 克。

调料;花生油 100 克,味精 3 克,精盐 2 克,胡椒粉 3 克。

制法如下,四个步骤:

其一,将海蛎肉洗净,把碎壳捡干净,沥干水分,韭菜去黄叶,洗净后切成寸段,取小碗一只将蛋打匀备用。

其二,取菜盆一只,将海蛎、韭菜段、精盐、味精、淀粉加点水拌匀成糊状。

其三,炒锅置于旺火,倒入花生油烧至六分热,把拌好的海蛎糊倒入,摊成饼状反复煎炒至熟后,

其四,再将已打匀的蛋糊倒入锅内煎至蛋成金黄色即可装盘,上桌撒上胡椒粉即可。

9.芋包

原料如下:

主料:槟榔芋头 1000 克。

辅料:猪五花肉 500 克、鲜虾仁 250 克、干香菇 50 克、湿淀粉 30 克、胡椒粉 4 克、精盐 4 克、味精 4 克、白糖 3 克、干淀粉 250 克、净冬笋 700 克、豆干 4 块、干葱头 100 克、卤汤 1000 克、酱油 30 克、干扁鱼 25 克、荸荠 100 克、熟猪油 250 克。

制法如下,五个步骤:

其一,芋头去皮洗净磨成泥,加入干淀粉、精盐、少许白糖搅拌均匀成芋茸。猪五花肉洗净放入卤水锅中卤至熟取出,切成一寸长三分宽的薄片。

其二,鲜虾洗净,剥壳取虾肉,虾壳剁成泥。炒锅放在旺火上,倒入清水一斤煮沸,先将虾肉放入氽熟,捞起待用,再倒入虾壳泥煮几分钟,用纱布过滤去渣留虾汤。冬笋、豆干均切成大豆大小的颗粒。香菇水发好,去蒂洗净。干扁鱼用油炸酥,待冷研成末。干葱头去根须及皮膜切成片。荸荠用刀面拍成碎末。

其三,炒锅放在中火上,倒入猪油烧至四成熟,葱片下锅炸至金黄色,带油舀出盛在小碗待用。炒锅留猪油(约 40 克)烧热,先放入冬笋了,豆干、荸荠炒熟,再倒入过滤好的虾汤,加入味精、白

糖、酱油煮沸后改用微火焖 20 分钟,然后加入湿淀粉、胡椒粉、扁鱼末翻炒至收汁,铲起盛于碗中备用。

其四,取直径二寸半小碗 20 只,每只碗内先用拌好的芋头泥摊一层半月型皮,再分别用猪肉片 20 克、虾仁 4 克、香菇 2 朵铺在上面,然后将炒好凉的菜料 1/20 盖上,最后再用芋头泥盖面抹平成"芋包"(成月牙型)。

其五,笼屉内用净湿布垫底,用手蘸清水将芋包轻轻取出平放在湿布上,加盖用旺火蒸十五分钟至熟取出,用小汤匙舀煸好的油葱一匙从每个芋包中插灌进去或将芋包浸泡热油后食用。食时配上芥末、蒜泥、陈醋、辣椒酱。

10.芋泥

原料如下:

主料:槟榔芋头 1000 克。

辅料:白砂糖 150 克、熟猪油 200 克、蜜桔 20 克、红枣 5 粒。

制法如下,三个步骤:

其一,芋头去皮洗净,切块放入蒸笼用旺火蒸半个小时,取出去边角小硬块再碾成泥状备用。

其二,锅放在微火上倒入熟猪油、芋泥、白糖,不断翻拌至溶为一体,成甜芋泥。

其三,取大碗汤一只装入一半的甜芋泥用小汤匙抹平,把蜜桔撒在上面在加入另一半芋泥,再用小汤匙抹平把红枣放在上面,上蒸笼蒸 15 分钟即可食用。

11.芋枣

原料如下:

主料:槟榔芋头 1000 克、咸蛋黄 10 粒。

辅料:白糖 150 克、熟猪油 100 克、干淀粉 150 克、花生油 1000 克(蚝油 100 克)。

制法如下,三个步骤:

其一,芋头刨皮切块,用蒸笼蒸熟,取出置案板上去边角硬块,再用圆木棍碾成芋泥,加熟猪油,白糖、干淀粉,用少量水揉匀,掐成 40 块坯。

其二,将每粒蛋黄切成 4 小块,每块芋泥坯包一块蛋黄成芋枣。

其三,将芋枣放入已烧热的花生油内炸至金黄色即成。

12.烧麦

原料如下:

主料:去皮五花肉(瘦 7.5、肥 2.5)500 克,燕皮 2.5 寸四方 60 张。

辅料:白萝卜 1500 克、水发香菇 50 克、鲜虾仁 60 尾、鸭蛋 200 克、荸荠 100 克、葱白 100 克、干淀粉 50 克。

调料:干扁鱼 150 克、白糖 5 克、味精 10 克。

制法如下,五个步骤:

其一,肉洗净剁成茸,白萝卜去皮洗净切丝放入开水煮一下,捞起沥干水分。水发香菇、荸荠、葱白分别切细丝。

其二,扁鱼干放入五成熟的油锅炸至金黄色,捞起后沥油并碾成末。

其三,把肉茸、萝卜丝、香菇丝、荸荠丝、葱白米、扁鱼末、干淀粉、鸭蛋、味精、白糖拌成馅。分成 60 等分。

其四,拿燕皮在左手掌上装上馅,捏成花瓶形,瓶口贴上一尾鲜虾仁,制成烧卖生坯。

其五,锅放在旺火上,下清水烧沸,放上笼屉,铺上洗净的白纱布,排上烧卖生坯,盖密蒸十分钟即成。

13.大肠血

原料如下:

主料:大肠 500 克、鲜猪血 400 克。

辅料:芹菜秧 4 根、细姜丝 20 克、高汤 800 克。

调料:胡椒粉少许。味精 4 克。

制法如下,四个步骤:

其一,大肠洗净;猪血参水和干淀粉用手捏均备用。

其二,将大肠切成几段,先将每一段的一头用细绳子捆紧。从另一端将猪血灌入大肠内(不要太满,防止爆裂),然后用绳子捆紧。芹菜秧切末。

其三,将锅中水烧开,放入已捆好的大肠血,改用微火煮熟。

其四,吃时切成厚片,放入高汤里加热,加入味精和细姜丝,盛入小碗时,撒上胡椒粉、芹菜末即食。

14.加力鱼面

原料如下:

主料:油面条 500 克、加力鱼肉 300 克。

辅料:包心菜 250 克、大蒜 50 克、姜 5 克、高汤 600 克。

调料:熟猪油 30 克、味精 4 克、精盐少许、花生油 40 克。

制法如下,二个步骤:

其一,加力鱼肉切成寸块,包心菜、大蒜、姜、分别洗净切成所需菜丝。

其二,煮锅放在火中,先下花生油,烧至油热,再下加力鱼肉两面煎一下,再下包菜、面条、煸炒,5 分钟后,加入高汤、姜丝,烧至汤浓面熟,最后掺入味精、大蒜、熟猪油,翻炒几下即可。

15.肉粽

原料如下:

主料:糯米 600 克、猪前腿肉 500 克。

辅料:水发香菇 20 朵、粽叶 24 片、虾米 50 克、板栗仁 100 克、粽绳 12 根。

调料:味精 4 克、花生油 50 克、纯酿酱油 20 克、八角茴香 1 朵、白糖 10 克、绍酒 20 克。

制法如下,四个步骤:

其一,将猪前腿肉洗净切成 12 块,放入炒锅参入茴香、绍酒和酱油及适量水、将肉卤至熟备用。

其二,将糯米洗净沥干。板栗仁用开水泡一个小时,虾米干、香菇分别用水洗净备用。并将糯米用花生油、酱油炒至伸张。

其三,将粽叶用清水浸软后洗净取出,取两片,头尾交叉,成尖三角形,装进已炒半熟的糯米 30 克,加猪肉一块,再加入香菇二朵,板栗仁 3 粒,虾米 2 尾,再盖上 20 克的半熟糯米,包成立体三角形,用粽绳扎紧。

其四,压力锅倒入清水烧开,放入已做好的肉粽煮压 50 分钟,捞起去粽叶即可食用。

16.蠔仔炒(炒桂花蠔)

原料如下:

其一,主料:鲜海蛎 500 克。

其二,辅料:鸡蛋 150 克、水发香菇 10 克、净冬笋 100 克、荸荠 3 粒、红萝卜 20 克、荷兰豆 20 克。

其三,调料:芝麻油 10 克、花生油 40 克、胡椒粉少许、味精 3 克、白糖 1 克。

制法如下,三个步骤:

其一,海蛎洗净用开水煮 5 分钟后,取出沥干水分。

其二,净冬笋、水发香菇、荸荠、红萝卜、荷兰豆分别洗净切丝。

取菜盆一个,打入鸡蛋,加入已处理好的海蛎,冬笋丝、香菇丝、荸荠丝,加入味精、白糖拌匀备用。

其三,炒锅放在中火上,倒入花生油至六分熟,放入调好的海蛎料翻炒,炒至微金黄色后加入红萝卜丝和荷兰豆丝继续翻炒几下,装盘淋下麻油,撒上胡椒粉上桌。

17.蠔仔粥

原料如下:

主料:鲜海蛎 500 克、糯米 300 克辅料:蒜苗 80 克、干葱头 30 克、猪瘦肉 100 克、水发香菇 10 克。

调料:上等酱油 50 克、花生油 50 克、胡椒粉 2 克、味精 4 克。

制法如下,二个步骤:

其一,糯米洗净,海蛎洗净,瘦肉、水发香菇分别切丝,葱头切珠,蒜苗切斜节。

其二,煮锅放在中火上,倒入花生油,放入葱珠煸至金黄色捞起入碗备用,再倒入 3000 克水烧沸,放入糯米煮沸,并用铁勺顺锅边搅动,大约十五分钟后再加入海蛎,香菇丝,瘦肉丝,煮至米心刚透,加入酱油、味精煮熟透装盆,撒上葱珠油,蒜苗节,胡椒粉即可食。

18.蠔仔面线

原料如下:

主料:海蛎 500 克。

辅料:面线 100 克、干葱头 10 克、蒜苗 100 克、干淀粉 250 克。

调料:味精 4 克、花生油 50 克、胡椒粉 2 克

制法如下,四个步骤:

其一,海蛎洗净沥干水分、葱头切珠,大蒜苗切斜节,干淀粉碾成细粉。

其二,把干淀粉分二次撒在海蛎上,用密筛左右筛动,使海蛎表面沾匀淀粉。

其三,煮锅置旺火上,倒入花生油,放入葱珠油煸至黄金色捞起,下清水 1500 克烧沸,投入面线(要折断)烧沸后,倒入已挂满淀粉的海蛎,煮至海蛎浮上水面,即参入味精,食盐调匀。

其四,装盆,撒上胡椒粉,葱珠油,蒜苗节即成。

19.鸭仔粥

原料如下:

主料:糯米 400 克、净鸭肉 500 克(土番鸭)

辅料:冬菜 50 克、生姜 30 克、水发香菇 30 克

调料:味精 5 克、芹菜秧 30 克、酱油 40 克、胡椒粉 2 克、白糖 30 克

制法如下,三个步骤:

其一,糯米洗净浸泡三十分钟沥干备用。生姜切细丝,芹菜秧切末。

其二,煮锅放在中火上,加入清水,酱油、白糖,煮沸,放入鸭肉,卤熟捞起,冷却后斩成三分见方丁块,卤鸭汁留用。

其三,煮锅放在旺火上,加入 4000 克的清水烧沸后,放入糯米、卤鸭汁、冬菜、香菇丝,待水沸时用铁勺顺锅边搅动,以防粘锅,煮至米心刚透,即可加入已卤熟的鸭肉块煮熟,再参入味精,投入芹菜末、姜丝、撒上胡椒粉即可食用。

20.香鸭米血

原料如下:

主料:鸭 800 克、米血 250 克

辅料:葱 150 克、水发香菇 40 克

调料:生抽 30 克、唥汁 20 克、白糖 10 克、味精 6 克、上汤 100 克、料酒 20 克

制法如下,三个步骤:

其一,将鸭洗净,用生抽、白糖、酒腌制,米血切块,葱切断。

其二,起油锅,将葱段、米血、鸭分别放入油锅炸,鸭与葱段炸至金黄色捞起,米血炸熟。

其三,鸭切成长段,另将香菇装入蒸碗底,放入鸭块、米血和葱段,用上汤加生抽、味精、唥汁调成汤汁倒入蒸碗中,上蒸笼蒸熟,扣盘即成。

21.猪脚面

原料如下:

主料:猪脚

辅料:水面条 150 克、香菇 10 克

调料:食用油 100 克、白糖、八角茴香 2 粒、桂枝适量、料酒适量、味精 6 克

制法如下,三个步骤:

其一,猪脚切成块。

其二,起锅下油,放在白糖、猪脚,用微火炒至猪脚金黄色,装入高压锅。加入八角、桂枝、料酒、味精、水,压 10 分钟。

其三,另起锅下水煮沸,将水面条煮熟捞起,盛入汤碗,加入猪脚及汤汁即成。

22.鸡蛋饺

原料如下:

主料:鸡蛋 400 克

辅料:五花肉 200 克、虾米 50 克、冬笋 50 克、葱 10 克、香菇 10 克

调料:味精 15 克、盐 7 克、生油 100 克

制法如下,二个步骤:

其一,香菇洗净,浸软切碎,笋切片再剁碎,五花肉去皮剁成泥,葱、虾米切碎一并下锅炒,加入调味料,炒成肉馅取出待用。

其二,鸡蛋打入汤碗,下少许盐用筷子搅动调匀,烧热锅下少许油,取一汤匙蛋汁放锅中煎成圆形蛋皮,快取适量肉馅混合料放在蛋皮中央,用小煎铲将蛋皮包成饺子形,逐个将蛋饺包好。即可装盘上桌。

23.五香卷

原料如下:

主料:上好五花肉 500 克。

辅料:葱白 150 克、荸荠 100 克、豆皮 6 张(每张 2 卷)、面粉 20 克、地瓜粉 20 克、鸡蛋 20 克。

调料:精盐 3 克、味精 5 克、白糖 5 克、五香粉 2 克、花生油 600 克(耗 50 克)。

制法如下,三个步骤:

其一,将五花肉、荸荠、葱白洗净切小丁、配上以上所有配料、拌成馅料。

其二,取豆皮,将拌好的五香料包成一公分直径粗的圆筒卷。

其三,油锅放入花生油。烧至六成熟,下入五香条,炸 3－5 分钟,略呈金黄色即可上桌。

24.鸡卷

原料如下:

主料:净鸡肉 500 克、猪肚纱 200 克。

辅料:荸荠 50 克、鸭蛋 2 粒、生葱 250 粒、扁鱼 25 克、干淀粉 40 克、花生油 250 克。

调料:味精 10 克、酱油 7 克、白糖 5 克。

制法如下,四个步骤:

其一,鸡肉、荸荠、生葱切成细丝、扁鱼炸成金黄色捞出碾成粉末。

其二,把鸡肉、荸荠、生葱丝、扁鱼末、鸭蛋、味精、酱油、白糖、淀粉拌匀成泥状馅备用。

其三,用猪肚纱包上泥状馅卷成圆型长条(即制成生鸡卷)。

其四,用热锅放入花生油,放入鸡卷,炸熟捞出,沥干油,切块排盘即可。

二、水产类

1.煎蟹

原料如下:

主料:红蟹 5 只(7－8 成蟹)。

辅料:姜 50 克、葱 25 克。

调料:绍酒 40 克、芝麻油 50 克。

制法如下,二个步骤:

其一,蟹洗净,对半切成两块,姜切片,葱切段。

其二,平底锅放在微火上,放入麻油、姜、葱烧热,再将切好的蟹面朝锅底,一一排齐,加适量水,加盖,煎至八分钟,然后加入绍酒,煎香为止。

2.蟹羹

原料如下:

主料:净蟹肉 200 克、猪肥膘肉 150 克。

辅料:白萝卜 100 克、香菇 10 克、鸭蛋 2 粒、熟猪油 30 克。

调料:味精 6 克、酱油 7 克、麻油 5 克、淀粉 6 克、水 750 克。

制法如下,三个步骤:

其一,肥膘肉切细条,白萝卜、香菇均切成丝。

其二,水入锅烧沸,再将蟹肉、膘肉条、白萝卜丝、香菇丝、熟猪油放入,煮熟后放味精、酱油。

其三,蛋、淀粉搅拌均匀入锅,起锅后,浇上芝麻油即可。

3.壳蟹

原料如下:

主料:红蟹大的一只、小的要 2 只。

辅料:腊肠 50 克、荸荠 20 克、香菇 10 克、鸭蛋 1 粒、淀粉 5 克。

调料:味精 6 克、酱油 7 克、醋 4 克、芝麻油 5 克、花生油 5 克。

制法如下,三个步骤:

其一,蟹取肉留壳盖,腊肠切丝,荸荠香菇切丝,鸭蛋留清。

其二,蟹肉、腊肠肉、荸荠香菇丝、味精、酱油、蛋清合少许淀粉拌均后放在蟹壳内,蒸熟取下。

其三,花生油、麻油、醋、淀粉勾芡浇于蟹肉上,上桌时反扣盘上(蟹盖壳朝上)即成。

4.红蟹油饭

原料如下:

主料:糯米 400 克,红蟹二只约 400 克左右。

辅料:老姜 50 克,水发香菇 20 克,五花肉 100 克。

调料：麻油 50 克，花生油 50 克，味精 4 克，酱油 10 克。

制法如下，三个步骤：

其一，糯米洗净后用清水泡浸一个小时捞出来沥干水分，红蟹宰后洗净切块，姜洗净后切粗丝，水发香菇切丝，五花肉切粗丝备用。

其二，炒锅置于旺火，倒入麻油和姜丝炸炒至姜成金黄色，加入花生油、五花肉、水发蘑菇丝、糯米、酱油同炒，炒至糯米入色，倒入红蟹、味精拌匀。

其三，取压力锅一只，将炒好的料倒入并加入开水压五分钟后关火，等十分钟后即可开锅食用。

三、肉类

1.封肉

原料如下：

主料：猪前腿肉（蹄胸肉）1000 克。

辅料：板栗 125 克、虾米 50 克、香菇 30 克、封肉巾 1 条、猪骨头 2 支、蒜泥一小匙。

调料：八角 2 朵、酱油 20 克、麦芽糖 30 克、味精 4 克、精盐少许。

制法如下，三个步骤：

其一，猪肉取四方块洗净走大花刀，香菇、板栗、虾米用清水浸泡十个小时，捞出备用。

其二，取封巾一条放在大碗上面，猪肉皮向下，将上述各种原料放在肉上，包好。

其三，取沙锅一只洗净、猪骨头垫底，将封肉置于猪骨头上面，加上酱油、八角、麦芽糖，用文火焖两个半小时即可。加入蒜泥食用。

2.封鸡

原料如下：

主料：肥嫩鸡一只（约 1000 克）。

辅料:香菇 15 克、通心莲籽 20 克。

调料:绍酒 20 克、生抽 3 克、味精 3 克、喼汁 2 克、白糖 1 克、上汤 400 克、食用油 1000 克(耗 150 克)、芝麻油 1 克。

制法如下,三个步骤:

其一,将鸡宰杀退毛,从腹部剖开掏出内脏,剔净大骨头,用清水淋洗干净,揩干内外水汁。绍酒、生抽、白糖调匀成汁、涂匀鸡身。

其二,香菇、通心莲籽分别洗净,浸泡清水沥干待用。

其三,炒锅移至中火上,倒入生油烧至六成热,将鸡放入油锅里炸,不断翻动鸡身,使之各部炸透至金黄色时捞在漏勺沥去油。然后放入炖钵里(鸡腹向上)香菇,莲籽填入鸡腹内,加入绍酒、生抽、味精、上汤,再上笼屉用中火蒸 90 分钟,至熟取出装盘,倒出汤汁,入锅加入喼汁、芝麻油,用湿淀粉调稀芡淋于鸡上即可。

3.封鸭

原料如下:

主料:肥嫩鸭一只(1250 克)。

辅料:青葱 200 克、板栗 200 克、蒜头 50 克、香菇 10 克、冬笋片 25 克、淀粉 2 克。

调料:绍酒 50 克、白糖 1 克、生抽 75 克、味精 2 克、上汤 100 克、生油 1000 克(耗 150 克)、芝麻油 1 克、胡椒粉少许。

制法如下,四个步骤:

其一,将鸭宰杀退毛,从背部剖开掏出内脏,剔净大骨头,洗净沥干,用绍酒,生抽、白糖合成稀汁,涂匀鸭身晾干,使之呈现红褐色,葱摘洗干净,切成二寸长段;香菇、冬笋片、板栗分别放入沸水中余熟,取出待用。

其二,炒锅移至中火上,倒入生油烧至八分热,全鸭(眼睛要打破,以防油爆)和切好的葱段一并下油锅炸,翻动鸭身,油炸至全鸭呈金黄色,起锅倒进漏勺沥去油。

其三,将葱,板栗、香菇、冬笋片一并填入鸭腹内,然后装入大碗,加上生抽、绍酒、白糖、味精、上汤,上笼屉,用旺火蒸二小时取出,蒸汁留下待用。

其四,将蒸熟的鸭扣入大盘中,鸭头、翼、脚掌按鸭形摆好。炒锅置于旺火上,倒入蒸鸭原汁煮沸加上胡椒粉,用湿淀粉调稀芡淋于鸭上,再浇上芝麻油即成。

4.猪脚芋

原料如下:

主料:猪脚 800 克

辅料:芋头 600 克、八角 2 朵

调料:酱油 50 克、味精 5 克、料酒 50 克、花生油 800 克(耗 50 克)

制法如下,三个步骤:

其一,将猪脚刮洗干净,并剁成寸块,芋头刨皮切成寸块,分别过油炸后捞出沥油待用。

其二,砂锅置于旺火,倒入已炸过的猪脚,加入酱油、料酒、八角、味精和白糖,烧开后改用中火焖一个半小时。

其三,将已焖猪脚同已过油芋头块一起再焖 10 分钟,即可装盘上席。

四、其他

1.兜面

原料如下:

主料:小芋头 500 克(槟榔芋为好)

辅料:淀粉 1000 克、干葱头 100 克

调料:生油 300 克、盐 20 克、味精 20 克

制法如下,三个步骤:

其一,先将小芋头去皮洗净,用适量的水煮熟,凉置待用。

其二,淀粉用适量的水拌成糊状,葱头切片,用油炸成金黄色装碗待用。

其三,炒锅用中火,倒入适量油,将煮熟的芋头放于锅中翻炒,逐步加入淀粉糊、盐、味精一并翻动,又改用小火翻搅,至淀粉糊全部粘连于小芋头,盛装汤碗,淋上炸好的葱头油即可。

2.东寮豆干

1.浸豆。选新鲜、颗粒饱满的大豆经充分清洗后,用洁净水浸泡6—9个小时(夏天6—7个小时、冬天8—9个小时),使之膨胀变软,易于研磨。如果浸泡时间不够,则不易研碎而影响蛋白质的利用率。

2.磨浆。把大豆捞起,添加八角香等香料拌以清水(深井水最佳)用高速粉碎机粉碎成豆浆(以前用石磨磨浆)。

3.煮透。将豆浆放入洗刷干净的锅里去煮沸。

4.滤渣。趁热将豆浆进行过滤。即在大缸上放置一竹篾,竹篾上再罩一层纱巾,舀入煮沸的豆浆,分离出豆乳、豆渣。

5.点卤。过滤掉豆渣后得豆乳,慢慢往其中滴加盐露(盐卤),这是最关键的操作。滴盐卤须一滴一滴地加,同时用竹板不停搅拌,当看到豆浆逐渐凝聚成豆花时即停止加盐卤,并盖上锅盖闷上约20分钟,然后进行一次翻壶,再闷上10分钟即可。

6.脱水。将成浆糊状的豆浆舀入木质的包格架子,每框架分成许多小方格,底部垫上木板,格子缠上纱布,小格子内装满豆浆凝固体,把纱布包起来,架上再加上一块木板。这样叠成几架后,顶部压上石块去水。(现在大多采用压榨机利用机械力量进行压制脱水)。

7.定型。待豆浆凝固结成块,即拆去纱布。对有缺损的豆腐块进行修补,使之成完整的方形,再进行二次压实。

8.着色。将压好的豆干一块一块地放入事先用少量黄庚(当地山坡上有产,现在改用"糖乌")调制好的锅中进行煮沸,使之上色。

最后将煮好的豆干从锅里捞起,用纱巾在豆干的面上摩挲使之光滑细腻,富有美感。同时,每一间豆干作坊都刻有一方"豆干印",以示质量的保证,打出各自的品牌。

后 记

《翔安非遗》一书即将付梓，这样一部集翔安非物质文化遗产大全的书就要与广大读者见面，编者是喜中难免带些忧虑。喜的是"十月怀胎，一朝分娩"，就要看到亲生儿，乐上眉梢；但婴儿呱呱坠地，不知是否惹人喜爱，心中难免不安。

翔安虽是新区，但其所在的这片土地却很古老，自古以来经济文化就比较发达，是闽南金三角的重要地带。翔安有朱熹的足迹，"紫阳过化"，境内的非物质文化遗产无数，还有丰富多彩的民俗活动。由于时间仓促，编者缺乏经验，仅能从浩如烟海的非物质文化遗产中采撷一二，但本着抛砖引玉的精神，本书如能引来更为珍贵的材料，是我们的万幸，以补万一。

本书初具规模，能够管中窥豹，略见翔安非物质文化遗产，这与翔安、同安文史界的老前辈的热情支持、悉心指导分不开，没有他们的无私奉献和热情支持，这些靠口耳相传的、诉诸视听而疏于记录和固化的遗产可能转瞬即逝，不可再生。他们是中坚力量，功不可没，特此衷心感谢！

本书编写过程中参考了史学界、民俗界前辈的作品——他们那些翔实的史料、生动有趣的资料，没有这些作品,本书不可能在短时间里问世。本书也有他们的心血,编者不敢掠美,有遗漏之处,请多包涵,一并表示感谢!

编书难,出书不易。本书能够付梓,与翔安区委区政府的重视,尤其是翔安区委宣传部的大力支持、厦门大学出版社的指导密不可分,谨向他们致以谢意!

囿于水平,错漏之处在所难免,望读者们多加指正。